U0839485

营销风险预警与防范

张云起 著

商 务 印 书 馆
2006 年 · 北京

图书在版编目(CIP)数据

营销风险预警与防范/张云起著. – 北京:商务印书馆,2001

ISBN 7 – 100 – 03282 – 2

Ⅰ.营… Ⅱ.张… Ⅲ.企业管理;销售管理;风险管理 – 研究 Ⅳ.F274

中国版本图书馆 CIP 数据核字(2001)第 07285 号

YÍNGXIĀO FĒNGXIĂN YÙJǏNG YǓ FÁNGFÀN

营销风险预警与防范

张云起 著

商 务 印 书 馆 出 版

(北京王府井大街 36 号 邮政编码 100710)

商 务 印 书 馆 发 行

中 国 科 学 院 印 刷 厂 印 刷

ISBN7 – 100 – 03282 – 2/F·410

2001 年 7 月第 1 版 开本 850×1168 1/32

2006 年 8 月北京第 2 次印刷 印张 13 1/4

定价: 20.00 元

序

云起同志托人送来《营销风险预警与防范》书稿，请我为之作序。我与云起素不相识，且由于年高事烦，也很难将书稿通读，因而作序也就是难为之事。但粗略看了一下书稿后，还是欣然答应。其一，作者是一位青年学者，写出此书确系不易，而且扶持青年是我多年一贯的原则。其二，我对这本书很感兴趣。我国即将加入WTO，世界一体化的市场正在形成，市场竞争变得日益激烈，营销风险也在不断扩大，因而该书的出版具有较强的现实意义。

企业营销离不开它的外部环境，它既能给企业带来市场机会，也会给企业带来威胁。而且随着国内及世界市场的发展，市场竞争的激烈，对竞争对手的信息掌握也越来越少，在竞争中的不确定性因素也就不断增多，所有这些因素，都使得营销风险在不断加大，可以说，只要有营销活动，就会有风险存在。尤其是近年来，市场营销风险与日俱增，已严重制约了企业的经营活动，也困扰着企业的改革与发展，突出表现在客户资信下降、合同履约率降低、货款拖欠严重。这虽然有多方面外部原因的影响，但更重要的是企业缺乏一套有效的营销风险管理机制，在制度上、措施上不到位，不仅在出现营销风险后对有关责任人员缺乏有力的手段，而且对营销风险的预警与防范更缺乏有力的措施，甚至在管理思想上还没有形成高度的认识。如不少国有企业都设有档案馆、档案室，占用很多人，但很少有企业建立了客户档案，有关客户的资料大多都掌握在营销业务人员的脑子里，一旦这位业务人员出现问题，其客户资料也就中断、丢失，造成巨大的无形资产浪费。再如不少企业经营管理者对其工厂里有多少设备，值多少钱，容易出现什么故障等如数家珍，但对其货款拖欠的客户分布、数量、时间、原因及催讨办法却说不清楚。

伴随着我国宏观经济结构的调整以及世界市场的形成，我国企业的市场选择能力将受到很大影响，营销的风险会进一步加大，因而提高企业营销风险管理水平，建立营销风险管理机制，尤其是营销风险责任制度，使企业营销风险管理工作制度化、规范化，通过风险预警和防范，消除和减少营销风险发生的机会，降低风险损失程度，提高经济效益，对企业无疑具有很强的现实意义。正因为如此，中共十五届四中全会《关于深化国有大中型企业改革若干重大问题决议》中强调："企业要重视营销战略的研究，加强经营风险的防范。"需要指出的是，营销风险管理不同于企业经营管理。其一，经营管理重在"创业"，营销风险管理则重在"守业"，二者性质不同，不能互相替代。其二，经营管理与营销风险管理殊途同归，二者最终目的一致，但出发点和具体形式不同。前者出发点是企业盈利或增值，后者则重在控制和减少损失，增加获利机会。其三，营销风险管理活动是企业全部经营管理活动的一部分，由于营销风险存在于企业经营活动的各个环节，因此营销风险管理贯穿于企业经营过程的始终。

市场营销风险预警与防范是营销风险管理的重点。因为风险一旦发生，就必然会对企业造成不可挽回的经济损失。只有动在机先，防患于未然，才能最大限度地降低营销风险，避免或减少损失。因此，建立营销风险预警与防范体系是十分必要的。然而由于营销风险的客观性、偶然性、可变性及投机性等特点，目前我国企业的营销风险预警与防范体系尚未建立，经济理论界对这一问题的研究还处于探索阶段，尚没见到这方面的系统理论。即使在西方市场经济比较发达的国家，关于这方面的系统理论和方法也不多见。这就为我们的企业经营管理者和经济理论工作者提出了一个艰巨的课题。

令人欣喜的是，云起同志几年来潜心于这方面的探索研究和实践性设计，目前已捧出了成果。书中在对市场风险的特点及本质研究的基础上，构架了营销风险识别、衡量、控制处理、预警监视的理论体系，这一理论具有一定的创新性，对目前企业营销风险管理具有指导作用。同时书中针对营销活动中最常见的风险问题，结合安徽双轮集团公司、枣庄矿业集团公司的营销实践，设计出了客户资信评估、合同风险排查、货款回收控制、营销决策风险预警、营销人员道德和心理风险防范等具体操作方法，这些方法具有较强的实用性和可操作性，也体现了作者紧密结合实践的科学精神。尽管这其中还有一些理论尚不成熟，略有谬误也有所难免，一些操作性方法尚须在实践中完善，但他毕竟是在这一领域迈出了可喜的一步。我相信这本书会给企业经营管理者和经济理论工作者许多有益的启发和更深入的思考。

二〇〇〇年八月

目　录

第一章　营销风险管理的目标与程序

自从有了人类，有了文明，便有了人类探求未知世界的梦想，然而人类对未来发生的一切仍无法准确地预知。经济学家把这种现象称为不确定性。正是由于这种不确定性的存在，才使得整个世界、人类生活变得丰富多彩，同时也使得人们的行为带有风险。

市场的难以预测，商海的诡谲多变，竞争对手的精明强干，“上帝”的不断变化，形形色色的陷阱与圈套，淘汰着一批又一批失意者，他们就像猛然间遇到没有预测的暴风雨一样，被无情地吞噬进黑沉沉的海底，而大海却如同往常一样，仿佛什么也没发生。但海毕竟有海的魅力，蓝色的诱惑和彼岸的神秘吸引着无数不甘平凡的人，他们毫不犹豫地纵身跳入大海，想到里面看个究竟。风险，从他们投进商海的一刹那，就紧紧盯上了他们。营销，充满着不确定性；商场，一种无险不在的战场！尤其是近年来市场营销风险与日俱增，严重制约着企业的经营活动，也困扰着企业的改革与发展。这虽然有多方面的外部原因的影响，但更重要的是企业缺乏一套有效的风险管理机制。因而研究营销风险管理具有较强的现实意义。

第一节　营销风险概述

一、风险的含义及本质

1．风险的含义

现实世界中，无论是自然界还是社会经济生活中，灾害和意外事故客观地存在着，但这种不幸事件何时何地发生，致害于何人，造成何种程度的损失，通常是无法预知的。因而，对于特定的事物而言，人们对自己是否会遭遇不幸的事件，受到多大的损失，处于一种不确定的状态。于是，特定的事物，对于特定的人们，就构成了风险。

然而，要为风险确切地下定义，却不是一件容易的事。迄今为止，关于风险的定义，还没有统一的说法。过去通常把风险认为是损害发生的可能性。而目前普遍认为，风险不只是指损失的不确定性，而且还包括盈利的不确定性。

风险的大小本质上决定于不幸事件发生的概率（损失概率）及其发生后果的严重性（损失程度）。

低可能性与轻微后果则为低风险；高可能性与严重后果则为高风险；高可能性与轻微后果则为低风险。但是，对于低可能性与严重后果，则风险等级就要较多地依赖于个人的解释，此时需要依靠经验和“技术专家”。

从上述可知，风险是一种不确定性。这种不确定性表现在它可能给面临风险的人带来损失，也有可能带来巨大的利益。既然它有可能带来损失，那为什么我们还要崇尚拥抱风险呢？这说明在风险表现为损失不确定性这个特性后面，还隐藏着获得巨大利益的可能性。

因此,风险的魅力在于风险报酬的存在。人们迎向风险,并不是喜欢看到自己的损失,而是希望看到成功之后的风险报酬。风险报酬又被称为风险价值或风险价格,就是指冒险家因冒风险而得到的额外报酬。风险报酬与风险程度一般情况下,是同向递增关系,即你所冒的风险越大,那么你可能获得的风险报酬就越高。这就是许多人敢于冒险的意义所在。

2. 风险的本质

风险与风险因素、风险事故、损失密切相关,它们构成了风险存在与否的基本条件。要真正领会风险的本质,就必须弄清这三个概念及其相互联系。

(1) 风险因素

风险因素是指促使或引起风险事故发生的条件,以及风险事故发生时,致使损失增加、扩大的条件。风险因素是风险事故发生的潜在原因,是造成损失的间接和内在的原因。例如,送货车辆的性能、驾驶员的技术以及道路状况,对送货车辆事故而言,是风险因素;营销人员的业务素质和责任心对货款损失而言,是风险因素。根据其性质,通常把风险因素分成实质风险因素、道德风险因素、心理风险因素三种。

实质风险因素是指增加某一标的风险事故发生机会或扩大损失严重程度的物质条件,它是一种有形的风险因素。例如,汽车刹车系统失灵对于交通事故,产品质量问题对人体健康损害等,都是实质风险因素。

道德风险因素是指与人的不正当社会行为相联系的一种无形的风险因素。常常表现为由于恶意行为或不良企图,故意促使风险事故发生或损失扩大，例如偷工减料引起产品事故、业务欺诈、出卖情报、拿广告回扣等。

心理风险因素也是一种无形的风险因素，但与道德风险因素不同。它是指由于人的主观上的疏忽或过失，导致增加风险事故发生机会或扩大损失程度。例如，新产品设计差错对于新产品开发失败；营业人员对客户资信审查疏忽，造成客户货款拖欠等，皆属心理风险因素。

道德风险因素与心理风险因素都与人密切相关，前者强调的是故意或恶意，而后者则强调无意或疏忽。但在实务操作中往往难以区分，而且往往一些手段高明的营销人员将道德风险有意说成是心理风险，以减轻责任，因此，如何防范道德和心理风险因素是营销风险技术上的一个重要课题。基于这种考虑，可以把道德风险因素与心理风险因素合称人为风险因素，于是风险因素也可分为两种：一是实质风险因素，一是人为风险因素。

(2) 风险事故

风险事故又称风险事件，是指引起损失的直接或外在的原因，是使风险造成损失的可能性转化为现实性的媒介，也就是说风险是通过风险事故的发生来导致损失的。例如工厂火灾、货船碰撞、货款呆坏、营销人员的死亡和疾病等都是风险事故。

(3) 损失

损失是指非故意、非计划、非预期的经济价值减少的事实。这里有两个要素：一是经济价值减少，强调的是能以货币衡量，即使对人身伤亡，也是从由此引起的对本人及家庭产生的经济困难或者其对社会所创造经济价值的能力减少出发来考虑的；二是非故意、非计划和非预期，例如“折旧”、“馈赠”虽然都符合第一个要素，但不能符合第二个要素，因为它们都属于计划或预期中的经济价值减少，故不是我们这里所定义的损失。

损失分为实质损失、收入损失、费用损失和责任损失四种。例如，某工厂因遭受火灾，损毁厂房一座，此属实质损失；由于厂房损毁一度无法正常生产，又形成收入损失；而由于无法正常生产导致客户无法如期取货，产生了违约责任，此为责任损失；还有，厂房损毁必须修理或重置，这会增加支出，此谓费用损失。

(4) 风险因素、风险事故、损失三者关系

风险因素、风险事故、损失三者之间的关系是：风险因素引起风险事故，风险事故导致损失。如一啤酒厂因质量问题，造成啤酒瓶爆炸，炸伤一人。这里，啤酒质量问题是风险因素，啤酒瓶爆炸是风险事故，炸伤一人则是损失。

值得注意的是，同一事件，在一定条件下是造成损失的直接原因，则它是风险事故；而在其他条件下，则可能是造成损失的间接原因，于是它成为风险因素。例如酒后开车，导致车祸，造成人员伤亡，这时喝酒是风险因素，车祸是风险事故。但若喝的酒质量有问题造成人员伤亡，则喝酒便是风险事故了。

顺便指出，风险事故发生的频率与损失的程度具有反比关系，即风险事故发生概率较高的风险，其风险损失的程度一般较低；而风险事故发生概率较低的风险，其风险损失的程度则一般较高。以自行车、汽车和飞机为例，这三种交通工具都面临交通事故(如碰撞等)之风险，其中自行车碰撞的频率高于汽车和飞机的碰撞频率，而汽车的碰撞频率高于飞机的碰撞频率。但是这三种交通工具每次事故的损失程度通常是飞机高于汽车，汽车高于自行车。因此，大量经常发生的风险事故所造成的损失往往小于很少发生

的那些风险事故所造成的损失，否则，人类社会的存在与发展乃是不可想象的。这是人们经过长期的观察分析后形成的结论。图1－1表示的是工业意外伤害事故频率与损失程度之间的关系，揭示了一个同样的道理。

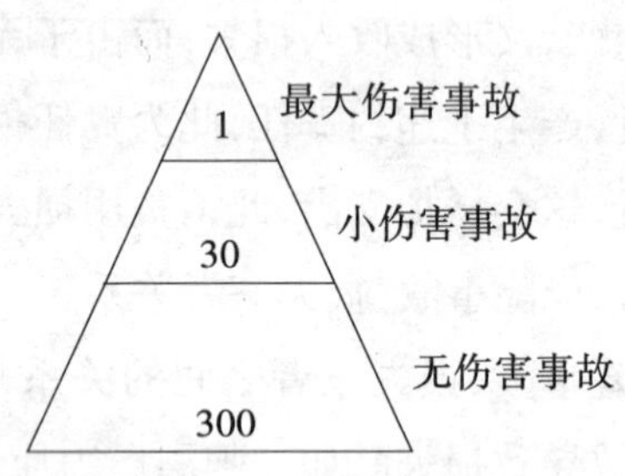

图1－1　黑因里希三角形

二、营销风险的含义

所谓营销风险，就是指在企业营销过程中，由于各种事先无法预料的不确定因素带来的影响，使企业营销的实际收益与预期收益发生一定的偏差，从而有蒙受损失和获得额外收益的机会或可能性。营销风险与风险的含义相近，所不同的是它强调风险的主体是市场营销活动的参与者、竞争者——企业；其损失是违背市场规律或由于自身失误所遭受的惩罚，主要指经济利益的减少或损失，其风险大多起因于市场营销活动或与之有关的方面；其风险条件是经营主体的市场行为或营销事项所引发的不确定事故。

营销风险是一类比较复杂的风险形态，其内容及其表现的形式很多，按照风险大小强弱程度的不同，可将营销风险划分为若干层次，第一层次是致命性营销风险，指损失较大、后果较为严重的风险，这类风险的直接后果往往会威胁营销主体的生存，导致重大损失，使之一时不能恢复或遭受破产。例如市场行情发生重大变化，企业未能充分预测，导致重大市场行为失误，此举使受挫企业产品没有销路，也无力再图发展，使企业陷入严重的困境；第二层次是一般营销风险，是损失适中、后果明显但不构成致命性威胁的各类风险，这类风险的直接后果使营销主体遭受一定损失，并对其营销管理某些方面带来较大的不利影响或留有一定后遗症，如企业部分应收账款不能按时收回，经过努力，通过法律程序无效，仍发生数额较大的坏账损失，企业蒙受经济损失，使流动资金周转发生一定困难；第三层次是轻微营销风险，是损失较小、后果不甚明显，对营销主体的营销活动不构成重要影响的各类风险，这类风险一般情况下无碍大局，仅对营销主体形成局部和微小的伤害，如企业由于包装问题，在运输中造成部分产品损失，造成影响客户经销，引起客户索赔的事件，对企业带来不利影响。这三个层次风险的划分并非绝对的，一般营销风险和轻微营销风险在一定条件下会转化为特别的致命性风险，特别是经过一定时期的累积之后会发生质的变化，如应收账款长期无法收回，从局部和短期来看是一般风险和轻微风险，但是企业的大部分账款不能收回，长期被其他企业非法占用，那么其后果对企业来说将是灾难性的，一般风险和轻微风险就会转化为致命风险。所以我们对营销风险的认识、分析、预测和控制，主要是针对致命营销风险和一般营销风险，因为这是矛盾的主要方面，是风险管理的主要使命所在，同时也要注意轻微风险，防微杜渐。

三、营销风险种类

按照不同的标准，营销风险有许多种分类。我们这里选择几个主要标准对营销风险予以分类。

1. 按营销风险的成因分类

(1) 营销实质风险

营销实质风险是指由于有形实质性风险因素引起的风险。如保管不慎造成货物损失、货物运输中道路不好造成货物破损等。

(2) 营销道德风险

营销道德风险是指在营销业务过程中,由于营销人员的恶意行为或不良企图等道德问题,故意促使营销风险事故发生或损失扩大,从而发生的营销风险。如营销人员贪赃枉法、营私舞弊,将用于开展业务的费用装入个人腰包,接受用户贿赂,与用户合伙在业务活动中做手脚,把本公司的客户让给对手或利用职务之便为其它企业做业务从中捞取好处,给企业造成损失。

(3) 营销心理风险

营销心理风险是指由于营销人员主观上的疏忽与过失,导致增加营销风险事故发生机会或扩大损失程度,从而为企业营销活动带来损失的风险。如由于营销人员经验不足,造成货款被骗,由于合同审核不细,造成客户资信问题而使货款拖欠,由于营销人员说话不慎而伤害了客户,造成客户离开的风险等。

2. 按营销风险所致的后果分类

(1) 纯粹营销风险

纯粹营销风险是指只有损失机会而无获利机会的不确定性状态。纯粹营销风险所导致的后果只有两种,或者给企业带来损失,或者无损失,它并无获利的可能性。如货物失火、破损 、变质、运输事故、货物被骗、坏账等,属于纯粹风险,它们只能给企业带来损失,而不能给企业带来利益。

(2) 投机性营销风险

投机性营销风险是指那些既存在损失可能性,也存在获利可能性的不确定性状态，它所导致的结果有三种可能性：损失、无变化、获利。投机性营销风险主要依靠人们的风险处理技巧加以防范，是一种复杂多变，十分棘手的风险，它常常使企业陷入进退两难的境地，投机性营销风险的处理既是一门科学，也是一门艺术，也是营销风险讨论的重点。

3. 按营销风险的损害对象分类

(1) 营销人身风险

营销人身风险是指营销人员因早逝、疾病、残疾、跳槽或年老而使所供职的企业遭受损失的不确定性状态。如企业营销人员的猝死，会给企业带来业务损失。

(2) 营销责任风险

营销责任风险是指因营销人员对过失或侵权行为造成他人的财产损毁或人身伤亡，在法律上必须负有经济赔偿责任的不确定性状态。在当今社会的任何一种法律制度下，任何一个人都应依法对其给他人所造成的损害负赔偿责任。如不履行合同致使对方遭受损失的契约责任，产品质量事故伤人的经济赔偿责任等。这是营销风险管理的核心。

(3) 营销财产风险

营销财产风险是指货物财产发生毁损、灭失和贬值的风险。如企业对其所有或保管的货物财产有发生损害、减少和贬值的风险，货物财产如遭遇火灾、水灾等损失风险，这些是货物财产的实质损失，通常在财产的可保范围内；财产价值因经济因素而发生的损失为经济损失，通常不在保险的可保范围内，如通货膨胀遭到贬值的风险，则属经济损失，货物财产风险事故，除了会发生直接损失外，还会发生利益等间接损害。

4. 按营销活动的内容分类

(1)需求变化风险

需求变化风险是指由于消费者需求变化,造成产品不能适销对路,从而给营销带来的风险。

(2) 营销环境风险

营销环境风险是指由于营销环境的变化,给企业营销决策带来困难,一旦决策失误便会为企业带来风险。

(3) 竞争对手风险

竞争对手风险是指由于意外原因,使得竞争对手在市场竞争中明显处于优势,相比之下,便有被竞争对手挤出市场的风险。

(4) 营销人员风险

营销人员自身的道德和心理素质问题,造成在营销业务过程中的恶意行为或疏忽,从而为营销活动带来的风险。

四、营销风险的成因

营销风险源于社会经济和企业内部的各个方面,营销风险的存在与发生,会给企业的营销活动带来各种不利的后果和影响。总体说来,营销风险的成因分为两类:

1. 客观原因

(1) 自然界的不规则变化

长期以来人类逐步适应了自然的生存环境,并力图改造自然,建立与自然相容、和谐的关系,但是由于自然界的运动发展过程呈现出一系列不规则的变化,使人类经常遭受火灾、洪水、风暴、气候反常等的侵害,给人们的正常生产、生活带来严重影响,使生命财产蒙受巨大损失。同时还会有商品的自然性损害变质等损失。自然环境的各种变化是引发企业营销风险的直接原因之一,它会使企业营销过程遭受破坏，既定营销目标无法实现。

如1998年长江、嫩江的特大洪水给沿岸人民生命和财产造成了巨大损失，也使不少企业因此无法正常生产经营或失去营销的机会，客户因水灾而无力支付货款，不少企业因此蒙受损失。

(2) 营销环境的不断变化

企业营销离不开它的外界环境，它既能给企业带来市场机会，也会给企业带来威胁。由于营销宏观环境和微观环境都相当复杂，且处于一种动态变化之中，因而这些复杂环境的不规则变动就必然存在许多不确定性，会给营销活动带来风险。如近年来的经济不景气，使客户的资信水平下降，从而造成众多企业货款拖欠严重，甚至被迫停产。再如面对知识经济，技术创新加快的环境，一些企业产品不能及时更新换代，遭受被市场淘汰的风险。

(3) 消费者需求的不断变化

随着人们生活水平的不断提高，消费者对产品的性能和质量以及对销售服务的要求都越来越高，并且随着市场环境的变化，出现了较大差异和随机性，个性化消费逐步兴起，因而企业营销活动要满足消费者需求不断变化的难度不断加大，营销的风险也将不断加大。

(4) 营销活动的复杂性

营销活动是一个复杂的经营活动过程，从市场战略的制定，到营销组合的确立，从产品的发出，至货款的结算等每一个环节都存在许多的不确定性因素，由此，不可避免地引起营销风险，给企业带来风险损失。

(5) 竞争对手力量的对比变化

随着世界市场的发展，市场竞争变得愈来愈激烈。如何去适应快速变化的世界市场需求，不断以高质量、低成本、快速开发产品、提供优质满意销售服务等手段，在竞争中求得生存和发展，已成为企业共同追求的目标。因而每一个企业都在不断提高自身水平，想尽一切办法提高自身在市场中的地位。而随着世界市场的形成，对竞争对手的信息掌握也愈来越少，因而在竞争中的不确定因素在不断加大，这是营销中伤害最直接的风险。

2. 主观原因

在经济活动中，除了由于自然界和社会环境变化不规则性、营销活动的复杂性，以及消费者需求及对手力量的不断变化外，还会由于营销主体的经验和能力的局限性，对风险的生成、发展和后果没有充分的认识和把握，或把握失准未能采取及时有效的措施进行防范，而酿成各种损失。其中最常见的是营销人员自身的失误，即营销人员的责任心和工作质量问题所带来的风险和损失，如营销人员在哪些情况下需要主动承担一部分风险损失，规避一些风险损失，哪些风险是营销人员必须主要承受的，哪些是可以且应当回避的，不能回避是出于成本的考虑还是战略、策略的考虑等等，应当做出正确决策和安排，否则承受或规避不当就会引发新的风险损失，实际所承担的损失就会远比预计的要大得多，即会由一种风险导致出新风险，由小风险引出大风险。如企业计划刹价让利销售，即财务上首先作出某种牺牲，以此将竞争对手打垮，但由于部署和实施不当，企业蒙受了重大经济损失，非但未占领预期市场，却反被对手抓住破绽，斥为不正当竞争并状告于法庭，企业对此准备不足败诉，又发生新的经济损失。企业在市场上与其他经营主体或竞争对手的交往中，稍有不慎就会被对方所利用，形成自身损失的风险，这在复杂纷呈的市场经济中是屡见不鲜的。

五、营销风险的特征

1. 客观性

营销风险是由客观存在的自然因素和社会经济因素所引起的，自然界的暴风雨、商品的自然性损害变质等，是自然界运动的表现形式，甚至可能是自然界自我平衡的必要条件。我们知道，自然界的运动是由其运动规律所决定的，而这种规律是独立于人的主观意识之外而存在的。人们只能发现、认识和利用这种规律，而不能改变之。另一方面欺骗、失误、破产诸如此类，是受社会发展规律支配的，人们可以认识和掌握这种规律，预防意外事故，减少其损失，但终究不能完全消除之。因此，营销风险是一种客观存在，而不是人的头脑中的主观想象。人们只能在一定的范围改变营销风险形成和发展的条件，降低营销风险事故发生的概率，减少损失程度，而不能(事实上绝不可能)彻底消灭营销风险。

2. 偶然性

前已指出，营销风险是一种客观存在。进一步，我们可以说，从全社会看，营销风险事故的发生是必然的。然而，对特定的个体来说，营销风险事故的发生是偶然的，这就是营销风险的偶然性。这种偶然性是由营销风险事故的随机性决定的，表现出种种不确定性。其一，营销风险事故发生与否不确定。例如，就全社会而言，产品会面临市场淘汰，这使一切企业面临产品被淘汰的风险，但具体到某一企业，则就未必了。其二，营销风险事故何时发生不确定。我们知道，营销失误不可避免，但对每一个人而言，什么时候失误，一般来说是无法预知的。其三，营销风险事故将会怎样发生，其损失多大，也是不确定的。例例如货款拖欠不少企业都会发生，但就特定企业而言，货款拖欠在什么时候发生，发生多少拖欠，由哪家企业拖欠，由什么原因造成拖欠等都是不确定的。

3. 可变性

世间万物都处于运动、变化之中，风险更是如此，风险的变化，有量的增减，也有质的改变，还有旧风险的消亡与新风险的产生。风险的变化，主要是由风险因素的变化引起的。例如，随着人类社会的进步和科学技术的发展，人们认识自然、改造自然、征服自然的能力不断增强，从而抵抗各种风险事故的能力不断增强。对于某些风险，由于其存在和发生的规律已为人们完全把握或部分把握，人们预测风险的能力增强并能采取种种手段控制和消除风险的存在、发生的因素，从而消除和减少了风险给人们带来的损失和忧虑。如在营销活动中，由于有欺骗的风险，人们采用信用证制度就可大大降低营销风险发生。再如：现代化生产的高度集中，大规模企业林立，使营销风险愈加集中，遭受严重营销风险损失的可能性比任何时候都大得多。因此，我们说营销风险不是一成不变的，旧的风险消失了，新的风险产生了，伴随着现代技术产生的风险，其风险发生的破坏性更大。

4. 投机性

营销风险多数是投机风险，既存在损失可能性，也存在获利可能性。这一风险种类的管理主要靠人们的管理水平，并且由于保险技术上的问题无法解决，这种风险多数是不可保风险，因而增加了控制和处理这类风险的难度。如 2000 年初杭州松下家用电器公司对其开发的“龙卷风”洗衣机进行 10 亿元保单的“市场风险责任价值”投保，结果中国没有这一险种，因而搁浅。国际上欧美自 1995 年以来有个别保险公司有过探索，但此种业务一般保险公司都不敢接受。

第二节 营销风险管理的目标

风险管理起源于美国。1929年以前,虽然有一些公司在购买保险方面已经取得了非常大的进展,积累了丰富的经验,但人们并不重视企业对风险的管理问题。直到1929年的大危机以后,人们才开始逐渐认识到风险管理的重要性。从那以后,风险管理迅速成为企业现代化经营管理中的一个重要组成部分。然而风险管理真正兴起还是80年代以后。而且风险管理不仅限于将纯粹风险的不利性减轻到最小限度,还应包括将投机风险的收益性达到最大。于是防止通货膨胀、提倡技术革新、研究避免风险、价格政策、商品销售等都成为风险管理的内容。但在我国企业风险管理发展较晚,80年代以后,随着保险事业的发展,才有所突破。但多数都限于纯粹风险的管理,很少有企业专门设人从事经营风险的管理和研究。而营销风险管理可以说还是一片空白。

需要指出的是营销风险管理不同于企业经营管理。其一,经营管理重在"创业",营销风险管理则重在"守业",二者性质不同,不可混淆,也不能相互替代。其二,经营管理与营销风险管理殊途同归:二者最终目的一致,但出发点和具体形式不同。前者出发点是企业盈利或增值,后者则重在控制和减少损失,增加获利机会;前者通过具体的经营计划制定和实施来获得"正效益",而后者则通过经济和技术手段,以"负效益"的投入最终产生"正效益"。其三,营销风险管理活动是企业全部经营管理活动的一部分,由于营销风险存在于企业经营活动的各个环节,因此营销风险管理贯穿于企业经营过程的始终。

一、营销的目标和风险管理的必要性

企业是一个以营利为目的的组织，其出发点和归宿是营利。然而现代营销学告诉我们：企业要获取利益，必须首先满足消费者需求，而且还要关心社会的整体利益。即要将企业利润、消费需要、社会利益三方面统一起来。

1. 满足消费需求

随着市场的不断变化，消费者的需求也发生着不断变化。企业要想在市场竞争中立于不败之地，就必须时刻研究消费者的需求动向，从反映在市场上的消费需求出发，按照目标顾客的需要与欲望，比竞争者更有效地去组织生产和销售。企业营销的目标不是单纯追求销售量的短期增长，而是着眼于长久占领市场阵地。因而要求企业要十分重视市场调研，在消费需求的动态变化中不断发现那些尚未得到满足的市场要求，并集中一切资源和力量，千方百计地去适应和满足这种需求，以能在顾客的满意之中不断扩大市场销售，长久地获取较为丰厚的利润。然而，在现实的营销活动中，能否为自己的产品找到消费者，从产品的开发便开始困扰着企业。为闯过这个市场关，企业营销者们无论从产品设计、包装、质量还是促销宣传上都费尽苦心，但仍有不少产品堆积在仓库里和货架上无人问津，赢不了“上帝”的欢心。找不到消费者，企业所有的营销活动都是白费功夫，企业必然面临难以生存的风险。

2. 获利

企业必须能够获利，才有存在的价值。建立企业的目的是盈利。企业营销的目标虽然有扩大产品品种、提高市场份额、改变产品和服务质量等多种目标，但是增加盈利是最具综合能力的目标。盈利不但体现了企业的出发点和归宿，而且可以概括其他目标的实现程度，并有助于其他目标的实现。企业要以合理的方式确定和追求营销的经济目标，且在接近或实现理财目标时能够灵活规避理财风险，有效地提高工作效率，避免各种财务漏洞和营销中的损失浪费，降低财产损失的风险，保证营销过程的安全性，获得营销活动的良性发展，从而实现企业的价值。

3. 维护社会利益

企业不断的市场营销活动，提高了人们对需求满足的期望和敏感，加剧了满足眼前消费需要与长远的社会福利之间的关系，导致产品过早陈旧，环境污染严重，也损害或浪费了一部分物质资源。因而随着消费者主义运动的兴起，以及环境的恶化，忽视社会服务的加剧，人们开始反思，提出了社会营销观念。要求企业要将企业利润、消费需求、社会利益三者统一起来。因而营销活动就必须关心社会利益，否则很可能造成冒灭顶之灾的风险。如企业环保治污不达标可能受到关闭停产的制裁，侵害消费者权益，不仅会直接受到赔偿消费者损失的风险，更会受到大量消费者离开而带来的客户损失风险，这也是营销活动中最大的风险。

从以上营销的目标可以看到，加强营销风险管理的必要性，来自于企业生存的需要和营销风险的经济成本，即营销风险的代价。营销风险损失的存在，使营销者常常担心风险事故发生会给他们的企业带来灾难。同时，营销中那些具有获利机会的风险，也给人们以想象和希望，刺激着人们的营销欲望，鼓励着人们去奋斗，去研究消费者的需求，去窥探竞争者的策略，去预测营销环境的变化，从而提高营销的效果，推动企业的进步。

二、营销风险管理目标分类

一般来说，营销风险管理目标可以分为损前目标和损后目标。

1. 损前目标

损前目标是营销风险事故发生之前，营销风险管理应达到的目标，它可以分为：

(1) 经济目标

营销风险管理必须经济合理，只有这样，才可以保证其总目标(即以最小费用支出获取最大安全保障)的实现。所谓经济合理也就是尽量减少不必要的费用支出和损失，尽可能使营销风险管理成本降低。但是费用的减少会影响安全保障的程度，因此，如何使费用和保障程度达到平衡成了实现该目标的关键。

(2) 安全系数目标

另一个损前目标是安全系数目标，也就是将营销风险控制在可承受的范围内。营销风险管理者必须使人们意识到营销风险的存在，而不是隐瞒营销风险，这样有利于营销人员提高安全意识，主动配合营销风险管理计划的实施。但是，当营销人员意识到周围潜在的风险时，必然会感到焦虑不安。营销管理者不能正常发挥决策水准，瞻前顾后，使企业丧失许多良好的营销机会。营销人员也会整日惴惴不安，从而影响营销工作质量和工作效率。因此，营销风险管理者应给予营销人员足够的安全保障，以减轻企业和营销人员对潜在损失的烦恼和忧虑。我们制定营销风险管理计划，应在提高营销人员安全意识的同时，体现足够的安全保障。

(3) 合法性目标

企业并不是独立于社会之外的个体，它受到各种各样法律规章的制约。现代社会，人们的法律意识不断加强，越来越懂得如何用法律来捍卫自己的权利。与企业频繁接触的客户、广告商、消费者、竞争者也同样如此。因此，企业必须对自己的每一项营销行为、每一份合同都加以合法性的审视,以免不慎涉及官司。这样,不至于使企业蒙受财务、人力、时间、名誉的损失。营销风险管理者必须密切关注与营销相关的各种法律法规,保证企业营销活动的合法性。

(4) 社会公众责任目标

一个企业遭受损失时,受损的绝不只是企业本身,还有它的股东、债权人、客户、消费者、员工,以及一切与之相关的人员和经济组织。损失严重时,甚至会使国家社会蒙受损害。如 1998 年初发生在山西的假酒案,不仅伤害了几十名饮酒者,而且对山西汾酒厂也带来巨大的伤害,同时也给全国的消费者带来不良影响。因此,社会公众责任目标也是损前目标之一。

2. 损后目标

最完美的风险管理计划,也不能完全消除一个企业的风险,因此,确定损失发生后的目标有其必要性。损后目标从最低的生存目标到最高的持续增长的目标,营销风险管理成本也随之不断上升。

(1) 生存目标

当企业发生了重大损失后,它的首要目标是生存,因为只要生存下去就有恢复发展的希望,因此,损失后营销风险管理第一目标是生存。如果企业因损失事件而失去市场,生产的产品就会积压,长期下去必然关门倒闭;如果损失事件影响的是货款,使企业资金运转困难,到期不能偿还债务,也会导致破产;同样,营销管理上的风险也会给企业的生存带来威胁。所以,企业的风险管理计划应充分考虑损失事件对生存要素的影响程度,将损失后企业的生存放在首要位置。

(2) 持续营销目标

持续营销目标是指不因为损失事件的发生而使企业营销活动中断。营销活动中断并不一定会导致企业破产,经过一定的时间,有的企业是可以恢复市场的,但是,企业的竞争者却可能利用这段空档时间抢走企业原有的市场份额,这样,发展了的竞争者会给企业今后的发展带来威胁,因此,企业的营销风险管理者应尽可能在损失后保证营销的持续性。这里的持续有一定的相对性,也就是针对不同的企业,持续有不同的涵义,为了使企业在损失事件发生后能持续营销,应该作出科学的计划。第一,应分析企业的营销活动,看整个流程中哪几个环节是最不可以中断的,即找出关键环节。第二,分析营销企业所面临的风险,看哪些营销风险事件对关键环节具有破坏性,即找出最危险事件。第三,制定最危险事件发生的应付之策。最后,筹足应付最危险事件的经济资源。

(3) 获利能力目标

企业发生营销损失后,营销管理者很关心的一个问题就是损失事件对企业获利能力的影响。一般来说,一个企业都会有一个最低报酬率,它是判别一个营销活动是否可行的标准,同样也是营销风险管理计划制定的标准。营销风险管理者必须把损失控制在一定范围内,在这个范围内企业获利能力不会低于最低报酬率。

(4) 收益稳定目标

收益的稳定性对企业来说是极为重要的,因为它可以帮助企业树立正常发展的良好形象,增强投资者的投资信心。对大多数投资者来说,一个收益稳定的企业要比高收益高风险的企业更具有吸引力。稳定的收益意味着企业营销的正常发展,为了达到收益稳定目标,企业必须增加风险管理支出。

(5) 持续发展目标

企业的生产经营如“逆水行舟,不进则退”。现代社会竞争日益加剧,企业只有不断地推出更新更高品质的产品,才能牢牢地吸引顾客。企业只有不断地开拓新市场,才能在市场上占据领先地位。企业如果停滞不前,在原先的业绩上徘徊,那么竞争者就会通过实力扩张,毫不留情地夺走它的顾客,将它排挤出市场,因此,企业必须不断地发展,以求获得永远的生存。但风险的存在,成了企业发展潜在的阻力,因为风险事故发生后,带来的损失会给企业的发展带来极大的冲击。为了实现发展目标,营销风险管理者必须建立高质量的营销风险管理计划,及时有效地处理各种损失结果,使企业在损失发生后,能迅速地取得补偿,为企业继续发展创造良好的条件。

(6) 社会责任目标

如损前目标中所述,企业及时有效地处理营销风险事故带来的损失,减少损失所产生的不利影响,可以减轻对国家经济的影响,保护与企业相关的人员和经济组织的利益,因而有利于企业承担社会责任,树立良好的社会形象。

3. 目标的冲突

所有这些损前目标与损后目标之间存在着一定的联系。如为了达到安全系数目标,损失前对营销风险进行转移处理,减少损失发生,并使损失在一定程度上得到弥补,从而降低对企业营销的影响程度。但是,要能同时达到所有的损前和损后目标是困难的。因为,损前目标与损后目标之间、损前目标之间、损后目标之间有着各种各样的冲突,任何一项损后目标的实现,都需要一定资金的投入。而且随着损后目标层次的提高,其所需资金量也是在上升,这显然与损前目标中的经济目标相冲突。另外，损前目标中的安全系数目标与经济目标也有冲突。为了能获取更大的安全保障，为了能“睡个安稳觉”，营销风险管理者需更多地使用一些高成本的营销风险处理技术，增加营销管理人员控制风险和风险保障措施，以期减少损失并在损失发生后能取得及时充分的经济补偿，而这些措施必然导致营销风险管理费用的急剧上升。营销风险管理者应妥善处理目标间的冲突，以企业总目标为统帅广泛征求相关部门的意见，制定一个适应本企业具体情况的营销风险管理目标。

第三节　营销风险管理的基本程序

一般地说，营销风险管理程序可分为四个阶段：营销风险识别、营销风险衡量、营销风险处理，营销风险管理的效果评价。这四个阶段存在内在的联系，营销管理人员只有在对营销风险的类型及产生原因有了正确认识以后，才能对营销风险大小作出较为准确的衡量。同样，只有在对营销风险的大小有了正确认识和衡量之后，才会有针对性地提出处理营销风险的具体措施，也只有在营销风险处理以后，才能对其管理效果进行评价。营销风险管理的基本程序如图 1－2 所示。

一、营销风险识别

营销风险识别是整个营销风险管理工作的基础，不经过识别并用语言表述，营销风险是无法衡量、无法进行科学管理的。营销风险识别是指风险管理人员通过对大量来源可靠的营销信息资料进行系统了解和分析，认清企业存在的各种营销风险因素，进而确定企业所面临的风险及其性质，并把握其发展趋势。

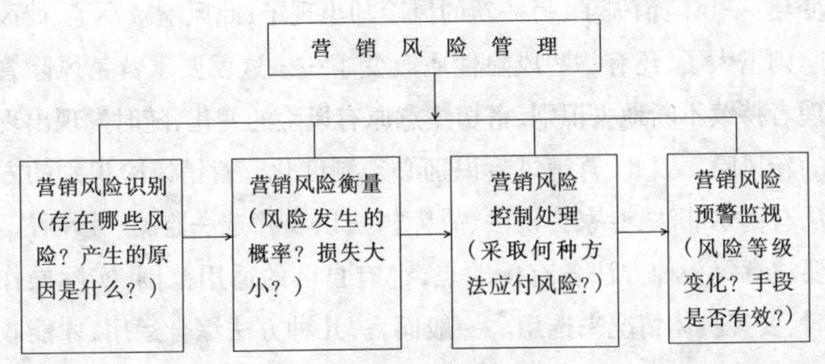

图1-2　营销风险管理程序

危害企业生存和安全的各种营销风险，风险管理人员必须采取有效的方法和途径加以认识。有待识别的营销风险，不仅仅是那些比较明显的营销风险因素，而且还有那些潜在的营销风险因素。一般说来，认识后者要比认识前者更为困难，但常常是更为重要的。识别营销风险，一方面可能通过感性认识和历史经验来判断；另一方面则是通过对各种客观的营销管理资料（如统计、会计、计划、总结等）和营销风险事故记录进行分析、归纳和整理，以及必要时的市场专家访问，从而发现各种营销风险及其损失情况，寻找其规律。

营销风险识别阶段通常包括：一是全面分析企业营销人员构成、市场分布以及业务活动；二是分析营销人员、市场和业务活动中所存在的营销风险因素，判断发生营销风险损失的可能性；三是分析企业所面临营销风险可能造成的损失及其形态，如货款损失、营业中断、经济责任等。此外，需要鉴定营销风险的性质，以便采取合理有效的处理措施。

应当指出，营销风险识别是一项具有持续性和系统性的工作。由于各种条件在不断变化之中，企业所面临的营销风险也会经常变化:一风险消失了,另一新的风险却出现了;此风险减小了,彼风险则增大了;还有一些风险性质改变了……这就要求营销风险管理者持续不断地去识别,密切注意原有风险的变化,随时发现出现的新风险。因此,营销风险识别必须制度化。营销风险识别的方法有德尔菲法、专家会议法、故障树法以及筛选—监测—诊断法。要注意每一种方法各有优缺点,都有自己的适用范围,实际操作时,要视具体情况来选用。一般而言,几种方法综合运用,才能收到良好的效果。

二、营销风险衡量

营销风险衡量是对某种特定的营销风险,测定其风险事故发生的概率及其损失程度。营销风险衡量是在营销风险识别的基础上进行的。通过营销风险识别,发现了企业面临的营销风险,弄清了存在的营销风险因素,确认了营销风险的性质,并获得了有关数据。营销风险衡量主要是通过对这些资料和数据的处理,得到关于损失发生概率及其程度的有关信息,为选择营销风险处理方法,进行正确的风险管理决策提供依据。

营销风险衡量以损失概率和损失程度(或强度)为主要测算指标,并据以确定营销风险的大小或高低。

营销风险衡量一般需要运用概率论和数理统计方法,必要时借助电子计算机来完成。常用的方法有经验估计法(在企业实际操作中应用最方便)、概率分析法等。

需要指出的是,营销风险衡量与营销风险识别和营销风险处理在时间上不能截然分开。事实上,由营销风险识别向营销风险衡量的转移,以及营销风险衡量向营销风险处理的转移,都是逐渐进行的。有些数量分析活动是在营销风险识别的过程中发生的,有些营销风险处理措施(如营销风险控制)则在风险衡量时就开始采取了。例如,在访问某位营销专家的过程中,某种营销风险得以识别,那么下一步的行动自然是取得营销风险损失程度方面的信息,确定一旦营销风险事故发生将会造成的后果以及可以采取的应付办法。这当中的两项行为一般被视为营销风险衡量的组成部分,但它们都是在营销风险识别过程中发生的,而营销风险的预警监视则是全过程的。参见图 1-3。

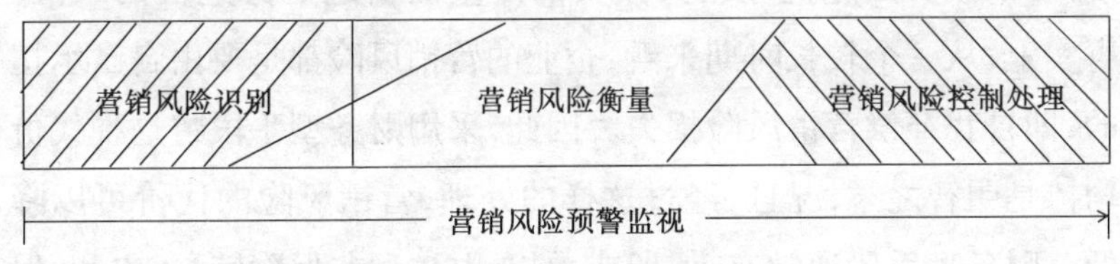

图 1-3　营销风险管理过程的时间段划分

三、营销风险控制处理

营销风险控制处理是指针对经过营销风险识别和营销风险衡量之后的营销风险问题采取行动或不采取行动,它是营销风险管理过程的一个关键性阶段。

营销风险管理人员对于企业所面临的风险,在弄清了营销风险的性质和大小(或等级)之后,必须运用合理而有效的方法对风险加以处理。这一阶段的核心是营销风险处理手段的选择。

营销风险处理的手段大体上可分为两类,即控制型和财务型。控制型营销风险处理手段是损失形成前防止和减轻风险损失的技术性措施,它通过避免、消除和减少营销风险事故发生的机会以及限制已发生损失继续扩大,达到减少损失概率、降低损失程度,使营销风险损失达到最小之目的。这种手段的重点在于改变引起营销风险事故和扩大损失的条件。控制型手段通常有:避免、损失预防与抑制、控制型非保险转移等。在采用这些处理手段时往往需要大量的专业技术知识,因此,营销风险管理人员必须经常求助于各种不同领域里的专家。

财务型营销风险处理手段是通过事先的财务计划、损失准备金,以便对营销风险事故造成的经济损失进行及时而充分的补偿。这种手段的核心是将消除和减少风险的代价均匀地分布在一定时期内,以减少因随机性巨大损失的发生而引起财务危机的风险。事实上,从一个较长时期来看,企业的营销风险都是要由自己承担的,即自我补偿营销风险损失。因此,采用财务型手段将这种代价均摊是明智之举,况且,经过这样的处理,营销风险的代价可以降低。财务型手段通常有:保留或承担、财务型非保险转移、中和、保险等。

需要提出的是,营销风险处理手段的选择是一种综合性的科学决策。决策时,既要针对营销风险的实际状况,又要根据企业的资源配置状况,还要注意各种营销风险处理手段的可行性与效用。营销风险处理手段的选择,一般说来,不是一种风险选用一种手段,而常常是将几种手段组合起来。只要合理组合,营销风险处理就会做到成本低、效益高,即以最小的成本获得最大的安全保障。

同时还要进行营销风险管理效果评价,即对营销风险处理手段的适用性和效益性进行分析、检查、修正和评估。在前一阶段,选定并执行了最佳风险处理手段之后,风险管理者还应对执行效果进行检查和评价,并不断修正和调整计划。因为随着时间的推移,企业所面临的市场环境及自身业务活动的条件都会发生变化,这会导致原有营销风险处理效果变化,因此要修正营销风险处理方案，以适应新的情况并努力达到最佳的管理效果。

四、营销风险预警监视

营销风险管理是一个动态过程，在这一过程中，要适时地进行营销风险的跟踪评估、预警和监视，为风险决策提供依据。这一过程是在综合利用风险识别、风险衡量的资料基础上，并根据所可能采取的风险控制与处理手段，进行综合评价预警系统，是一项系统性的工作。可以借助计算机管理信息系统进行。但关键仍在人的风险管理水平。

营销风险管理过程的四个阶段，即营销风险识别、营销风险衡量、营销风险控制处理和营销风险预警监视，是一种周而复始循环往复的过程。因此，我们也可称其为营销风险管理周期。

第四节　营销风险管理决策的特点

传统上，人们往往仅凭工作经验和主观判断来处理营销风险。随着营销风险的日益广泛和复杂，决策的科学性和合理性将直接影响营销管理活动的效果。营销风险管理决策是整个营销风险管理的核心。但不同的决策对风险的认识不同，决策的结果也有很大差异。在营销风险决策中决策者的损失期望值与效用值是两个关键，也能体现出决策者的特点。

营销风险管理决策是指根据营销风险管理的目标和宗旨，在科学的营销风险分析的基础上，合理地选择营销风险管理工具，从而制定出处置营销风险的总体方案的活动。

一、营销风险管理决策的特点及决策程序

1. 营销风险管理决策特点

营销风险管理目标的多元性,往往不能单靠一种营销风险管理技术来实现,而是需要各种工具相互补充、相互结合、相互作用。因此,营销风险管理决策的任务是在建立营销风险管理目标的基础上,将各种营销风险管理技术有机结合起来,取长补短,以最低的费用获得最大的效益。

企业营销风险管理决策是根据营销风险管理总目标而进行的决策,而营销风险管理总目标与企业经营管理目标是一致的,从这个意义上说,营销风险管理决策与其他一般管理决策没有什么不同。但由于其具有的特殊性,营销风险管理决策又具有以下特点:

(1) 营销风险管理决策是以营销风险可能造成的损失结果为对象,根据成本和效益的比较原则,选择成本最低,安全保险效益最大的营销风险处理方案。

(2) 营销风险管理决策属于不确定情况下的决策,因此,概率分布成为营销风险管理决策的客观依据。同时,决策者对营销风险的主观态度构成了营销风险管理决策的主观依据。

(3) 由于营销风险具有随机性和多变性,在决策过程中,随时可能出现新的情况和新的问题。因此,必须定期评价决策效果并适时进行调整。

(4) 由于营销风险多数是投机风险,不可保风险较多。因此,以风险控制为主,结合运用其他手段成为营销风险管理决策的一个显著特点。

2. 营销风险管理决策程序

(1) 确定营销风险管理目标

以最小的成本获得最大的安全保障是营销风险管理的总目标,也是营销风险决策必须遵循的基本准则。在进行营销风险管理决策时，首先考虑企业本身的经济状况和所面临风险的大小，根据总目标的要求确定决策原则。

(2) 拟定营销风险处理方案

营销风险处理方案是指所选择的营销风险处理手段的有机结合。可供选择的营销风险处理手段总体上可分为营销风险控制手段和营销风险财务手段。在处理营销风险众多的手段中，风险控制具有独特的地位和作用，尤其是风险自留困难很大，避免风险和投保又不可能的情况下，就显得更为重要。这是由营销风险的投机性所决定的。也是营销风险管理区别于一般风险管理的地方。一般风险管理则是以投保为主。

(3) 选择风险处理最佳方案

在营销风险管理决策中，不仅要针对营销风险的特定情况和企业的经济状况拟定营销风险处理方案，更重要的是通过比较分析明确哪些是主要的风险处理手段，哪些是次要的和起补充作用的处理手段，以及每一种手段和措施的运用程度，由此选择出最佳处理方案和达到各种处理手段的最佳组合。

二、损失期望值决策法

在营销风险管理决策过程中，由于营销风险处理手段的多样性，每一个营销风险处理方案成本都有所不同。因此，用损失模型来描述各种决策方案，反映营销风险管理的效果。所谓损失模型是指用来揭示决策对象在不同的决策方案下，存在的损失额和费用额与决策效果之间数量关系的模型。

1. 忧虑价值

由于风险事件后果的不确定性，因此风险管理者对待所选择的风险处理方案是否能达到预期的目标，以及一旦出现最不利的后果会给企业带来什么样的影响总是忧心忡忡。这种担心和忧虑会影响风险管理决策结果。一般来说,决策者的忧虑程度越高,则越倾向于保守方案的选择;反之,忧虑程度越低,则越倾向于积极方案的选择。这里,所谓“保守”是指对损失的反应很敏感,而对收益的反应相对迟缓。所谓“积极”是指对收益的反应很敏感,而对损失的反应相对迟缓。

在人们通常可以选择的风险处理方案中,购买保险是最能减轻管理者忧虑程度、最为稳妥可行的方案了。因为,以少量的保险费支出可以换取对巨额损失的经济补偿,使损失的不确定性化为相对的确定性。因此,企业完全购买保险以转移风险的方案,可以不考虑忧虑价值的存在及其影响,即忧虑价值额为零。但许多营销活动都是不可保的,例如以销售结算为例,赊销就有风险,而现款交易几乎没有风险,可以认为忧虑值为零。除此以外,都必须考虑忧虑价值的存在和影响,只是对于不同的营销风险处理方案,营销风险管理决策者的忧虑程度不同,即忧虑价值不同,但都不会完全消除忧虑价值的存在及其影响。因此,在营销风险管理决策中,须以价值形态,即以货币价值额来反映忧虑价值的概念。在损失模型中,考虑适当的忧虑价值可以使各种决策方案的比较分析更为完善、更符合实际。

确定忧虑价值常用的方法是将忧虑价值的影响通过假定和推测,以特定的货币价值来表示,货币价值的大小取决于决策者在何种程度上、在多大数额上不再忧虑和担心因营销风险事故引起的不确定性。

忧虑因素具有高度的主观性,因而以价值形态客观地反映忧虑价值的几个主要因素有:

(1) 损失的概率分布状况。损失的概率分布状况可以反映风险事件在未来时期出现的损失概率和损失幅度,揭示出风险损失的大小,从而决定风险决策者忧虑程度的高低。

(2) 风险决策者对损失不确定性的把握程度。风险决策者对风险事件发生与否、发生的后果及其影响程度的把握决定了其忧虑程度的大小。

(3) 营销风险管理的目标。营销风险管理的目标决定着企业营销管理者对待营销风险的态度,从而影响和决定着营销风险决策者的忧虑程度。

(4) 决策者个人的胆略。一个敢于冒险、富于创造的决策者,相对于一个渴求稳定、谨小慎微的决策者来说,对其所选择的风险处理方案所具有的忧虑程度相对较小。个人的胆略是由多方面的知识、才能和素养决定的。

2. 选择营销风险管理方案

不同的营销风险管理目标,决定了对决策方案的不同选择,而一个具体的营销风险管理目标的确定,通常可分为如下两种情况:

(1) 在损失概率无法确定时的目标及决策

在损失概率无法确定时,风险决策属于不确定型风险决策,根据风险管理目标的不同分为如下两种:

一是将一定时期最大的潜在损失减少到最低限度为目标,即"最大最小化"决策原则。通常,最大的潜在损失即是指风险事件发生时带来的最坏的损失后果。为了达到此目标,比较各种风险方案在最悲观的情况下可能出现的最大损失额,以损失额最小者为最佳方案。

二是将一定时期潜在的最小损失减少到最低限度为目标,即

"最小最小化"决策原则。通常,最小的潜在损失即是风险事件不发生的情形下,企业所需承担的处理风险的各种费用支出和负担。为了达到此目标,比较各种风险方案在最乐观的情况下,最能节约费用支出和最能减轻风险负担的方案为最优方案。值得注意的是,上述营销风险管理目标的确定只考虑了两种极端的情形,决策者表现出的态度或过于悲观,或过于乐观。因而,决策结果可能与实际情况不相符,带有较大的局限性。

(2) 在损失概率能够确定时的目标及决策

在损失概率能够确定或者有较大把握估计时,最有价值也是最实用的营销风险管理目标和决策原则应该是,将一定时期预期的损失额减少到最低限度。根据这一目标和原则,营销风险决策者首先要估计营销风险事件可能出现的各种损失结果以及与其相应的概率。然后,计算每一方案的预期损失总额,比较其大小,以预期损失额最小的方案为最优方案,即采用期望值决策法。

在重复性风险型决策中,以损失期望值为依据来选择风险处理的最佳方案被认为是最合理的方法,但是,该方法也有其理论和应用上的局限性,为了使损失模型更为完善,须考虑忧虑价值,但忧虑价值额难以准确确定,同时也没有完全反映出决策者个人的主观意愿及对待风险的态度,而这些是影响风险的重要因素。

三、效用理论在营销风险管理决策中的应用

效用理论是根据金融经济学的效用观念和心理学主观概率而形成的一种定性分析理论。最早期的效用理论起源于 19 世纪的英国经济学家边沁,他认为一切决策的最终目的在于追求最大的正效用而避免负效用,本世纪 60 年代以后,效用理论逐渐应用于风险管理决策中,解决了一次性风险型决策问题,揭示了决策者个

人的风险偏好及对待风险的态度，对风险决策的发展有重大影响。

1. 效用与效用函数

(1) 效用的含义

由前面分析可知，在一次性风险型决策中，决策者对于风险的态度严重影响着决策方案的选择，我们可以用“效用”来反映决策者对于风险的态度。

所谓效用是指决策人对待特定风险事件的期望收益和期望损失所持的独特兴趣、感觉或取舍反应。效用在风险管理决策中代表着决策人对特定风险事件的态度，也是决策人胆略的一种反映。“效用”一般可用效用值指标表示其定量值，效用值采用 0 与 1 之间的界定方法，即 $0 \leqslant$ 效用值 $\leqslant 1$。

例如，某企业的一批货物有甲、乙两个销售方案，甲方案有 0.5 的概率获利 120 万元，有 0.5 的概率亏损 40 万元；乙方案肯定获利 15 万元。决策者愿意选择哪个方案？

在这两个方案中：

甲方案的期望收益值为：$0.5 \times 120 + 0.5 \times (-40) = 40$(万元)

乙方案的期望收益值为：$1.0 \times 15 = 15$(万元)

如果仅从期望收益值来看，甲方案的期望收益值大于乙方案的期望收益值。但对大多数人而言，可能宁肯选择乙方案而不是甲方案，这是因为不愿意承担 40 万元损失的风险。当然，也有人愿意冒损失 40 万元的风险而选择甲方案，因为如果损失不发生，可获得的收益更多。

决策者个人的主观意愿及态度即“效用”，对决策方案有着直接而重要的影响。不同的人对相同的期望值反应不一定相同，即使是同一个决策人，在不同的时期和不同条件下，对相同的期望值的反应也不一定相同。例如,一万元货币的得失,对于拥有数百万元的经营者来说,这个得失对他的影响很小,他敢冒这个风险;而对于一个小本经营者来说,就有可能使他彻底破产,他就不太敢冒这个风险。同是一万元的得失,两类经营者的态度不同,必然反映在他们的决策中。

(2) 效用函数与效用曲线

效用函数是指决策人在某种条件下对不同的期望值所具有的不同的效用值。设 $U(x)$ 表示效用函数,$E[U(x)]$ 表示效用函数的期望效用,则可对各种决策方案进行不同期望值下的效用描述,并进行最优方案的选择。

假定某方案有 n 个可能结果 X_i,而每个可能结果发生的概率为 P_i、效用值为 $U(X_i)$。则该方案的期望效用值

$$E[U(x)] = \sum_{i=1}^{n} P_i \cdot U(X_i)$$

效用函数关系的曲线称为效用曲线。通常用横坐标表示期望值,用纵坐标表示效用值,如图 1-4 所示。效用曲线的形状描述了决策人对待风险的态度和胆略。效用曲线一般有如图 1-5 所示的三种基本类型。

①曲线 A 代表保守型决策人的效用曲线,其中间部分呈上凸形状。这一类型的人对于损失的反应比较敏感,而对收益的反应则比较迟缓,属于一种不求大利、谨小慎微的低度冒险者。他们愿意支付高于损失期望值的费用作为转移风险的代价。

②曲线 C 代表进攻型决策人的效用曲线,其中间部分呈下凹形状。这一类型的人对于收益的反应比较敏感,而对损失的反应迟缓,属于一种谋求高利,勇于冒险的高度冒险者。他们常常愿意

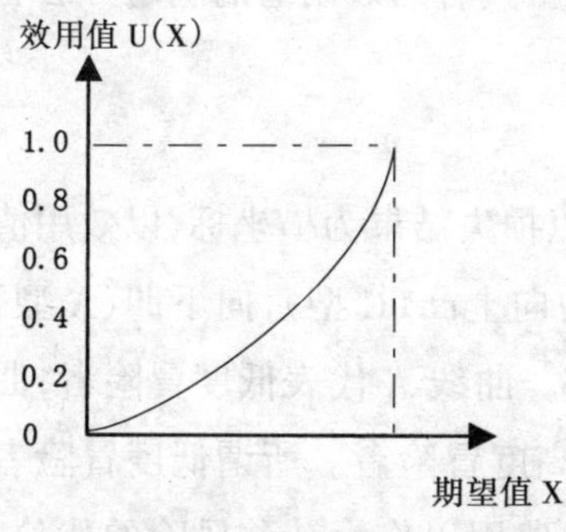

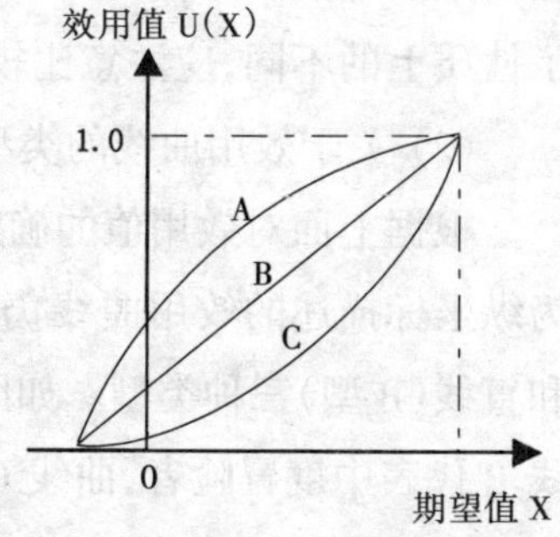

图 1－4　效用曲线示意图　　　　图 1－5　效用曲线的三种基本类型

支付低于损失期望值的费用作为转移风险的代价。

③直线 B 代表中间型决策人的效用曲线，这一类型的人对风险采取中立态度。由于这类效用函数呈线性关系，因此，效用值最大的方案，也是期望值最大的方案。所以完全可以根据损失期望值大小选择行为方案，属于一种中度冒险者。他们常常愿意支付等于损失期望值的费用作为转移风险的代价。

2. 效用理论的应用

营销风险管理决策，其实质在于对营销风险损失结果的比较和选择，一般暂不考虑风险收益结果。这样就使效用理论的应用更加明确和具体。下面，我们来讨论如何运用效用理论来选择营销风险处理方案。

(1) 关于效用值的确定

效用值仍可采用 0 与 1 之间的界定方法，即 0≤效用值≤1，但由于决策方案主要是对营销风险事件可能发生的损失额及各种费用支出的比较分析。因此，通常将可能出现的最小损失结果的效用值定为 0。将可能出现的最大损失结果的效用值定为 1。这一确定方法与前面介绍的关于损益值所具有的效用值的确定方法有了性质上的不同,应注意比较分析。

(2) 关于效用曲线的类型

根据上面对效用值的确定,则以损失结果为横坐标,以效用值为纵坐标描述的效用曲线仍可分为向上凸(C 型),向下凹(A 型)和直线(B 型)三种类型。如图 1－6。曲线 A 代表低度冒险者;曲线 B 代表中度冒险者,曲线 C 代表高度冒险者。所谓低度冒险者就是指愿意支付高于损失期望值的费用以作为转移风险的代价。而所谓高度冒险者则是指常常愿意支付低于损失期望值的费用以作为转移风险的代价,至于中度冒险者,常常愿意支付等于损失期望值的费用以作为转移风险的代价。

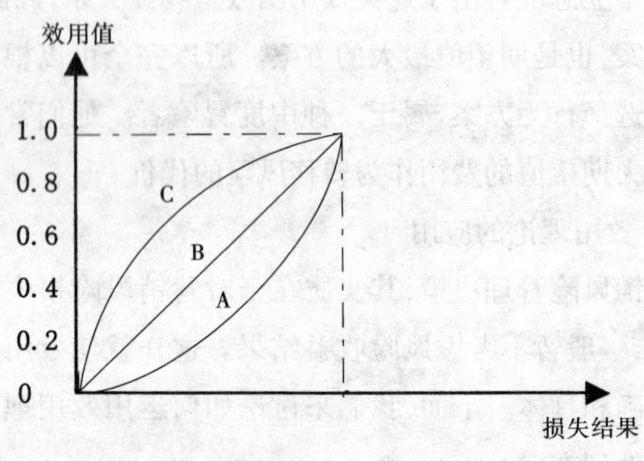

图 1－6

(3) 关于风险管理目标

若以最大损失结果的效用值 1,以最小损失结果的效用值为 0,其决策目标是以损失期望效用值最小的方案为最佳方案。相反,若将可能出现的最小损失结果的效用值定为 1,其决策目标则以损失期望效用值最大的方案为最佳方案。可见,对效用值的不同规定,将直接影响决策方案的选择标准。

第二章　营销风险识别与衡量

营销风险识别是指在营销风险事故发生之前,人们运用各种方法系统地、连续地认识所面临的各种营销风险以及分析营销风险事故发生的潜在原因。营销风险衡量是对过去营销损失资料分析的基础上,运用概率和数理统计方法,对某一(或某几个)特定营销风险事故发生的概率和营销风险事故发生后造成损失的严重程度作出定量分析,从而预测出较精确并满足一定规律的结果。营销风险识别与衡量是营销风险管理的基础。

第一节　营销风险识别

营销风险识别过程包含以下两个环节:

一是感知风险,即了解客观存在的各种营销风险。

二是分析风险,即分析引起风险事故的各种因素。

感知风险是风险识别的基础,分析风险是风险识别的关键。这是因为只有通过感知风险,才能进一步在此基础上进行分析,寻找可能导致风险事故发生的各种因素,为拟订风险处理方案、进行风险管理决策服务。

营销风险识别作为营销风险管理过程的第一阶段,所要回答的主要问题是:

(1)哪些营销风险需要考虑?

(2)导致损失的营销风险事故有哪些?

(3)引起营销风险事故的主要原因和条件是什么?

(4)营销风险事故所致后果如何?

(5)识别营销风险的方法有哪些?

(6)如何增强识别营销风险的能力?

通过营销风险识别,了解面临的各种营销风险和致损因素,其目的之一就是为了便于衡量营销风险的大小,目的之二是为了选择最佳的营销风险处理方案。

营销风险识别是一项系统性、连续性、制度性的工作。所谓系统性,是指风险识别不能局限在某个部门,某个环节中,而要研究企业完整系统所具有的全部风险。所谓连续性,是因为营销环境总是在不断变化之中,营销风险的质和量都在变,还可能出现前所未有的风险,若非连续性地工作,实难发现企业所面临的潜在风险。至于制度性,是因为营销风险管理作为一项科学的管理活动本身要有组织、有制度。

需要指出的是,每一种营销风险识别方法都存在一定的局限性,这是因为:其一,任何一种方法不可能揭示出企业面临的全部营销风险,更不可能揭示导致营销风险事故的所有因素,因此必须根据企业的性质、规模以及每种方法的用途将多种方法结合使用。其二,由于经费的限制和不断地增加工作会引起收益下降,风险管理人员必须根据实际条件选择效果最优的方法或方法组合。其三,如前所述,营销风险识别是一个连续不断的过程,仅凭一两次调查分析不能解决问题,许多复杂的和潜在的营销风险要经过多次识别才能获得较为准确的答案。

一、感知营销风险

营销风险识别的第一步就是感知风险，通过各种方法认识企业面临的风险，为分析风险奠定基础。感知风险的方法很多，我们简要介绍几种方法。

企业要尽可能全面地发现它所面临的营销风险，关键在于寻找同企业营销相联的两方面风险因素：一是企业营销活动；二是企业营销环境。

1.组织图分析

组织图分析适用于各类企业的风险识别，是企业感知风险的最一般而又必要的方法之一。与其他方法比较，它的一个重要特点是能够揭示企业关键人物对企业营销的影响。通过组织图分析能反映以下事实：

(1)企业活动的性质和规模。例如一个企业集团是由哪些子公司组成，是否有国外子公司，它们各经营什么性质的业务等。

(2)企业内各部门之间的内在联系和相互依赖程度。当营销风险发生时，是否会产生互相影响。

(3)企业内部可以分成的独立核算单位。这是对风险作出财务处理决策时所必须考虑的。

(4)营销组织结构。这是营销风险发生的制度因素。目前不少企业因营销组织混乱造成了较多营销风险，是营销风险识别的关键环节。

(5)企业关键人物。如有权参与制定和实施企业营销决策的人，能够提供营销风险管理人员所需的技术和其他信息的人等等。

(6)企业存在的可能使营销风险恶化的问题。

2.财务报表及原始销售资料分析

营销风险管理试图避免的事故都将导致对财务的负面影响，所以财务报表提供了关于这些事故的线索，因而揭示出企业需要保护的对象，这样，仔细研究资产负债表、损益表、财务状况变动表等，能够使风险管理人员熟悉企业哪些方面存在着风险。

除了以上这些财务报表外，企业的销售资料对营销风险也有重要作用，应充分利用。

3.流程图分析

一幅流程图能生动、连续地描绘一个特殊活动过程，在辨别整个营销过程的关键环节上是非常有用的，这些环节常被叫作所谓的"瓶颈"——即该环节发生任何事故都会造成整个营销的停止。这样的流程图可能贯穿于整个营销活动中，甚至是整个企业活动。

营销风险的流程图分析，在于从营销业务的每一环节中，找出可能带来营销风险的因素。需要注意的是，一个简单的流程图，不可能包含整个营销活动过程的全部细节和内容，因此，如有必要，可以对每一独立的部门，每一营销环节分别制订流程图。

流程图分析存在明显的局限性，由于这个原因，流程图分析应该和风险识别的其他方法一起使用。另外，它不能鉴别每一营销步骤的易损程度，即使对关键环节也只能对损失作最少估计。因此，流程图像财务报表一样，只能识别风险是否存在，而不能揭示损失概率和损失程度。

4.环境分析

营销面对宏观环境和微观环境，由于营销环境的不断变化，给营销带来许多不确定性，引起不少风险事故，带来不少营销风险损失。有关营销的环境从宏观上看有：人口、经济、自然、技术、政治

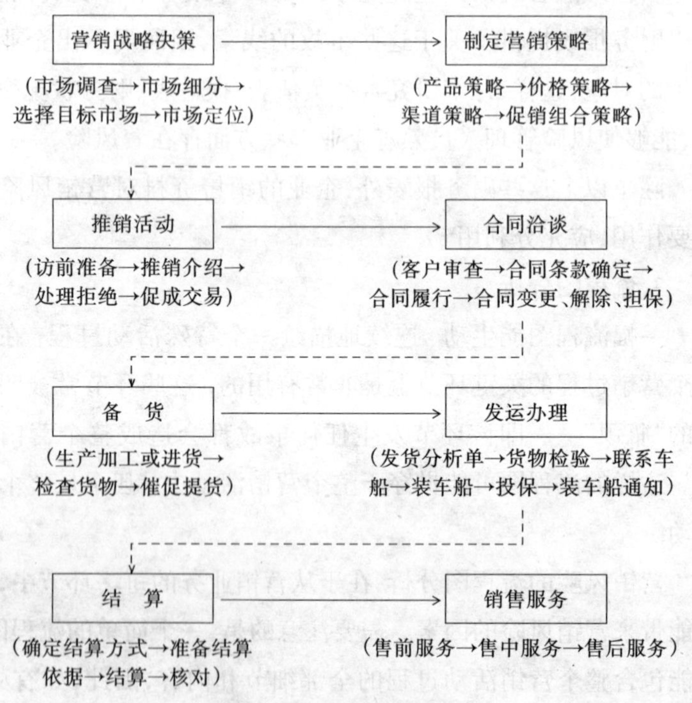

图 2-1　营销业务流程图

法律、社会文化等主要因素；从微观上看有顾客、中间商、供应商、企业内部各部门，竞争对手、社会公众等主要方面。在分析这些环境因素时，重点考虑企业受宏观环境因素最直接的影响。对微观环境则要重点考虑企业与这些单位的联系特征及这些联系的稳定性和波动性。如产品是直接销售给某一大用户，还是通过批发商或零售商间接销售？顾客是家庭、企业还是政府部门？供货商渠道是单一的还是多渠道，是否有合同保证？与竞争对手在市场上竞争是否会出现非正常的产品索赔情况？企业有何种特殊义务。如政府、顾客或社会公众的要求。这些分析有助于识别企业所面临的多种风险。

5.风险分析调查表

营销风险管理人员及有关专家学者,通过对企业营销可能遭遇的风险加以详尽的调查与分析,编制各种调查表供企业参考的一种方法。该调查表应尽量提出较全面的问题。这种方法对一般风险管理,在美国主要是由保险公司专家制定,如保险调查表、保单对照表、资产损失分析表等。从营销风险管理来看,目前在国际上尚没有此类标准调查表。即使有标准调查表,也难以完全适用于具体企业。因而作为具体企业进行营销风险管理可以组织一批营销风险管理人员和经营管理人员一起,根据本企业营销的特点设计出一套调查表,从而进行风险识别。

6.营销风险分析问卷

营销风险分析问卷是以系统论的观点和方法识别企业营销系统所面临的风险。由于系统主管对本部门的情况最为了解,能为风险管理者提供许多有价值的信息。

设计这种调查问卷时要把营销中的各种因素看作一个整体,即作为一个系统来处理。

风险分析调查问卷一般由七栏构成,其中每一栏都是风险管理者所面临的重要问题,是需要彻底了解的问题。

第一栏:“风险所在”。即要求回答什么环节会发生重大营销损失。

第二栏:“损失时机”。要求回答当损失发生时,什么时候损失最大?什么时候损失最小?

第三栏:“损失原因”。要求回答发生损失的原因,即是质量问题?货款拖欠?服务问题?……

第四栏:“可能损失金额”。这一栏较难填写。需要作详细估计和计算。

第五栏:“损失估计的可信度”。这一栏要求填表者回答第四栏中两个估计损失金额及可信赖程度究竟有多大。

第六栏:“损失频率估计”。要求填表者对损失频率作一定性估计。

第七栏:“风险率”。要求估计风险大小。它是可能损失金额、损失估计可信度、损失频率估计这三者的乘积。

第八栏:“建议”。要求填表者提出控制营销风险的有关建议。

表 2-1　营销风险调查问卷

1		2		3	4		5	6			7	8
风险所在		损失时机		损失原因	可能损失金额		损失估计的可信度	损失频率估计			风险率	建议
环节	地方	最有利	最不利		最大预期损失	可能最大损失		高	中	低		

前述各种识别风险的方法,都存在一定的局限性,风险管理人员在实际运用时最好能综合使用。不仅如此,还应注意下列几点:

(1)现场调查。使用前述方法,一个有水平的风险管理人员就可能识别大多数风险。为了获得更多的信息尽可能地认识企业所面临的全部风险,风险管理人员还应采用现场调查方法,对企业内外营销关键部门和环节进行查勘,以判定哪些环节会受损,损失价值会多大,以及什么样的风险可能导致哪些价值的丧失。

(2)注意其他记录和文件。一个企业拥有的每一条记录和每一份文件都可能包含有关风险的有用信息,不应把风险的识别局限于财务报表和原始销售资料的分析上,还应收集和审阅企业已签合同、企业决策层的会议记录、政府职能部门有关规定等。这些记录和文件会帮助风险管理人员认识到企业潜在的用其他方法无法识别的风险。

(3)加强与企业外专家的联系。

二、分析营销风险

为了进一步认识企业所面临的风险,必须详细研究引起营销风险事故的各种潜在因素,这对营销风险衡量及进行营销风险管理决策尤为重要。

1.风险清单

风险管理人员在分析营销风险时,最经常、最普遍使用的方法是编制风险清单,清单上逐一列出企业面临的营销风险,并将这些风险与企业营销活动联系起来考察,以便发现各种潜在的风险因素,包括可保的和不可保的。因此,风险清单中尽可能地将企业营销所需的其他设施和条件,企业营销活动所处的物质、自然、社会、法律和政治环境一一列明,便于风险管理人员分析风险。在分析可能引起的风险事故的因素时,一般从两个方面来考虑,一是引起事故的风险源,一是影响损失程度的因素,尤其是可能扩大损失程度的因素。例如在分析客户资信风险时,对每一客户均要考虑:(1)有无引起呆账的风险源,如客户资产负债率高、经营高风险的产业、商誉一直很差等。(2)影响损失程度的因素,如赊销金额、货款拖欠的时间、客户资产状况等。在考虑产品责任风险时,要检查生产过程的性质,控制质量的检验标准和检验次数,国家对产品缺陷法律责任的规定等等。如客户服务跟踪调查,将客户服务的问题一一列出,并通过汇总分析发现客户服务中的风险问题,见表2-2。

表 2-2　客户服务跟踪调查表

客户名称	地址					
客户性质	电话				邮编	
首次购买时间		年交易额				
调查项目	调查问题					
	现状如何				原因何在	如何改进
产品品种规格	优	良	中	差		
产品功能效用	优	良	中	差		
产品质量	优	良	中	差		
产品价格	低	适中	较高	高		
传递产品信息	及时	一般	不及时	不传递		
提供技术咨询	详细	一般	不详细	不提供		
演示操作及解说	优	良	中	差		
快捷准确处理定单	优	良	中	差		
便捷安全处理结算	优	良	中	差		
交货及时	及时		不及时			
提供运输方便	提供		不提供			
关心顾客利益	优	良	中	差		
满足顾客特殊要求	优	良	中	差		
处理顾客投诉索赔	优	良	中	差		
提供安装调试维修指导服务	优	良	中	差		
备注						

2. 营销威胁分析

威胁分析是通过编制对企业营销活动构成威胁的事故一览表，来分析造成企业营销风险的各种原因，以及这些原因对致损事故发生及损失程度的影响力的一种分析方法，如对一个企业市场竞争实力下降进行威胁分析。有很多原因可以引起企业市场竞争实力下降，如企业生产能力较低和产品质量较差、企业的知名度和信誉度下降、企业的市场占有率下降、企业创新能力相对较弱等等。这些威胁可能造成企业市场竞争实力下降的程度和持续的时间是各不相同的。再如企业市场占有率下降对企业营销是一个很大的威胁，而影响企业市场占有率下降的原因也是多方面的。

$$\text{企业在目标市场占有率} = \text{顾客渗透率} \times \text{顾客忠诚度} \times \text{顾客选择性} \times \text{价格选择性}$$

由上式可以看出，影响市场占有率的因素很多，其中一类是价格因素，而产品的价格高低，取决于原材料价格、设备效率、工资和企业管理水平等。另一类是非价格因素，它取决于技术开发能力、市场开拓能力、企业的知名度、信誉和顾客对企业产品的偏好等。企业市场占有率下降是许多因素的综合作用结果，但这些因素的影响程度和持续时间也是不一样的。下表 2－3 仅列举了企业市场占有率下降的威胁，事实上，完整的营销威胁分析，应将可能的营销事故均一一列出，进行分析。

表 2－3　营销威胁分析（略表）

威胁	原因	结果	减轻风险的因素	损失估计	
				经济损失	市场损失
市场占有率下降 10%	①价格偏高	失去部分顾客	降低成本	50 万元	3%
	②技术开发落后	失去部分顾客	加大技术创新	20 万元	1%
	③市场开拓力度不够	吸引不了新顾客	加大市场投资	30 万元	2%
	④企业知名度低	吸引不了新顾客	塑造提升企业形象	20 万元	2%
	⑤顾客对产品没形成偏好	失去部分顾客	塑造知名品牌、建立品牌忠诚	20 万元	1%
	⑥销售服务差	失去部分顾客	实施满意服务	10 万元	1%

3.事故树分析

事故树分析是对可能引起损失的事故进行研究，并探究其原因和结果的一种方法，图 2－2 作了说明。事故树，是一种图表，用来表示所有可能产生事故的风险事件。它由一些节点和连接这些节点的线组成，每个节点表示某一具体事件，而连线则表示事件之间的某种特定关系。事故树遵循逻辑学演绎分析原则,即从结果分析原因。如以产品质量问题引起的客户索赔事件为例,质量出现问题的原因可能是由于设备故障,也可能是产品生产加工过程中的自然异常因素,同时也很可能是由操作人员所致质量问题,在营销过程中则会给客户造成一定的损失,因而发生索赔事件。

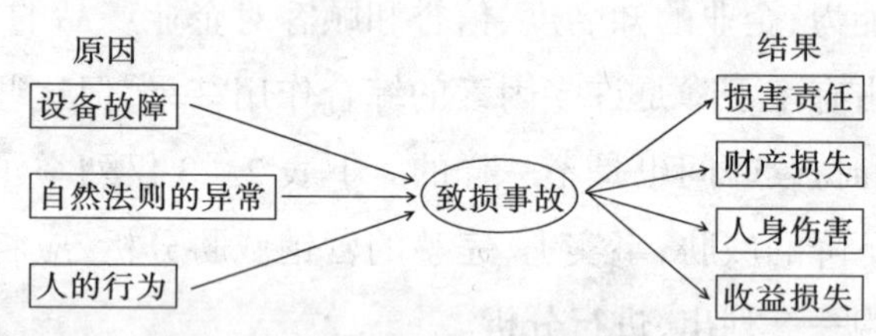

图 2-2 事故树分析

事故分析还可以用逻辑树的方法来识别出各种促成致损事故的风险因素,计算事故发生的概率。它是定性和定量相结合的一种有效方法,在风险管理中运用很广。

4.营销风险因素预先分析

营销风险因素预先分析法是指在一项营销活动开始之前,分析整个系统所存在的风险因素及其类型,估计可能发生的后果的一种方法。这一方法适用于新产品的开发和开发新客户,一般说来,人们往往对新开发项目和与新客户打交道存在的风险因素缺乏足够的认识,因此,风险管理人员必须重视对其风险因素的预先分析。营销风险因素预先分析法的主要过程如下:

(1)分析系统出现事故的可能类型。通过广泛收集资料,了解本企业以及国内外同类型企业曾出现过的事故;与企业内外的专家有效磋商;深入调查企业的外部环境如地理位置、气候条件、社会环境，以了解外部环境可能给企业带来的营销风险；分析企业内部营销活动过程，了解其可能出现的事故属于哪一类型。

(2)调查风险源。弄清风险因素存在于哪些地方，以确定风险源头。

(3)识别风险源转化条件。研究风险源转变为危险状态的必要条件和危险状态转变为事故的触发条件。

(4)划分等级。找出了风险源、转化条件、触发条件以后，再对上述风险因素后果的严重性划分等级，以供风险管理决策使用，一般划分为五个等级：

一级：优良状态，一般不存在风险，不需要控制。

二级：正常状态，后果可以忽略，可不采取控制措施。

三级：后果较小，暂时不会造成营销系统损坏，应考虑采取控制措施。

四级：后果严重，会造成营销系统损坏，需立即采取控制措施。

五级：灾难性后果，必须立即予以排除。

5.幕景分析

幕景分析法是通过有关数字、图表、曲线等，将某项营销活动或某企业未来某种状态进行描绘，从而识别引起风险的关键因素及其影响程度的风险识别方法。它注重说明某事件出现风险的条件和因素，并且还要说明当某些因素发生变化时，又会出现什么样的风险，会产生什么样的后果等。

采用幕景分析法识别营销风险时，主要是对营销风险和有关损失事件进行全面的筛选、监测和诊断，达到全面认识风险、识别风险的目的。筛选、监测和诊断之间的关系是紧密相连的。

(1)筛选。所谓筛选，是按一定的程序将具有潜在风险的产品、过程、事件、现象和人员进行分类选择的风险识别过程。利用筛选法识别风险,可以分析潜在的各种不确定因素,研究明显可能引起风险损失的种种因素,弄清可暂时排除的因素,分析对产生风险及损失的影响不甚明了的各个因素,对已经有所识别的潜在风险作更深入的分析,对风险发生的不同可能性和后果进行筛选归类,从而以利于风险管理者在此基础上,以不同的方式处理各种不同的风险。

(2)监测。监测是在风险出现后对事件、过程、现象、后果进行观测、记录和分析的过程。监测应在筛选的基础上进行。对引起风险的因素和各种风险事件进行监测,密切关注其发展和变化,以便及时提示人们下一步应该采取的行动。可以像自然风险防范的地震监测一样,对营销业务风险用计算机联网进行全程业务监测等。

(3)诊断。诊断是对风险及损失的前兆,风险后果与各种起因进行评价与判断,找出主要原因并进行仔细的检查。诊断也是慕景分析的一个重要环节。营销风险诊断是从总的方面对营销活动作出评价与分析,使决策者能够统揽全局,制定措施。如哪些营销环节最容易发生风险、营销风险可能引起的最坏后果是什么等等。对企业营销风险诊断时主要是通过各种指标和指标体系、调查研究法和经营比率分析法进行。

第二节　营销风险分析

营销风险按其所致的后果分类,分为纯粹营销风险和投机营销风险。其中主要是投机风险。

一、营销纯粹风险分析

营销纯粹风险，可分为财产风险、责任风险和人身风险。

1.营销财产风险分析

企业的财产是企业生存、发展的根本所在。而企业营销活动所涉及的财产主要是企业的产品、厂房、设备等有形资产和企业的品牌、商誉等无形资产。因而保障企业这部分财产的最大安全，是营销风险管理的重要课题。

(1)企业财产与权益

企业财产从广义上说，包含有形财产和无形财产。有形财产指具有实物形态的财产，如房屋建筑、机器设备、库存商品等，无形财产指诸如商标权、专利发明权、商誉等不具有实物形态的财产。企业有形财产根据其能否移动可分为动产和不动产，按其价值转移方式可分为固定资产与流动资产。企业主要因所有权而对己有的财产享有权益，而在营销活动中，也有因其他权利对一些非己所有的财产享有权益。主要有：抵押权、质押权、留置权，以及作为承租人和受托人的权益。

作为企业的无形资产，主要指那些没有物质实体非流动性的资产项目。如非专利技术、专利权、商标权、场地使用权、特许权、版权、商誉等。它们或者表明企业所拥有的一种特殊的权利，或者有助于企业取得高于一般水平的收益。无形资产的特点是：第一，不存在物质实体；第二，能在较长时期内为企业带来经济利益；第三，它所能获得的未来经济利益具有很大程度的不确定性。

(2)财产损失形态

企业财产风险可能导致的损失形态，根据不同的分类标准分类如下所示：

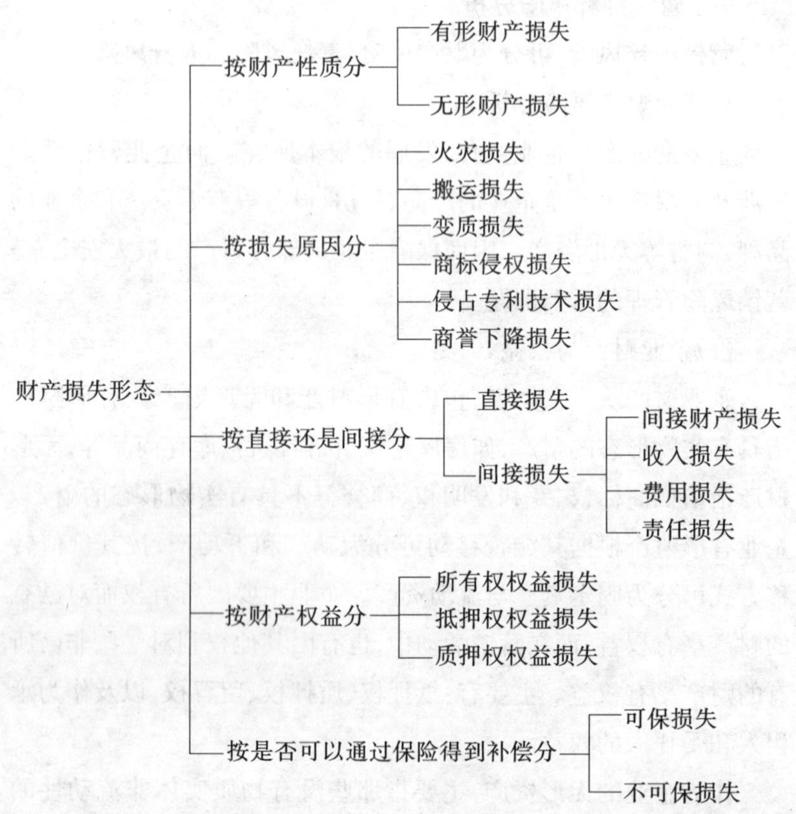

(3)财产损失金额评估

财产损失评估应从直接损失和间接损失两方面评估，对营销风险管理而言不仅应注重有形财产的损失评估，更应注重无形资产的损失评估。有形资产的损失评估可从直接损失和间接损失两个方面来评估。直接损失往往是实物财产本身经济价值的减少，因此可以用财产的经济价值做评估，一般比较容易。常用的有重置成本法、现行市价法和收益现值法。

企业财产的直接损失，往往是有形且在一定限额之内的，其带来的间接损失因其无形而不易被人重视，且其金额可能之巨，远比直接损失对企业的危害要大。特别是对于营销风险管理来说，应是管理的重点，也要充分地认识。其评估主要从收益减少和额外费用增加两方面给予评估，收益的减少表现在营业中断损失、连带营业中断损失、产成品利润损失、应收账款减少损失、租金收入损失等。额外费用增加是指由于直接损失发生而为维持正常经营所需增加的费用损失。对于这些可能发生的超额费用，营销风险管理可以通过事先计划的事故对策安排好，做到有备无患。

2.营销责任风险分析

随着社会法律制度的完善和人们法律意识的增强，企业的责任风险也在增大，并且责任风险可能造成的最大可能损失，不容易在事先确定。鉴于责任风险的特点与其发展趋势，企业风险管理者应给予足够的重视。

(1)责任概述

"责任"一词，对于企业而言有两方面意义：一方面，企业有造福于社会大众的道义上的责任，这种责任的履行，完全依赖于企业的自觉程度与社会舆论的约束，并在很大程度上服从于企业经营的利润最大化目标。另一方面，企业对由于自身过失、故意的行为而造成他人财产损失、人身伤害而应负法律责任。法律的强制性使我们对企业的法律责任的讨论更具实际意义。法律责任又可分为刑事责任与民事责任两部分，企业对刑事责任当然要注意避免，但作为可以用货币衡量的经济损失，民事责任才是风险管理者更为关注的主要对象。

民事责任主要分为违约责任与侵权责任两大类，违约责任指当事人因违反合同或协议而引起的民事责任。风险管理者应当通过对营销合同与协议的订立、履行进行监督管理,实现对违约责任风险的有效管理,这是营销风险的一类主要风险,我们将在合同风险中专题研究。

侵权指因侵害他人合法或自然的财产权利和人身权利而可能受到受害人起诉并承担民事赔偿责任的违法行为。我国《民法通则》第106条第二、三款规定:“公民、法人由于过错侵害国家的、集体的财产,侵害他人财产、人身的,应当承担民事责任。没有过错,但法律规定应当承担民事责任的,应当承担民事责任”。我们据此可以将侵权分为故意侵权、过失侵权、无过失侵权三类。

①故意侵权。指行为人能够预见自己的违法行为会对他人造成损害,而放任这种结果的发生。例如某食品厂售有明显质量问题的食品,结果造成消费者食物中毒。对于此类由于故意侵权而造成的民事责任,风险管理者只要给予适当的注意便完全可以避免。

②过失侵权。指行为人应该预见或可以预见自己的违法行为可能会给他人造成的损害结果,却没有预见或已预见但轻信可以避免,以致损害结果的发生。如某商场地面太滑,造成某顾客购物时滑倒并摔伤。风险管理者只要给予足够的重视,处处谨慎行事,还是可以避免因过失而产生的民事责任。

③无过失侵权。指即使没有过失也必须承担赔偿责任,例如企业的产品责任,只要消费者能证明产品存在缺陷,并且此缺陷是引起损失的近因,企业就必须承担民事赔偿责任,而无论有无过失。

从以上三类侵权可以看出,企业在侵权行为产生并导致民事责任前,与受害人之间并不存在民事法律关系,只有当损害发生时两者才发生权利义务关系,因而企业面临的侵权民事责任风险比违约责任风险更具不确定性。

(2)企业主要责任风险

企业所面临的潜在责任风险主要有以下几种:

①产品责任风险。我国产品质量法第29条规定:因产品存在缺陷造成人身、缺陷产品之外的其他财产损害的生产者应当承担赔偿责任。这样的规定可以从两方面来看:一方面,从违约角度看,如果顾客因购买使用企业的产品而遭受人身、财产损害的,企业就违反了关于产品安全的暗示保证;另一方面,从侵权角度看,企业因过失或无过失而侵犯了顾客正当的财产权与人身权,应负民事赔偿责任。因此,产品质量虽不是风险管理者的直接管理对象,但鉴于产品责任风险可能造成的损失,风险管理者还是应给予足够的重视,对产品的原材料、设计、加工、产品说明书等环节进行检查,清除隐患。

②雇主责任风险。目前企业对员工的责任大为增加,对员工在工作时间内的伤害,无论自已有无责任,都必须进行赔偿。然而由于营销人员的工作特点决定其工作地点和工作时间的不确定性,因而一般地说营销人员只要是在为企业做业务,不论在什么时间、什么地点发生伤害都应由企业负责。

③合同责任风险。企业营销活动中都是依据合同(口头、书面等)而开展。由于企业在营销过程中会因各种原因发生故意违反合同或由于不可抗力而违反合同的情况。根据《合同法》合同当事人一方违反合同应当承担合同规定的违约责任。即使是由于不可抗力作用从而解除和变更合同,但并不排除应承担一定的经济责任。这是营销风险责任中的最大一部分,是管理的重点。

④广告责任风险。企业刊播广告必须按《广告法》的有关规定进行。广告内容不能有不实或欺骗消费者的行为,同时不能在广告中攻击同行或伤害他人。因此广告一旦传播出去企业必须对广告内容负责,并对由此引出的营销风险负责。

(3)责任损失评估

每一责任事故发生,都有其具体原因,如产品责任事故发生的原因有:原材料缺陷、设计错误、生产加工过程中的错误、运输保管不当、使用说明书说明不当等。种种原因,不外乎人的因素与物的因素,而以人的因素居多,且较难管理,风险管理者在做好对物的因素管理的同时,应加强对企业员工的安全教育与训练,减小因人为因素而产生的责任风险。

3.营销人身风险分析

(1)营销人身风险分析的重要性

一个企业营销活动开展,依赖于诸多要素的共同作用,如营销人员、资本、商品等,其中营销人员是起决定性作用的因素。一个企业的营销人员是否能够克尽职守,发挥主观能动性,充分施展专业技能与个人才华,与企业的营销成败息息相关。然而营销人员作为自然人,难免要面临疾病、伤残、死亡等人身风险,一旦风险事故发生,势必影响到企业正常的营销活动,造成企业营销损失。例如,企业的一位销售业务骨干不幸身患重疾,此企业就可能会因此失去一些重要业务来源;如果此人在企业中拥有较高威望与号召力,那么企业如果不能妥善处理他的疾病,还将会影响员工情绪,导致士气低落,凝聚力下降,工作效率低下,企业因此受损,并且这种损失往往不易被察觉。所以企业的营销风险管理者在进行财产风险与责任风险管理的同时,也应重视对营销人员的人身风险的管理。

企业的营销风险管理者从风险管理角度出发，对企业营销人员的人身风险进行管理，其产生的效果与影响，已超出营销风险管理本身的意义，它在发挥安全保障作用之外，还起到以下作用：

①稳定营销员队伍，吸引高素质人才，增强企业凝聚力。良好的员工福利、医疗保障计划可以使企业成为员工的“靠山”，使员工能够解除后顾之忧，安心工作，与企业共命运。

②鼓舞士气，提高工作效率。风险管理者通过为员工提供一个安全舒造的工作环境，倡导一种积极进取的精神，并辅以优奖劣惩的激励制度，使员工能以良好的精神状态投入工作，实现较高的工作效率。

③执行有关企业安全作业与福利保障的法律法规。由于营销人员常年在外，因而很容易患上各种疾病，如因饮食不正常，多数患有胃病，因人际交往过多，不少人因饮酒而引起肝、肾之病，以及许多传染病等，还由于经常走访、送货、催款等，安全事故也较多，因而一定要执行安全作业与福利保障的法律法规。

④形成企业良好的公众形象。企业对自身的员工福利计划进行有意识地宣传，可以增进公众对企业的认同感，为企业的发展创造一个良好的外部环境。

(2)人身损失形态

企业的人身风险与财产、责任风险一样，并不是一成不变的，它也是随着企业内部、外部条件变化而变化的。随着经济与科技的发展，企业的人身风险出现了许多变化：科技的发展使意外伤害事故增加；人们的生活水平与医疗水平的提高，使平均寿命延长，整个社会趋向老龄化，企业养老负担加重；医疗技术与服务水平的提高使医疗费用支出增加。

虽然企业人身风险出现了上述不利变化，但其损失形态仍不外乎以下几种：死亡、疾病、工伤、年老，这里不再一一论述。

以上对四种人身风险损失形态，是在企业内部范围展开的，可以结合企业人身保险、疾病保险、意外伤害保险以及营销队伍优化来解决。然而在企业外部，同样存在可能导致企业损失的人身风险，例如企业某一分期付款顾客发生不幸，导致死亡或丧失工作能力，将影响他们的未付款项的支付。又如企业主要经销商发生人身损失，其正常的生产经营受到影响，那么企业与他的业务来往也会受到不同程度的影响，导致企业经营计划不能顺利实施。这是在营销风险管理中尤其应该注意的。

(3)人身损失金额评估

前述企业内部与外部人身风险都是企业风险管理者应予以管理的对象，这里风险管理的潜在损失即事故损失成本包括直接损失与间接损失两类。

①直接损失金额评估

企业因员工人身风险所致各种直接损失源于企业对员工的责任，即对员工人身损失的补偿。员工的人身损失大致可以分为两类：第一是收入能力损失。这里所说的收入能力仅以员工的收入为限，而不考虑其对企业的贡献价值。也就是要计算员工的现时经济价值，可参照美国学者休伯纳博士首创的生命价值学说。第二是额外费用损失。额外费用损失指因人身风险事故而实际增加的费用开支，包括丧葬费、医疗费、假肢费等。影响额外损失的因素较复杂，也较难控制，因而是风险管理者进行有效管理的一个值得探讨的问题。

②间接损失评估

除了上述直接损失外，企业人身风险还可能会造成企业间接损失，主要包括：重要人物损失、信用损失、业务损失，这是营销风险的管理重点。

一是重要人物损失：所谓重要人物是指那些具有高级专业知识、管理才能或身处企业营销关键职位，或仅凭其自身影响而不可或缺并难以替换的优秀营销人员。一旦他们发生人身损失，企业不仅会遭受前述的一些直接损失，而且还会连带产生一些间接损失。例如，一位优秀营销管理者的死亡，可能会使原来管理有序、蒸蒸日上的企业市场失去中心而陷于市场混乱、业绩下降的困境。再如企业原本与某一客户的关系主要靠某营销人员打开，如果此营销人员发生了意外，客户很可能也就此失去了联系，从而丧失了客户。企业的债权人或客户也会密切关注企业重要营销人员，因为他们的人身损失可能会影响企业的偿债能力与业绩，因此如果风险管理者对他们人身风险漠不关心，一旦他们发生人身损失，企业信用和信用条件可能会受到限制，客户也会动摇其信心。

二是信用损失。企业外部风险可能会导致企业信用损失。例如，企业贷款给客户或对某客户采取分期付款交易，一旦客户发生不测，影响其收入能力，企业将难以收回贷款或取得客户未付款项。风险管理者要求客户对此类行为提供担保不失为一种有效的风险管理方法。

三是业务损失。不仅是企业信用受外部人身风险威胁，而且企业正常的营销业务也会因此受到影响。如果企业产品的销售主要依赖于几个重要的客户，或者说某个客户对企业的产品销售具有重要意义，那么这其中任一客户因人身风险事故，也会影响企业与他的正常业务来往。企业为保证正常的生产经营,可能与客户签订购销合同,但客户发生人身风险事故时,往往可以不可抗力的发生为由解除合同,或因灾难性人身事故的发生而破产关闭,这样,合同的约束难以奏效。

上述信用损失与业务损失都是由企业外部人身风险所致,而且风险管理者往往难以对其进行直接管理,但对它们进行密切关注,对重要客户的某些不良征兆进行善意劝诫,并事先研究对策,以减少外部人身风险事故对自身的冲击,则是完全可能的。

二、营销投机风险分析

企业在整个营销过程中其主要风险是投机风险,企业营销的中心是要将自己的产品拿到市场上去销售,以获得利润,维持企业的连续性,企业产品的更新换代,生产什么,销售什么从本质上讲是企业在冒投机风险,也就是冒一种既可能会遭受损失,也可能盈利的风险。企业生产经营的产品确定之后,伴随而来的就有原料供应风险、生产过程中的风险、销售过程中的风险。因此在企业的风险管理中对这种动态风险的管理是一个很重要的内容,但目前一般企业往往对这种风险重视不够。复杂多变的市场环境中隐藏着许多不确定因素,使企业面临产品市场选择的风险。企业的市场功能包括购买活动、销售活动、储存活动等,从处理投机风险角度分析,市场营销风险主要研究企业购买活动、销售活动及生产过程的储存活动中的投机风险问题。

1.购买风险

企业营销的核心是商品,而商品的来源有两个途径:一是购买其他企业生产加工的商品,二是自己企业生产加工,无论是哪一种情况都有购买活动,它会直接影响营销的效益。以生产加工企业为例，企业在生产经营过程中需要从市场上购买用于生产消费的工业生产资料，如原材料、燃料、设备等。在其购买过程中面临着购买方式，物资的质量及数量，价格及时间的选择。每一种选择都具有投机风险。

(1)购买方式和风险。购买方式从时间上划分有现购、预购和随机采购三种形式。现购方式是指企业根据生产需要情况在市场上不断地少量采购物资，需要多少，购买多少，不留存货。这种方式的优点是，资金占用少，所需仓库少，储存和管理费用少，能降低生产成本。缺点在于，由于多数企业没有建立适时供货保证的协作关系，一旦当市场物资紧俏或例外事故的发生导致交货延期，会使企业中断生产经营活动。因此这种方式适用于，市场物资供应充足，企业零星及不重要物资的购买。预购方式，是对现购方式缺点的弥补，其优点在于，只要对市场需要预测准确，就能避开市场波动，减少因物资短缺而停工的损失。缺点在于，预购需占用大量资金，增加库存费用开支。在卖方市场条件下，企业采用这种方式可以避免物资短缺及价格风险。在买方市场条件下，则要减少预购比例。随机采购是一种投机购买方式，对市场的供求状况及价格因素考虑较多。这往往需要企业进行风险决策。

(2)物资质量和风险。企业生产经营的基本原则是以较低成本获得最大收益。因此，企业在购买生产所需物资时，并不是质量越高越好。购买质量过低的物资直接影响企业产品的质量，减少收益。但所购质量过高的物资，其生产中剩余质量不会增加企业的收益，反而会加大生产成本、增加销售风险，企业只有从生产经营的实际出发，购买质量适中的物资，才能以较低成本获得预期收益。形成物资质量风险损失的原因有：

第一，采购规格失当。企业生产所需物资一般是由企业生产技术部门与采购部门提出，经企业领导人同意，由采购人员采购，在物资规格不变的条件下采购人员在采购过程中有许多灵活余地，同种规格的物资也会出现质量的好坏，价格的高低不同。风险管理人员应严格按要求对物资采购规格进行把关，以避免企业资金损失。

第二，采购人员素质不高。企业所需物资质量规格要求在实际采购过程中往往难以完全符合。因此在购买过程中，采购人员有一定的灵活性，在购买过程中就会面临以较高价格购买质量低劣的物资。造成企业资金损失，构成这种损失暴露有两种情况，一是采购人员业务素质不高，不善于鉴别物资，二是达到为个人谋取私利的目的。不论哪种情况，事实上都给企业造成了损失。风险管理人员应根据实际情况，不定期的对采购人员的素质进行审查和培训，尽量减少风险发生的损失。这也是营销道德风险管理的一个重要问题。

(3)物资价格、采购时间和风险。物资的价格随着市场物资供求状况，会经常地发生变化，因此在不同的采购时间内采购，会产生物资质量不变，价格偏高的风险。此外，企业生产经营中所需物资在时间上与市场价格最低常不一致，因此对采购物资价格的考虑应结合生产需要、交货时间、库存费用等因素，综合定价。

购买物资的时间选择也要考虑各种因素的变动所产生的风险。这些因素包括，物资供应期与物资需用期不一致。物资备运时间变化；需用物资的轻重缓急不同；物资市场价格变动；物资库存控制方式不同。上述因素所产生的风险有，企业物资需用期正好是市场缺货期，此时购买物资，会增加生产成本。物资备运时间是指物资由提出采购到进货所需的时间，它会因采购物资的远近、运输方便与否产生物资供应不及时的风险。物资市场价格的波动会增加采购难度，在价格上涨时购买会造成资金损失，增加生产成本。

(4)选择供货单位和风险。一些大中型企业的生产，由于规模大，所需采购物资数量多，在市场功能不发达的条件下，必须选择固定的供货单位，以避免企业生产经营因购买不到原料物资而停产的风险。但企业在选择固定供货单位时也面临风险。因而如何筛选稳定的协作供应商是风险管理的关键。

企业选择供货厂商的办法有两种。一是选独家供货厂商。这种选择办法的优点在于可以密切买卖双方的关系。建立长期稳定、风险共担、利益共享的协作关系。缺点在于，不能利用同业竞争，取得价格低廉等有利条件。当这家厂商发生突然事故或不讲信誉，企业就会遭受损失。但随市场的逐步健全，这种单一的供应协作关系是较有利的，关键在双方都能从长考虑，并真正形成利益共享的关系。二是选多家供货厂商，可弥补前面方法的缺陷。通常企业可选择三到四家厂商同时或交替着分别采购物质，以同时取得独家供货与多家供货的好处，但一旦市场上涨或企业遇新困难的时候，很可能由于平时的关系不稳定而失去所有供应商，冒更大的风险。

2.销售风险

企业生产出来的产品，不论质量多高，市场需求多大，都要通过市场出售转移到消费者手中。产品从生产厂家转移到消费者手中是一个十分困难的过程。消费者接受产品有一个过程，因此产品的销售面临许多风险。

(1)商品市场本身的竞争机制,阻碍产品的销售。从消费角度看,人们的消费需求按层次划分,购买行为是随机性的。人们的需求是按生存、享受、发展三个层次由低级向高级变化。市场竞争使源源不断的新产品出现在市场上,而消费者的需求层次不断由低向高发展,这样使得企业的产品在市场上的自下而上周期变短。销售在市场上的风险主要来自竞争和消费者的需求。

(2)市场预测的准确性是产生销售风险的另一个原因。企业生产经营的基础是建立在对市场需求的预测上,对企业的产品有多大的需求量、消费者偏好等是企业在生产之前需要准确把握的信息,但预测市场需要是主观的,市场实际需求是客观的,两者之间的差异会给企业带来市场销售风险。

(3)营销决策失误也是产生销售风险的原因。企业的销售活动,从目标市场的选择和市场定位至产品计划、定价、推销宣传到选择销售渠道整个过程中都伴随着激烈的竞争,对销售活动的每一个环节都要进行决策,其正确与否,会影响整个销售结果。

(4)合同风险。在销售活动中,由于合同具有法律约束力,因而不签订合同会失去对客户的法律约束,从而承担市场的风险,而一旦签订合同,若市场有变化则仍要履行合同,当市场朝着对本企业不利方向变化,则必须承担合同约定的风险。

(5)信用销售的风险。由于在买方市场条件下,信用销售已成为一种促销的重要手段,因而信用销售已是很平常的事,但由于对客户资信评估不够充分,或市场变化使客户资信下降,这都会使信用销售的货款回收困难,从而带来货款回收的风险损失。

(6)销售人员道德和心理风险。由于销售人员的职业道德问题,会发生营销道德风险,如营销人员徇私舞弊等。同时还会由于销售人员的业务素质问题和心理防范差,可能会由于业务上的疏忽大意、心理麻痹等原因造成营销心理风险。

综上所述,企业销售过程中充满许多方面的风险,认真识别和分析销售活动过程中的每一环节,每一个方面的风险都是十分重要的,这是营销风险管理的主体。

3.生产风险

企业的营销从总体上讲是冒投机风险。营销的好坏取决冒险的成功,这种投机风险反应在企业生产领域,则呈现为纯粹风险与投机风险共存,但我们主要分析投机风险。企业的生产过程可分为四个部分:输入部分(原料、设备等输入),中间环节(产品的生产制造过程),输出部分(成品的输出),信息反馈部分(产品市场销售的信息对输入部分的反馈,引起生产品种的改变)。每一个过程都面临风险。从营销角度来分析生产风险主要包括产品的质量、生产的适时性及产品库存风险。

(1)产品质量风险

产品的质量对销售有两种风险,一是静态的风险,即因产品质量问题会引起产品责任风险,这在前边已经分析。另一是动态风险,就是说即使是合格品,不会出现质量事故,但由于质量等级低,会在市场上失去优势,在同等市场条件下,会有失去市场的风险。我们可把质量分为产品设计开发的质量、投产过程中的质量和服务过程中的质量三种类型。

①质量从设计开始

产品的设计开发是产品质量的源泉。近年来,世界发达国家的制造商已经将质量管理的重点由制造过程转移到设计过程。这是因为他们经过多年的实践和统计分析发现,在由市场信息获取的索赔和意见的报告中，设计问题所占比例呈明显上升趋势。日本著名管理专家田口玄一博士认为，“要控制产品质量，与其按传统方法把注意力放在生产程序和设备上，还不如在产品设计一开始，就考虑如何使该项产品足以经受生产过程的变异而不影响质量水准。”

目前在国外工业品制造业中，流行着一种所谓“1∶10∶1000”的成本法则，就是说，假如在生产前发现一项缺陷而予以改正只要花1元钱的话，若此项缺陷到了生产线上才发现，则需要花10倍的钱来改正；假如在产品销到市场被消费者发现而要改正，就不是100倍的钱而是要花上1000倍的代价。可见，把质量“设计到产品内”是保证质量合乎要求的关键。

②制造过程的质量

制造过程是产品质量的直接形成过程。工业产品正式投产以后，能不能保证达到质量标准，在很大程度上取决于生产车间的技术能力和制造过程的质量管理水平。

③使用过程的质量

产品的使用过程是考验产品实际质量的过程，它是营销风险管理的归宿点，又是质量风险管理的起点。工业产品的质量特性是根据使用的要求而设计的，产品实际质量的好坏，主要看用户的评价。因此企业的管理工作必须从使用过程来抓。

第一，采取各种形式，开展技术服务工作情况。

第二，经常进行使用效果与使用要求的调查。

第三，要认真对待出厂产品的质量问题处理情况。

(2)产品能否适时生产的风险

从市场营销的观念出发，企业的生产必须符合客户需求，因而在生产组织过程中就要求企业准时化生产，以满足客户的准时需求。在许多企业为了保证这一要求，因而都是以提前和超额生产来保证。但这又必然带来浪费，结果是生产过剩的产成品、在制品堆满了生产现场和仓库，增加了仓储面积、运输、资金和利息支出。由于有了过多储备，还掩盖了生产过程中的许多矛盾，养成了懒、散的管理作风。因而能否做到适时、适量生产是这一风险管理的重点。为此在生产方式上要求从以下几个方面去努力：

①以市场需求拉动企业生产，生产与销售做到基本一致。

②在企业内部，以后道工序拉动前道工序，消除无效劳动。

③以前方生产拉动后方准时服务于生产现场，变过去的保险储备为风险储备。

(3)产品库存风险

在传统的大量生产方式下，不少企业都认为库存是必要的，多一点储存多一点保险。但这种库存实际上是冒两种风险。即库存占压资金所带来的直接风险和由于市场变化所带来的贬值风险。如原材料、在制品、产成品等库存，占用很大一笔资金，企业的一部分利润被利息吃掉了。由于库存过久，还会产生锈蚀变质。在加工或装配之前，又得花很多时间去修整。在制品和库存原材料、产成品都得用很多人去清点、整理、整顿，这些无效劳动和浪费存在于企业的每个角落。同时由于存货管理不善，还会出现被盗窃、挪用、丢失或流失风险。同时由于库存的原材料和产成品都会受市场的影响而产生价格的变化，因而如果一旦市场出现价格下跌的趋势，企业必然要冒因库存而带来的投机风险。尤其是无形的经济损失也应值得注意。也就是随着技术的进步，库存产品落后于时代，被新的产品所替代，迫使库存产品降价销售乃至退出市场。

第三节　损失资料的收集整理与描述

在识别了企业所面临的各种营销风险之后，风险管理人员就要开始对营销风险进行衡量，为拟订营销风险处理方案、进行营销风险管理决策做准备。

衡量营销风险以确定营销风险事故发生的概率及其损失程度，是营销风险管理中最具挑战性的工作。损失的“不确定性”，正是概率统计所研究的对象，因此风险衡量需要用到许多概率论知识和数理统计分析工具。

在营销活动中，许多风险的存在，其风险事故发生呈现统计规律性。通过某一类事故发生的规律性，可以类推出其他事故发生的规律性，由惯性原理可预测出将来事故发生的可能性。因而风险衡量意义在于：

1. 通过营销风险衡量，对营销事故发生概率的计算，能对损失频率和损失严重程度做出定量及定性分析，通过采取一定措施，可减少损失发生的不确定性，降低企业的营销风险。

2. 对损失幅度的衡量，使营销风险管理者能够明确风险事故造成的灾难性后果，集中主要精力去控制那些可能发生的重大事故。

3. 损失概率分析的建立，为企业营销决策提供了依据。使营销风险管理者能根据损失概率分布状况，分配营销风险管理费用，采用营销风险控制技术，将营销风险发生控制在最低限度。

一、损失资料的收集与整理

1. 损失资料的收集

预测偶然损失,像许多其他未来事件一样,要求找出过去的模型并将其应用于未来,这些模型可能会很简单,如我们可以说:对于特定的企业,今年的事故损失将大致与去年相同。然而,未来的模型也可能变化。正如一次通货膨胀来临可能是商品滞销的先兆;加大信用销售可能会给企业带来更多的呆账损失。不过即使模型发生了变化,其中有些因素还是保持不变的。产品责任风险与产品质量必然相关,呆坏账款的增加是过去拖欠货款的延续。

为寻找那些可能在过去损失中得到的未来损失模型,营销风险管理人员应尽力收集损失数据,这些数据要求具有完整性、统一性、相关性和系统性,并且数据的获取必须利用合理的财力和时间。

(1)完整性。即收集到的数据尽可能充分、完整,这种完整不仅要求有足够的损失数据,而且要求收集与这些数据有关的外部信息。拿客户索赔原因来说,索赔发生的时间、当时的营销人员、该批产品情况等都可能有助于分析或更正特别频繁或严重损失发生的确切原因。当重要数据丢失时,风险管理人员必须依靠个人的洞察力和判断力来重新得到数据的内容。

(2)一致性。为反映过去的模型,损失数据必须至少在两个方面保持一致:第一,所有记录在案的损失数据必须在统一的基础上收集。在衡量未来损失时,损失数据包藏着有用的模型,如果从不同的来源以不同的技术收集,可能会影响预测结果的准确性和有效性。第二,必须对价格水平差异进行调整,所有损失价值必须用同种货币来表示。调整的方法是确定某一时期(年或月)为标准时期,以此时的价格水平为标准,其他时期的数据按标准时期的价格水平来调整。

(3)相关性。过去损失额的确定必须以与风险管理相关性最大为基础。对于财产损失而言,应以修复或重复财产的费用而不是财产的原始账面价值作为损失值。对责任损失来说,损失不仅包括各种责任赔偿,而且包括调查、辩护和解决责任纠纷的费用。营业中断损失不仅必须包括停止营业,收入损失,还要包括在努力恢复营业至正常状态下的许多额外费用。

(4)系统性。收集到的各种数据,还不能直接使用,必须根据风险管理的目标与要求,按统一的方法进行整理,使之系统化,以提供有用的信息,成为预测损失的一个重要基础。

2.损失资料的整理

当我们观察某损失资料时,如果不仔细审察,要说出它们具有怎样的特征、规律,那是很困难的。因此我们要对数据进行整理,才能明显地看出它们的主要特征。资料整理的最简单办法是将损失数据按递增顺序排列,这样就有了一个阵列。由于许多人不喜欢考察大量数据,另外也没有时间去这样做,所以还要将上述排列的数据加以简缩,从而使观察值的分布情形能够一目了然,那将是十分有益的。

(1)资料分组

资料分组法就是用来简缩资料的。将损失数据的变动范围分为许多组距,虽然组距不一定要相等,但组距相等在处理问题上比较方便,因此若不特别说明,我们都采用组距相等的分组方法。资料分组首先必须决定要分多少组。在大多数情况下,组数少,组距大,将丢失太多的情况,以致不能充分揭示损失数据中内含的有用信息,如果组数过多,组距小,分析工作量增大,造成繁琐和浪费。每组的两端值称作组界,组界的精确度根据原始数据的精确度来确定，若原始数据的精确度为0.1，则组界的精确度可选取0.05，两个组界的中点为组中值见表2-4。一般规定，每组的左组界属于该组，而右组界归属下一组，这样可使全部损失数据落在各个组内，落在每一组中的损失数据个数叫做组频数。

(2)频数分布

当组距(用组界或组中值表示)与相应的组频数一起以表格的形式展示出来时，所得到的那个表就叫做频数分布表，简称频数分布，表2-4是频数分布表。

表2-4　某公司每次客户退货损失频数及累积频数分布表

组号	分组	频数	频率(%)	组中值	累积频数
1	0.25～4.75	12	34.3	2.50	12
2	4.75～9.25	9	25.7	7.00	21
3	9.25～13.75	6	17.1	11.50	27
4	13.75～18.25	5	14.3	16.00	32
5	18.25～22.75	3	8.6	20.50	35
合计		35	100.00		

在使用频数分布表时，尽管它可以着重说明某些损失数据的特征，但有时也存在着缺点。例如表2-4中清楚地表明损失值小于13.75万元大于9.25万元的，占损失次数的17.1%(6/35)，而仅有8.6%(3/35)的客户退货造成18.25万以上的损失。但是得不到每次事故究竟造成多少损失的信息，因此使用频数分布表时，需要估计每组的代表数值，一般使用每组的组中值，组中值是最有代表性的估计值。

(3)累积频数分布

累积频数分布表是一个用以说明损失值在某特定数值以下的损失数据个数的表，因此各组对应的累积频数是该组及以前所有各组的组频数之和，见表2-4。

二、损失资料的描述

1.损失资料的图形描述

通过对资料分组,资料分布的重要特征就看得更清楚了。但是图形描述将会使这些特征更加鲜明,所以许多人宁愿用图形而不愿用数字来表示资料。我们将讨论普遍使用的条形图、圆形图、直方图、频数多边形,以及累积频数分布图等,如何选用上述营销统计图取决于数据的特性和营销风险管理决策的需要。

(1)条形图

条形图是按宽度相同的垂直或水平条形线绘成的,它的长度与每一组数据的频率成正比。使用条形图主要用于比较不同时期的损失状况或不同类型之间的某些变动数量。图2-3是根据表2-5绘制的条例图。

表2-5 某公司客户货款拖欠原因统计表

原因	经营不佳	资金周转不佳	强行推销积压	过多采购积压	公司责任合同纠纷	客户责任合同纠纷	要款不力	故意拖欠	遇到意外事故	其他
次数	36	16	10	8	7	7	7	4	2	2

(2)圆形图

圆形图是用来比较整个组成部分的相对量,一个圆被分割成若干部分,每个扇形面积代表一个组成部分。图2-4表示表2-6男、女推销员经手的业务索赔统计状况。

表2-6

推销员类型 \ 索赔次数	索赔次数	百分率(%)
男性	84	84
女性	16	16
总数	100	100

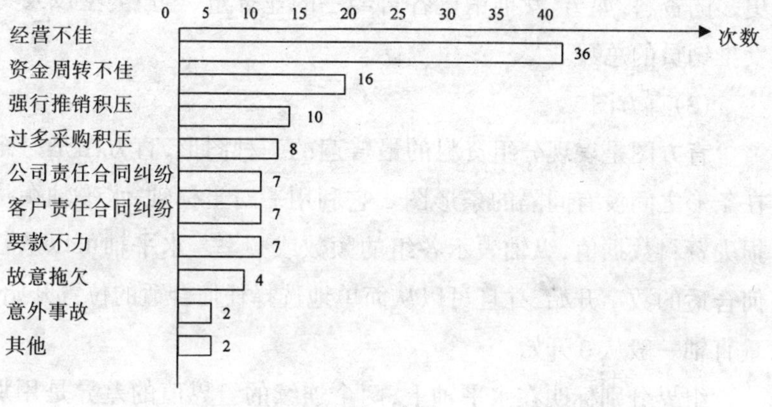

图 2-3　某公司客户货款拖欠原因(条形图)

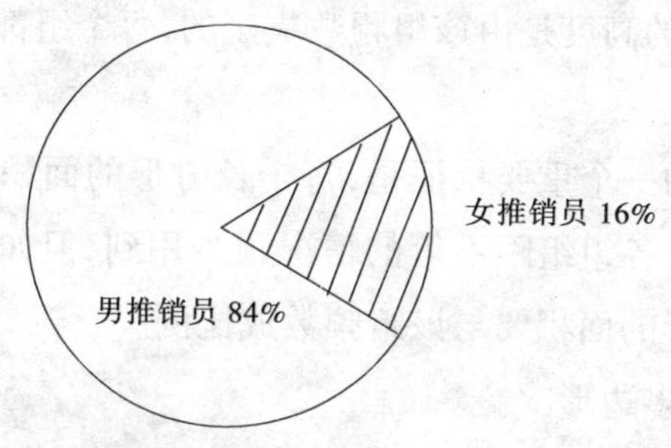

图 2-4　造成业务索赔的推销员比例(圆形图)

在圆形图中,要把这个百分率转化为度数,才能对圆作适当的划分。例如,360°的 16%应为:

$0.16 \times 360° = 57.6°$

这样,圆中 57.6°的弧上的扇形,就是用以表示造成业务索赔的女推销员的部分。

我们必须仔细地体会此图形的意义。例如,上面的图形不表明女推销员一定比男推销员好,如要得出那样的结论,我们还需要更多的资料,如男、女推销员各自经手的业务量、客户类型以及男女推销员的总数。

(3)直方图

直方图是表现分组资料的最普遍的一种图形,直方图是一个在条形之间没有间隔的条形图。它利用一对坐标轴,水平轴衡量损失资料数据值,纵轴表示各组的频数或频率。水平轴可以从任何合适的数字开始,并且可以从简单地选择任何合适的位置开始。垂直轴一般从0开始。

组界分别标明在水平轴上,两个连续的组界值的差异是用那个组距的宽度来描述的。一个长方形的底的宽度和组距的宽度是相等的,而它的高度是由该组频数决定的,每个组都画成这样的长方形。

直方图的一个重要特征是,每个长方形的面积是与相应组的频数成比例。各组组距不等的情况很少用到,但如果用到时就必须注意长方形的面积要与该组频数成比例。

(4)频数多边形

频数多边形是在直方图的每个长方形的顶端的中点(即组中值)放一个小圆点,然后联结这些小圆点而成的。如果不绘直方图,小圆点则放在每个组中值相应的高度上,起止的小圆点通常放在距最前和最后一个组半个组距的水平轴上,这样多边形就会封闭起来。随着获得的数据增多,组距的缩短,频数多边形逐渐接近于一条平滑曲线,我们将这条曲线叫做频数分布曲线。

实际上由于收集的数据个数总是有限的,所分的组数又不能很多,得到真的频数分布曲线是困难的,但是如果尽可能多取数据,使组分得更细,那么就可得到近似于真的频数分布曲线了。频数分布曲线有各种类型，不同的资料显示出各自特有的类型，复杂的频数分布曲线是由基本类型组合而成的。常见的频数分布曲线有双峰分布曲线、正态分布曲线、弧峰分布曲线、陡峭分布曲线。

(5)累积频数分布图

累积频数分布图又叫做累积曲线，很多累积曲线是“S”线。正如直方图和频数多边形一样，累积频数分布图也是画在一对相互垂直的轴上，横轴代表损失值，纵轴上的值用累积频数来表示，表明发生小于这一损失额的事件个数，图 2-5 是一个示意的累积曲线。

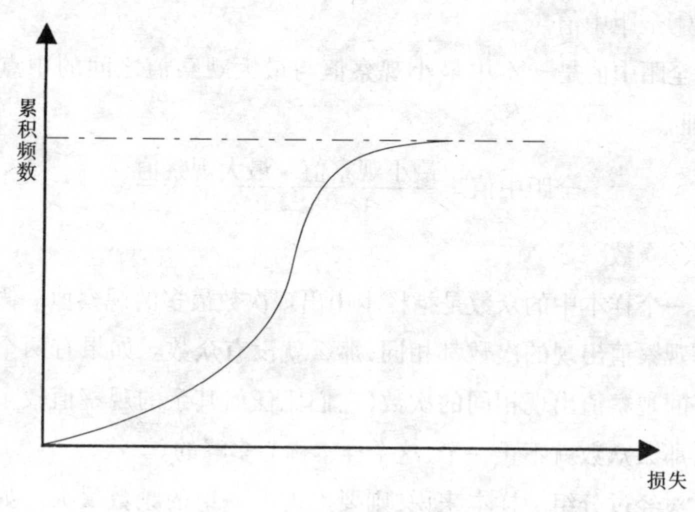

图 2-5　累积频数分布图

2. 损失资料的数字描述

在前面，我们已经看到了根据所收集的未经整理和未分过组的资料，是很难认识任何事物的，我们还看到，通过频数分布简化所有的数据，有助于掌握其所反映的情况。在经过分组和由频数分布表现为直方图之后,损失资料的主要特征就更加显而易见了。

我们只要借助两类指标,就能进一步简化频数分布所提供的信息,并概括出重要的情况。在统计学中,一类是描述集中趋势的指标,称做位置量数,另一类是表明离散趋势的指标,称作变异量数。集中趋势指标是指对全部数据具有代表性的一种数值,被认为是损失资料所处的"中心",而离散趋势指标是表示损失数据如何从"中心"扩散的。为以后表述方便,我们将所收集到的损失资料作为样本,其中每一个数据值称为观察值。

(1)位置量数

①全距中值

全距中值是样本中最小观察值与最大观察值之间的中点数值,即

$$全距中值=\frac{最小观察值+最大观察值}{2}$$

②众数

一个样本中的众数是指样本中出现次数最多的观察值。假如每一观察值出现的次数都相同,那么就没有众数。如果有两个或更多的观察值出现相同的次数(它们比任何其余的观察值较多出现),那么众数就不止一个,这个样本称为多峰的。

对经过分组的样本来说,则要考虑哪一组的频数最大。如果某一组的频数最大,表明损失数额常常落在这一组内,它就是分组的众数组,此时的众数常用众数组中的中点来估值。

③中位数

假设数据资料已按递增顺序排列,而观察值的个数是奇数时,则中位数是位于正中间的观察值。如果观察值的项数是偶数,则

中位数应当是两个中间观察值之间的中点数值。

④算术平均数

最常用的位置量数就是算术平均数，简称为平均数，其定义为：

$$算术平均数 = \frac{观察值的总和}{观察值的项数(个数)}$$

对于一个已分组的资料来说，单个的观察值就失去了它的个性。由于已有人提供已经分组的资料，任何一个风险管理人员将不再注意原始资料的数值。而此时计算平均数，均根据频数分布表，将各组中的所有观察值与该组的组中值相等来计算。

(2)变异量数

考虑下列三个样本及其平均数：

样本 1:66,66,66,67,67,67,68,69。$\bar{X} = 67$

样本 2:52,53,61,67,71,72,78,82。$\bar{X} = 67$

样本 3:43,44,50,54,67,90,91,97。$\bar{X} = 67$

这些样本的平均数都等于 67，表明平均损失额是一样的。可是，在三个样本中，观察值离散的差异很大。在样本 1 中，全部观察值聚集在离平均数不超过 2 个单位的范围内。样本 2 中，仅有一项观察值是离平均数近于 4 个单位，而有些则远离 15 个单位。至于样本 3 的平均数，只有一项观察值其距离 13 个单位，有些则远离 30 个单位。

尽管用平均数来描述样本“中心”时，三个样本均被 67 所描述，但很清楚，我们还需要其他指标来表示资料的离散程度，这样才能较完整地说明资料的特征及与其他资料的区别。这种指标就是变异量数或离散量数，在风险管理中选用的变异量数有全距、平均绝对差、方差和标准差以及变异系数等。

①全距

全距是最简单的变异量数。对于一个样本,全距等于最大观察值与最小观察值之差,如上述样本1的全距是3(即69~66),样本2的全距30(即82~52),样本3的全距是54(即97~43)。该指标尽管只考虑资料的两个端值,忽略了很多重要情况,但仍在一定程度上反映了全部损失数据的离散程度。

②平均绝对差

平均绝对差与全距不一样,它考虑到全部观察值的情况。任意一组数据,每个数值与算术平均数的离差总和必定等于零,这是因为正的离差与负的离差总和正好抵消。为了解决这个问题,可以将所有的离差都作正值处理,然后再对n个离差作算术平均,因平均绝对差是指绝对差的简单的算术平均数,用M.A.D记作平均绝对差,可得

$$\mathrm{M.A.D} = \frac{\sum_{i=1}^{n} \left| X_i - \bar{X} \right|}{n}$$

式中:X_i 为经递增整理的数据资料中的第 i 个数据;

$\bar{X}$ 为算术平均数;

n 为数据个数。

③方差和标准差

由于绝对值处理上较麻烦,我们用平方和来处理离差,每个离差的平方和再被 n-1 除就是方差,一般用 S^2 表示方差,S表示标准差。

数据未分组的方差:

$$S^2 = \frac{1}{n-1}\sum_{i=1}^{n}(X_i - \overline{X})^2$$

数据未分组的标准差:

$$S = \sqrt{\frac{1}{n-1}\sum_{i=1}^{n}(X_i - \overline{X})^2}$$

④变异系数

营销风险管理人员对获得的损失数据进行整理分析,并不仅仅是为了研究已经发生的损失,而是用这些损失资料,去预测未来可能发生的损失及其严重程度,以便为营销风险管理决策提供依据。我们总是认为,对某一特定标的产生过影响的风险因素,必将对这类标的未来状况产生影响。因此,用表述损失资料的"中心",即平均损失的位置量数,特别是算术平均数去估测未来可能发生的平均损失是很自然的。例如,一个公司多年中货款拖欠率的平均值,可以用来估计未来年月中可能的拖欠等。一家公司用经营某一产品的历年坏账损失率的平均数——年平均坏账损失率,去估计来年将可能出现的坏账损失率,并据此调整现有坏账准备率。一个企业多年来的产品维修率,用其年平均维修率估计明年的维修率,从而决定应提取多少费用来处理。

对于稳定的损失经验,尽管可以放心地认为来年的损失应是其历年损失的平均数,但营销风险管理人员仍担心万一实际损失与预期损失偏差太大,会造成企业的财务困难。因此在估计将来的平均损失的同时,还应考虑实际损失会与预期损失产生多大的偏差,这样就要分析损失资料数据的离散趋势,最常用的变异量数是方差和标准差。例如,某家电公司根据家电产品的历年返修率,估计来年的同一项目类别的返修率为历年的年平均返修率(假定损失资料完全可信)，以该一数值为依据，制定或调整返修费。然而家电公司为了自身经营稳定性，防止实际返修率大于预期返修率，设置安全费，安全费就是一个或二个历年返修率为样本的标准差。究竟应加几个标准差，则应根据损失资料数据的多少及稳定性要求(目标)而定。

然而，仅有上述的位置量数和变量数是不够的，因为营销风险管理人员常常需要比较风险的大小，为此，我们引入变异系数这一概念。假如 A、B、C 三家彩电生产企业，其历年彩电返修损失经验及其平均数和标准差见表 2－7。

表 2－7　A、B、C 彩电生产企业彩电返修率情况(％)

保险公司	1991年	1992年	1993年	1994年	1995年	1996年	1997年	1998年	$\bar{X}$	S
A	21	19	23	18	24	15	19	21	20	2.88
B	17	20	23	25	15	27	13	20	20	3.15
C	24	28	31	13	27	28	21	26	25	5.01

从 A 公司与 B 公司的损失经验看，其平均返修率虽都是 20，但由于 B 公司标准差大于 A 公司标准差，可以知道，未来一年损失波动的范围，B 公司要大于 A 公司，因此 B 公司风险大于 A 公司，要降低风险可采取提高费率或其他风险控制措施。但是比较 A、C，由于平均损失率不同，一时难以确定风险谁大谁小，此时变异系数 V 可用来测量两者的风险大小，一般地

$$变异系数\ V=\frac{S}{X}$$

这是位置量数的综合量数，其值变化范围从零到无穷，而不是 0 至 1，用变异系数度量风险，比单独用位置量数，变异量数要优越很多。这是因为，其一，位置量数如平均数不能衡量风险的大小，

一个确定的损失,从风险角度而言并不可怕。其二,单独使用标准差,则缺乏反映风险大小的能力,如一个20的标准差对20期望损失是很大的,而对于20000的期望损失而言则很小。这说明标准差本身的值的大小,并不能说明风险的大小。上例中A公司的变异系数等于2.88/20 = 0.144,C公司的变异系数等于5.01/25 = 0.2004,故相对而言C公司的风险较大。

但我们应该说明,标准差的有些作用是变异系数所无法代替的,如在分析某种损失风险时,我们有时要看最大可能损失,例如一个20元的标准差,对于一个最大可能损失是100元来说比最大可能损失是1000元时显得重要得多。

第四节 营销风险衡量指标及方法

一、营销风险衡量指标

营销风险是指营销损失的不确定性,而这种不确定性包括损失发生与否,何时何地发生和一旦发生其损失程度如何等,其中损失发生与否和损失程度在风险管理中尤为重要。损失发生的可能性称之为损失概率,而损失程度,则表征损失的严重性,在风险衡量中通过以下两个指标反映:

一是损失期望值,即未来某一时期内预期的损失平均值。

二是损失幅度,指一旦损失发生,可能形成的最大损失。

因此衡量一种营销风险的大小,关键在于估计损失概率、损失期望值和损失幅度。

1. 损失概率

损失概率是指损失发生的可能性,确定损失概率是风险衡量的一个重要方面。某一事件的发生往往存在着一种统计规律性，例如掷一枚硬币出现正面朝上、朝下均有可能，随着所掷次数的增加，频率趋向一个定值 1/2，这种事件发生频率随着重复掷的次数的无限增多而趋于一个常数的性质，我们称这个事件的发生存在着统计规律性，这个常数即为事件发生的概率。

如上所述，我们可以发现损失频率实际上是损失概率的估计值，在营销风险衡量中常常是通过对损失频率的计算来达到估计损失概率之目的。损失概率在营销风险衡量中有两种说法。

(1)时间性说法

此种说法侧重于时间的观念，例如假设某公司成品仓库遭受火灾损失的概率为 1/10，风险管理人员如以“月”为一单位的话，那么这一成品仓库遭受火灾概率为 1/10 个月。或就长期而言，可以说这栋仓库遭受火灾损失的机会为每 10 个月有一次损失，亦既在长期观察下所得的平均结果。如果风险管理人员以“年”为单位，则上述的概率亦可说，这栋仓库遭火灾损失的概率为每 10 年一次。故采用此种说法有两点值得注意：其一是时间单位的采用不同，在直觉上损失概率的大小亦不同。如前述 10 年一次和 10 个月一次损失，显然前者的说法概率较低。其二是采用此种说法通常是在企业并不拥有许多同类单位的情况。这是因为企业如不拥有许多同类风险单位，则难以在短期内预测有多少单位受损，因此采用时间性说法对风险管理人员是有用的。

(2)空间性说法

此种说法侧重于特定期内遭受损失的风险单位数，是众多风险单位在空间上的平均结果。因此风险管理人员不能仅考虑本企业自己的风险单位的过去损失情况，尤其要考虑不同企业，甚至不同国家的风险单位损失经验。例如,要考虑某企业拥有的汽车在来年发生损失的概率,由于该企业自有汽车较少,采用时间性说法,显然不适用未来一年内的损失估计,因此必须考虑所处城市所有汽车的损失经验,以此估计企业自有汽车的损失概率。又如新产品开发失败率,则不仅要考虑一个国家的同行的开发失败经验,更重要的应考虑其他国家同类技术开发的失败经验。当然,如果一个企业自己拥有很多独立的同质风险单位,也可采用空间性说法。

在采用空间性说法时,应注意的是观察的风险单位,应该是相互独立的和同质的。所谓"相互独立",是指风险单位之间绝对存在差异,此种差异可能来自各种原因(如所在地区、防护等级等),就某种风险而言,一个风险单位遭受损失并不影响其他风险单位遭受损失。至于"同质的"不仅指风险单位面临相同的风险,而且指风险单位所遭受的来自特定风险事故的损失概率和损失程度相同。例如有 10 个客户,其中一个客户拖欠 200 万元,另外 9 个客户仅拖欠 50 万元,如发生坏账损失,200 万元的损失幅度大于另外 9 个客户对企业的损失,故此拖欠 200 万元的客户对企业来说所面临的坏账风险与其他 9 个客户对企业来说是不同质的。

2.损失期望值

损失期望值表征某一时期的平均损失,它可以通过损失数据的算术平均数来估计,如果已得到损失的概率分布,则可精确计算出来。损失期望值在保险经营中常常用于制订纯费率,而在其他一般工商企业中,风险管理人员常用于拟定风险处理方案,说明如果不进行风险处理,那么企业在相当长的时期内每年(月、季)将承担相当于损失期望值大小的损失,尽管对某一特定年(月、季)实际发生的损失可能并不是损失期望值。如果企业拥有的过去损失资料比较稳定,实际损失与期望损失相差不多,此时风险管理人员可根据期望值的大小考虑风险自留或其他处理措施,或者研究损失发生的原因以及是否有办法控制损失的发生。如果经济单位拥有的过去损失资料不够稳定,或数据太少,那么据此得到的损失期望值可信度降低,此时应结合标准差等其他指标,来考虑安排风险处理措施。

3.损失幅度

损失幅度是指一旦发生致损事故,其可能造成的最大损失值。风险管理人员根据企业自身特点,可用不同的方法来衡量损失幅度,最基本的是估测单一风险单位在每一事件发生下的最大可能损失和最大预期损失。所谓的“事件”与“意外事故”概念有所不同,“意外事故”仅指事故的发生是不可预料的。而“事件”包含的范围就比较大,不仅包括意外事故,而且也包括意料中的事故。另外不同的人对同一致损事故的看法也是不同的。如一个企业的建筑物遭受意外火灾,对这个企业来说是一个“意外事故”,然而对于一个保险人来说,就其全部承保的建筑物来分析,则是可预料的。作为风险管理人员,重点要研究的显然是“每一事件”,因为他们要考虑所有可能引起企业财务负面影响的因素。而对于保险人,经常采用“每一意外事故”的观念。

对最大可能损失与最大预期损失概念有不同的解释,其中较为有名的是 Richard Prouty 的观点,他认为最大可能损失强调的是单一风险单位在企业生命存在期间,单一事件发生下可能最坏的损失,其特征是以企业生命存在期间为观察期间。而最大预期损失强调的是单一风险单位,在单一事件发生下可能的最坏损失,其特征是不以企业生命存在期间为观察期间。我们认为最大可能损失是一种客观存在,与人们的主观认识无关。而最大预期损失则是一种与概率估算相关,即与人们的主观认识有关的概念,它随着人们选择的概率水平的不同而有所不同,因此最大可能损失不会低于最大预期损失。例如某股份公司注册资本 1000 万元,那么如果经营不善最坏的可能是破产倒闭,既最大可能损失为 1000 万元,而从概率的角度考虑,或许有人测算此企业约 10 年有一次损失超过 800 万元,由于这种可能极为微小,因此认定最大预期损失为 800 万元。估测最大预期损失较为困难,但也最为有用。

仅估测最大可能损失与最大预期损失是不够的,有时还需要估计年度最大可能损失和年度最大预期损失。年度最大可能损失与年度最大预期损失均可成因于单一风险,或者成因于多种风险,它们可包括各种风险事故所致众多风险单位的所有类型损失。

我们可以假定四种状态提出用四种方法衡量企业营销因发生一次营销风险的实质损失:

(1)正常期望损失,即当企业防范和社会防范系统二者均有效时,一次业务风险中的预期损失金额;

(2)可预期的最大损失,即当企业或社会风险防范系统的一个关键环节或部门,如地方保护、执法不力,不能提供服务或无效时,一次营销风险中的预期损失金额;

(3)最大可预见损失,即当企业本身营销风险防范系统的任何作用都失去时,企业风险管理处于瘫痪状况下,预期的损失金额;

(4)最大潜在损失,即当系统均不起作用或失效时,一次营销中的预期损失,如在特殊政治环境下,或战争等情况下,企业营销风险。

由于损失概率往往较小,而一旦发生造成的财务负面影响对企业来说却常常又是可怕的,甚至是毁灭性的,因此估算损失幅度比估算损失概率更为重要。但是,并不是说任何情况都是如此,有时也存在估测损失概率比估测损失幅度重要的时候。例如一家家电企业对客户产品保修期的确定,由于产品使用有一定寿命,并且随着使用时间延长,维修次数会增加,为了设定这一合理的期限,因此企业就较为注重损失概率的估测。

二、营销风险衡量的方法

在现实生活中,风险是多种多样的,其发生的时间、空间、损失的严重程度都具有不确定性,但通过对大量事件的观察却发现风险事故的发生又呈现出某种统计规律性。营销风险同样具有这一规律性,因此,凭借概率论和数理统计方法,求出营销风险事故出现状态的各种概率,我们就可达到营销风险衡量的目的。

1.概率分布在营销风险衡量中的应用

在概率论中,有一种被称之为随机变量的变量,它因实验的结果不同而取值不同。这种随机变量,在风险管理中通常是指取值为各种损失结果的变量。风险管理者关心的不仅是这些结果出现与否,还关心的是这些结果以什么样的概率发生。如,某一企业明年营销将发生的损失,可能是50万元,或100万元,或1000万元,仅知道这些是不够的,还要知道发生各种结果的概率为多少,才能做出合理的营销风险管理决策,而概率分布就是用来描述各种结果及对应概率的。

(1)损失概率分布的作用

通过损失概率分布,可得到某一事件发生及其损失的概率,以及损失范围的概率。确定损失概率分布通常有两种方法:一是根据企业过去的损失资料，给出损失概率分布表；二是根据大量重复观察，统计出损失发生的规律。

同样，通过损失概率分布，还可计算出损失的期望值（均值）、标准差、变异系数，从而确定相对风险程度。同时，通过损失概率分布还可估测一定时期内的总损失金额，风险事件发生的次数以及每次风险事件所致的损失金额。

(2)如何建立损失概率分布表

对营销风险进行衡量，必须建立损失概率分布，通常有两种方法：

第一种，根据历史上损失资料建立概率分布表。

当风险管理者掌握了大量的，在相同条件下风险单位发生的损失资料时，可以根据这些过去的资料整理出损失概率分布表，并据此预测将来的损失发生情况。但是，由于缺乏广泛而足够的经验，以致风险管理者不能用这种方式建立可靠的概率分布。营销风险环境不断地发生变化，缩短了相关的经验期间。但过去的损失可以调整以反映某些变化。如较高的修复成本或风险单位个数的增加。因此，除个别情况外，企业不能靠自己的历史资料建立每年、每月或一些其他时间内的总损失余额，它还必须依靠同行业、风险调研机构、统计机构以及政府部门所提供的辅助信息。

第二种，应用理论概率分布来建立所需的损失概率分布。

在实务上，通常风险管理者没有足够多的观察统计资料来建立损失概率分布，这时，可应用理论概率分布模式来给出损失概率分布。他只需从统计资料中得到一、二个参数，就可以建立损失概率分布，而估计这一、二个参数比估计整个概率分布要容易得多，甚至很小的数据样本就能提供相当可靠的估计。此时，风险管理者还能用他人的资料,如保险商、同行业协会、统计部门和其他企业的资料作为自己经验的补充。例如,同行业协会报告了类似企业每年遭受的损失是50万元,而风险管理者自己的数据表明是30万元,则他可能需要将这两个数字加权平均,作为估计的平均损失。风险管理者对自己的数据越有把握,则可给予30万元更大的权数。

在风险估测中经常运用的理论概率分布为二项分布。在确定平均损失时,风险管理者应当考虑:用于估计年平均损失的年度损失的适用性与年度损失的变化趋势两个因素。

2.数理统计在营销风险衡量中的应用

运用概率分布衡量营销风险,需有足够且充分的经验损失资料。然而,实际上营销风险管理者都很难得到所需数量的资料,数理统计方法正好弥补了这一缺点。

数理统计和概率论一样,都是以现实世界中随机现象的规律性作为研究对象。但数理统计侧重于对统计资料进行分析,并做出某种推断。统计推断的目的是:对已包含在样本中的信息为基础的总体作出推断,即以样本参数去推断总体参数。应用统计推断对营销风险进行估计有两种方法:点估计和区间估计。点估计是运用样本数据来计算一个单一的估计值,用以估计总体参数值。点估计不能给出误差范围的大小,但这种误差在估计中是必然发生的。同时,点估计也没有给出估计的可靠程度,这种可靠程度是完善估计所要求的。所以在风险估计中,估计风险损失,不宜采用点估计方法,而主要是采用区间估计方法。区间估计是对总体参数作估计时,给出总体参数所落入的范围,它期望所估计的参数能落在一个区间的上限和下限范围内,并给出一个可靠指标即用一定概率来保证总体参数落在给定的区间之内。

3.营销风险衡量与大数法则

宇宙中万事万物的运动都是具有一定的客观规律的,如果所有条件及力量皆能预知,则其发生的结果也能正确予以测定。这样,虽然损失仍然存在,但不确定性将因此消失。如果我们有足够的事例可供观察,则这些未知与不测力量,将有趋于平衡的自然倾向,那些在个别情况中存在的不确定性和风险,将在大数中消失。这一趋于规则性的大数现象,形成了所谓大数法则。

大数法则告诉我们,在有足够多的风险单位时,实际损失结果与预期损失结果的误差将很小,在确定坏账准备费率过程中,只有具备足够多的货款时,才能得到合理的坏账准备费率。

第三章　营销风险控制与处理

在营销风险识别、营销风险衡量之后，接下去要研究的问题是：如何有效地控制和处理这些风险，以达到减少营销风险发生的概率、降低损失程度并有效地消纳风险损失的目的。

营销风险控制与处理的技术分成两大类：一类是营销风险控制；另一类是财务处理。所谓营销风险控制是指在营销风险识别和风险衡量的基础上，针对企业所存在的营销风险因素，积极采取控制措施，以消除营销风险因素或减少营销风险因素的危险性。在事故发生前，降低事故的发生概率；在事故发生后，将损失减少到最低限度，从而达到降低风险单位预期财产损失的目的。因此，营销风险控制的本质是减少损失概率或降低损失程度。另外，采用控制技术还可以使风险单位年度损失预测更为精确，达到降低营销风险不确定性的目的。营销风险财务处理的目的则以提供基金的方式消纳损失的成本。

营销风险控制的方法主要包括：(1)风险避免；(2)损失控制；(3)非保险的转移——控制型。营销风险处理的方法主要包括：(1)非保险的转移——财务型；(2)保险；(3)风险自留。

营销风险控制和风险财务处理皆为风险处理技术，既相互区别又相互联系，在具体运用过程中必须将两者有机地结合起来灵活运用，这里主要介绍营销风险的避免、损失控制、非保险转移和风险自留。保险作为另外一门学科,这里就不作介绍。

第一节　营销风险避免

一、营销风险避免的涵义

顾名思义,风险避免是以放弃或拒绝承担风险作为控制方法来回避损失发生的可能性。风险避免是各种风险管理技术中最简单亦较为消极的一种。如一个企业为了避免货款拖欠的风险而拒绝在任何情况下进行赊销。也就是说,一种风险被完全地避免后,也就不可能产生损失,因此,也就没有必要去阻止损失的发生,减少损失的程度,或为了损失而预备基金。风险被避免后,其损失的可能性即为零。风险避免的常用形态有两种:第一,将特定的风险单位予以根本地免除。如企业决定不进行新产品的开发,可以完全免除新产品开发所致的损失,又如企业决定不上中央电视台做广告,则可以避免因此导致的直接广告费用损失和广告效果不好所带来的无形损失。第二,中途放弃某些既存的风险单位。如一个经销日用品的企业在经销某保健食品的过程中发现,有缺陷的该保健食品在某些情况下会导致很大副作用,于是就决定终止这种经销活动,以免引致该产品责任索赔案。应用以上两种方法均可以达到避免的效果,但并非事事都能避免,其适用性受到多方面的限制。如前所说,一个企业为了避免呆账而拒绝在任何情况下赊销,但在市场竞争日益激烈的条件下,这是很困难的,你不赊销别人赊销,这样就会失去市场机会。同时即使不赊销,要想占领市场,也会在价格等方面给予折让,这样也会有利润的损失。事实上一个企业是很难一笔赊销也不发生的。

因此,在营销风险处理技术中,营销风险避免的方法是受到最大程度的限制的。

二、营销风险避免的适用性

营销风险避免是处理营销风险的一种有用的、普遍的方法。企业通过中断风险源,将避免可能产生的潜在损失或不确定性,但企业同时推动了从风险源中获得收益的可能性,更何况有些风险根本就无法避免。而企业存在的最大动机无非是想赚取利润,因此营销风险避免的适用性受到很大程度的限制。企业在采用避免来处理营销风险时必须考虑以下几个方面的因素:第一,欲避免某种营销风险也许不可能,对企业而言,有些基本营销风险如世界性的经济危机、能源危机绝对难以避免。第二,采取避免风险方法在经济上也许不适当,对某些营销风险即使可以避免,但就经济效益而言也许不合适。一个企业固然可以借着不从事任何营销行为而避免风险,但从正常情况来看,一个企业没有营销行为自然也就没有营业收入,当然也就无法赚取利润。同时一个企业在成本和效益的比较分析下,当避免风险所花的成本高于避免风险所产生的经济效益时,如果仍然采取避免风险的方法,经济上可谓不适当。这就是经济学上讲的"高风险伴随着高利润",要获取高利润就必须承担高风险。第三,避免了某一风险有可能另外产生新的风险。例如,某企业为了避免委托收款的信用风险,而采用支票结算。但同时又会产生新的信用风险即空头支票等的风险。基于以上因素的考虑,最适合采用营销风险避免办法的情况有以下两种:第一,某种特定营销风险所致的损失概率和损失程度相当大;第二,应用其他营销风险处理技术的成本超过其产生的效益,采用营销风险避免方法可使企业受损失的可能性等于零。

营销风险避免特别适用于大的营销决策中,如对某项新产品的开发,对某地区市场的开拓,对重大客户的信用销售等方面。如对某客户的资信评价认为资信等级很低,信誉较差,为了防范信用危机,就应采取避免的措施,以防发生损失。再如安徽双轮集团曾于 1997 年开发出了双轮碘矿泉水,其水质达到国家优质矿泉水的标准,并且富含碘元素,是缺碘地区的绝好饮品,并决定于 1997 年 5 月 1 日正式上市。但由于当时恰巧出现了山东某些地区中小学生因服碘片而中毒事件,一时间全国各地对补碘食品都处于一种排斥状态。为了避免产品上市后带来的一系列风险损失,因而决定把这一生产线停掉不再上市,从而避免了由此带来的矿泉水本身市场风险和间接的对白酒等其他产品的影响和企业形象的无形影响。

三、营销风险避免的基本方法

1. 放弃或终止某项营销活动的实施

营销风险避免一种基本方法是在尚未承担营销风险的情况下,拒绝承担营销风险。在营销决策中,对某项营销活动进行论证后,若发现该项营销活动的实施将面临巨大的风险,一旦发生事故,将造成严重的后果。同时营销风险管理又不可能采取控制技术减少其风险,这时就应该考虑放弃这项营销活动的实施,以避免今后可能发生巨大损失。如与某客户在合同洽谈中,发现客户履行合同将有很大困难,对方又找不到担保单位为其合同担保,这时就要放弃这个合同,以避免合同的损失。

2. 改变某项活动的性质

营销风险避免的另一种基本方法是在已承担风险的情况下,通过改变营销活动的环境、条件、对象等途径,来避免未来营销活动中所承担的营销风险。例如，在企业进行促销宣传活动中，决定拿出1000万元进行广告宣传。原计划在中央电视台做广告，但由于中央电视台广告好的时段价位太高，加之广告太多恐难起到应有的效果，因而为了避免在中央电视台做广告的潜在损失，而选取山东卫视和浙江卫视这两个电视台，既可以选好的时段，也可以增加广告播放时间。

从营销风险管理的实践来看，采用损失避免的方法，最好在某一项营销活动尚未进行以前。因为要放弃或改变正在进行的经济活动或正在进行的营销活动，均要付出高昂的代价。如通过风险调查，发现某客户发生危险征兆，因而采取风险避免的措施，而要终止正在执行的一批供货合同，这虽然可以避免以后的损失，但同时要承担因不执行合同所带来的经济责任，这一责任损失便是避免的代价。因此，对一些重大的营销活动，必须先进行风险评价，以便决定是否采用损失避免这一技术。

第二节　营销损失控制

相对于营销风险避免而言，营销损失控制不失为一种积极的营销风险处理手段。所谓营销损失控制，是指企业对不愿放弃也不愿转移的营销风险，通过降低其损失发生的概率，缩小其损失程度来达到控制目的的各种控制技术或方法。营销损失控制的目的在于积极改善营销风险单位的特性，使其能为企业所接受，从而使企业不丧失获利机会。因此，营销损失控制相对于营销风险避免而言，是营销风险控制法中更为重要的一种，也是企业最适用的一种。

营销损失控制措施可以按各种方式分类:(1)依目的的不同可以划分为营销损失预防和营销损失抑制两类。前者以降低损失概率为目的,后者以缩小损失程度为目的,如对客户合同要求担保,并跟踪合同是损失预防措施,而对客户设定资信限额则是损失抑制的措施。损失抑制又包括隔离。(2)按照执行时间分,即以控制措施执行时间为标准可分为损失发生前、损失发生时和损失发生后三种不同阶段的损失控制方法。应用在损失发生前的控制法基本上相当于损失预防,而应用在损失发生时和损失发生后的控制法实际上就是损失抑制。以下将分别介绍损失预防和损失抑制风险处理方法。

一、营销损失预防

消除营销风险因素是营销风险控制的关键,对营销损失预防而言更是如此。所谓营销损失预防是指在营销损失发生前为了消除或减少可能引起损失的各项因素所采取的具体措施。也就是消除或减少营销风险因素,以便降低损失发生的概率。

营销损失预防与营销风险避免的区别在于,营销损失预防不消除营销损失发生的可能性,而营销风险避免则使损失发生的概率为零。营销损失预防与营销损失抑制亦有区别:营销损失抑制的重点在于减少损失发生的程度而不是损失发生的可能性。事实上,一个营销风险管理的实践计划往往将损失预防和损失抑制两者加以结合。如在营销实践中,对客户资信调查,并设定资信限度。它既可以减少因客户资信差而发生坏账的风险,又可以在客户资信发生危险后,减少货款损失的程度。

区分营销风险避免、营销损失预防、营销损失抑制相当重要。由于营销风险避免消除所有发生损失的可能,只有在极少数的情况下能被成功地加以运用。当营销风险避免完全消除了所有营销损失的可能性以后,不再需要其他风险处理技术,就营销风险避免这一措施足矣,因此称其为自足型风险处理技术。而在营销风险处理中还需要其他一些风险处理计划,甚至更进一步的风险处理技术来减少损失的可能性,因为有些营销风险是无法避免的。分清营销损失预防和营销损失抑制之间的区别是提高营销风险管理效果的关键。因为营销损失预防的目的在于减少损失发生的可能性,营销损失抑制的目的在于减少损失程度,因此要视具体的营销风险管理目的而定。如果营销管理的目的在于减少损失发生的可能性,则应采取营销损失预防措施;如果营销风险管理的目的在于减少损失程度,则应采取营销损失抑制措施。在更多的情况下,营销损失预防和营销损失抑制措施在营销风险管理过程中往往同时使用。一个营销风险管理计划往往既是营销损失预防计划,也是营销损失抑制计划,如在客户管理中,对客户资信的调查评价以及信用限度的确定,并对客户的合同进行公证或担保等。

诸多损失预防措施都是与引发损失发生的因素联系在一起的。一般来说,损失预防措施是一种行动或安全设备装置,在损失发生前将引发事故的因素或环境进行隔离。如果把引发损失的诸多因素看作一条事故链,那么损失预防就是要在损失发生前切断这条链条。由于损失预防与损失因素之间密切相关,提高损失预防措施效果通常需要深入的研究实际损失“是怎么发生”的。黑因里希(H.W.Heinrich)的意外事故理论即“多米诺骨牌理论”,可以形象地说明这一点。黑因里希把引发事故的五个因素顺次排列成一条事故链,即(1)血统和社会环境;(2)人的缺点(人的先天缺陷或后天缺陷基本上构成不安全行为的原因,或者基本构成机械危险或物理危险的原因);(3)不安全行为和机构危险或物理危险的原因;(4)事故;(5)伤害。黑因里希认为,在损失控制中,目标的中心是该顺序的第三步,即安全工作的焦点就在于消除不安全行为,改善不安全环境。营销风险多数是人为风险,因而控制的焦点是客户和营销人员或相关人员的不安全行为。事实上,人作为一切经济活动的主体,每个人在经营和生活中,都可能出现不安全行为,即行为失误而导致营销决策失误,或人员伤亡或财产损失等。据统计,火灾事故中,人为错误造成的损失占总损失的1/3;而在造成人身伤害的工业事故中,有88%是由于人的不安全行为引起的;对于营销损失而言则绝大多数是由于人为因素造成的。诸如客户不守信用、营销人员服务不好、营销人员责任心不强造成票据丢失,给结算带来困难等等。因此,从营销风险预防的角度来看,主要应加强营销人员(实际包括公司全体人员)的职业教育(包括职业道德教育和业务素质教育)和营销安全培训(营销风险防范的技术)来消除人为风险因素,以达到损失预防的目的。此外,企业慎重选择批发商,要求推销人员的产品解说符合实际,开展QC小组活动等都可以看成是营销中的侧重于人们行为的预防措施。作为针对营销损失和人为风险而采取的措施投入少,效益大。但营销风险中也有非人为的因素作用。如合同履行中的质量问题可能由于营销人员在送货过程中不小心而造成一定的破损或变质。但这里面也包含一定的物的因素。如道路不好、途中遇到大雨、产品本身发生物理变化或化学变化等。还有如营销决策有时受营销宏观环境的影响是很难以营销人员的意志为转移的。因而在对人为因素预防控制的同时,还要作好营销环境的预测,以及时采取有效措施,防范风险发生。

行为法认为人的行为疏忽由四个因素导致:(1)对事故直接负责的不是行为人而是另外一个人;(2)越权行事;(3)事故对其他人造成损害,而不是行为人自身;(4)自满或侥幸心理。因此,预防责任损失的焦点在于消除四个因素中至少一种,其中消除责任不直接由行为人负责的因素是关键。这在营销过程中是特别重要的。如在供货合同中:(1)就财产风险而言,销售企业必须采取防范措施,保证供应货物的完好完整,既不能损坏,也不能丢失。如注意货物运输中的安全等。(2)就责任风险而言,销售企业必须按合同要求提供合同标的物,不能发生由于本企业违约而承担合同规定的责任。如提供产品大批量不符合合同要求等。(3)就人员风险而言,既要保证本企业合同经办人的安全、健康,以便及时地去履行合同,同时也应关心对方当事人的健康和安全,以防止对方当事人死亡等,造成合同履行的困难,甚至发生货款无主,造成呆账的损失。

二、营销损失抑制

所谓营销损失抑制是指营销风险事故发生前或发生后,采取措施减少损失发生范围或损失程度的行为。一个营销风险管理人员必须假设风险事故发生了,然后为了减少损失程度问"应该做什么"。"应该做什么",不管是事故发生前还是发生后都要问。

营销损失抑制措施大体上分两类:一类是事前措施,即在损失发生前为减少损失程度所采取的一系列措施;一类是事后措施,即在损失发生后为减少损失程度所采取的一系列措施。

1. 在损失发生前采取损失抑制措施。在损失发生前所采取的损失抑制措施,有时同时也会减少损失发生的可能性,如在新产品上市时,以高价快速掠取策略上市,既避免随后而来的竞争者加入所带来的市场压力风险,达到损失抑制的效果(假如竞争者加入,会因投入已收回而减少受损失的程度),又起到损失预防的效果(因为快速高价进入市场,可以树立较好的产品形象,吸引一批早期消费者,从而增大竞争者加入的障碍,减少竞争者加入对企业的不利影响)。

2. 在损失发生后采取损失抑制措施。损失发生后的抑制措施主要集中在紧急情况的处理即急救措施、恢复计划或合法的保护,以此来阻止损失范围的扩大。如在火灾风险控制中,设置防火墙是一种限制火灾损失范围的事前发生作用的措施,一个有效的自动报警或灭火装置系统是一种事后发生作用的措施。

在营销风险管理中如对客户的管理,主要是从事前的客户资信评价和资信限度设立抑制损失发生。而对客户停止供货措施则是事后抑制的重要措施。我们还应该注意到:事前损失抑制措施与事后损失抑制措施有重复的地方,因为事后损失抑制措施实际上是事前损失抑制计划。这种重复并不影响风险管理的效率或风险分析。事前损失抑制计划只是一个损失发生前想要达到的良好愿望,即在损失发生后使其损失最小化。损失抑制本身需要有事前损失控制计划,甚至实际操练那些有可能在紧急情况下要采取的方法或步骤,以做好准备。计划和执行只是在同一个过程中的两个步骤,对损失抑制而言两者缺一不可。

在营销活动中除应做好客户资信、合同、货款、新产品开发、营销人员等风险控制外,特别是在遇到产品质量事故、企业形象受损等市场和社会影响较大的事故时,应特别做好风险的抑制,切实做好事故的处理,防止影响扩大,从而带来市场巨大的负面影响。应采取公关手段,控制事故影响的范围,防止矛盾激化,并应做好市场恢复工作，争取缩小因营销事故而影响市场营销的时间和范围。这就要求企业营销活动前有一整套市场策划方案，做好营销危机事件的事前预防和事后处理办法和程序，以减少营销风险事故的损失。

三、营销风险的隔离

营销风险的隔离是营销抑制的一种有效方式。隔离营销风险单位包括既相区别又相联系的两个方面：分割和复制，两者的目的都在于尽量减少企业对特殊产品、市场、客户或营销人员的依赖性，以此来减少因个别产品、市场、客户或营销人员的缺损而造成的总体上的损失。隔离风险单位在于把风险单位进行最大限度的分割或复制，就好比“不要把所有的鸡蛋放在一个篮子里”，损失即便发生，损失程度也不会太大。如市场开发过程中先在同一市场选择几家经销商，不先定死哪一家，从而控制不因一家经销商不行而失去市场。

1. 分割营销风险

分割营销风险单位又包括分离和分散。

(1)分离。分离是将企业面临损失的风险单位分离，而不是将它们集中在都可能遭受同样损失的同一地点。比如一个企业不要将其全部的产品打进一个市场，而是分散地投放在相距一定距离的几个市场里，这样，就可以把一个市场失败的损失减少。这种风险分离的办法，减少的是一次事故可能发生的最大预期损失，从这一点上讲，可以被看作是一种损失抑制措施。但是，有一点需要注意，这种分离方法在分离了风险单位的同时，又增加了需要企业控制的个别风险单位数量，任一独立的风险单位发生事故，都会给企业造成损失。比如，原来的 A 市场在特定的时间内并没有发生市场问题，而在分离出去的 B 市场却在该段时间内发生了问题，这同样给企业造成了一定程度的损失。

(2)分散。分散是风险控制的另一种对策，它通过增加风险单位的数量，将特定的风险在更大的样本空间里进行分散，以此来减少单个风险单位的损失。分散与分离是不同的，分离是将一定量的风险单位分离开来，增加独立风险单位，以达到损失抑制的目的。分散是增加企业控制下的独立风险单位数量，达到减少总体损失的目的。经济单位分散风险的办法是通过内部扩散来实现，如出租汽车公司可以通过扩大其出租车队规模来减少因一辆汽车出车祸给其总体收益造成的损失程度。分散营销风险还可以通过扩大企业市场规模和扩大营销队伍的方式，从而减少因单个风险单位发生(如某一产品或营销人员)风险事故给企业造成总体收益上的损失。

2. 复制营销风险单位

隔离营销风险单位的另一种方法是复制营销风险单位，即再设置一份营销活动所必备的资产或开发储备产品，开拓储备市场以及多储备一批营销人员。这些复制的营销风险单位，本身不能减少原有营销风险的损失，但可以减少由于原有营销条件破坏而造成的营销中断，从而带来的营销净收入损失和其可能性。因为，如果原有的营销条件一旦破坏，复制的营销条件就可以立即投入使用。如某企业在开发市场时采取占领一个主市场并培育开发一个补充市场，一旦现有主市场出现问题，立即启动补充市场。再如在新产品开发时，不少企业是生产一代，储备一代，开发一代。一旦产品在市场被新技术所淘汰，立即生产储备的新一代换代产品。如海信等许多大型家电企业就是采用的这种营销风险管理战略。

再如一些企业在营销主要人员实行预备岗位制度,即在主营销岗位除有一位主要负责人外,还配备一位预备岗位,作为重点培养,一旦原岗位营销主管需要外出脱产学习,晋升换岗或出现问题被降职、开除等,为不影响正常的营销活动立即让预备的营销人员上岗。再如对于营销资料,为了因资料丢失给营销带来一定的损失,可以复制一份备存,以防丢失后有据可查。

分割和复制同其他损失抑制措施有明显区别,以下四点需要注意。首先,分割和复制不像其他损失抑制措施那样力图减少风险单位本身的损失的严重性,而在于减少总体损失的程度。其次,分割和复制减少的是一次独立风险事故的损失,但同时增加了风险单位,也就会影响风险事故或损失发生的概率。如用两个仓库代替一个仓库,在分离了存货风险单位的同时,却又增加了仓库风险单位,使两个仓库同时面临火灾或其他风险。复制风险单位一般不会减少损失发生概率。再次,复制风险单位可以减少平均或预期的年度损失,因为复制风险单位没有提高风险事故或损失发生的概率。最后,分割风险单位能不能减少平均预期损失,更大程度上取决于分割风险单位减少损失程度是否比降低风险事故或损失概率来得更重要。

营销风险单位分割和复制两者作为企业内部营销风险管理方法,其费用较高,较少采用,尤其是风险单位分割,很少被采用,只是作为一种辅助手段。例如,一个企业很少会只为了减少损失范围建造或使用第二个仓库,或为了减少因一个客户不守信用而造成的损失而把一批货物分割卖给许多客户等。因此,分割可以说是风险处理技术在含义或者说是内涵上的一种延伸。相比较而言,复制——为原风险单位配备品——更经常地被风险管理人员所采用和考虑。例如,复制纪录品、交叉培训营销人员(使其能从事若干岗位的工作)等。

在营销风险控制中应进行营销风险控制成本——效益分析,确定经济上的可行性。有些营销风险控制措施尽管在技术上是可行的,但在经济上未必可行。任何损失控制措施的选取都必须进行损失控制成本与损失控制潜在收益的比较分析。如果潜在收益大于或等于损失控制成本,则企业可采用这种风险控制措施。

损失控制成本指布置和维持损失控制措施的成本。而损失控制的潜在收益即为事故成本,事故成本越大,损失控制的潜在收益越大,事故成本越小,损失控制的潜在收益也越小。

在比较上述损失控制成本和损失控制潜在收益(即事故成本)时,会出现两个问题:一是潜在收益的不确定性;二是收益和成本时间分布的扩散性。如果没有这两个问题,那问题就简单了。这两个问题的存在给成本—效益比较分析带来了一定的难度,但并非完全不可能进行比较。用潜在收益乘以事故发生的概率,可以大致确定预期收益值,以同样的方法大致确定预期成本的值。再把分散在若干年份的收益和成本,将其预期值贴现为现值,然后进行比较分析,若成本大于或等于收益,企业将不采取措施控制该损失;若成本小于或等于收益,企业将采取措施控制该损失。

第三节　营销风险转移

营销风险的转移有三种形式,一是保险;二是营销风险控制型的非保险转移;三是营销风险财务型的非保险转移。由于营销风险的保险多数是对静态资产的保险,而营销中更多的是动态的风险,因而关于保险我们不在这里论述。我们这里只研究非保险转移——营销风险控制型非保险转移和营销风险财务型非保险转移。

一、营销风险控制型非保险转移

所谓营销风险的控制型非保险转移,是通过契约或合同将损失的财务负担和法律责任转移给非保险业的其他人,达到降低风险发生频率和缩小其损失幅度的目的。与前面谈到的营销风险避免和营销控制不同的是,营销风险转移不是通过回避抛弃的方法去中止与存在的营销风险的联系,而是将存在的营销风险转移给其他地方。因此,风险转移只是间接地达到了降低损失频率和减少损失幅度的目的。

营销风险控制型非保险转移有三种具体形式:

1. 出售

通过买卖契约可以将产生营销风险的那部分财产或活动转移给其他人。这时,与所有权有关的一切风险都转移给了新的所有人,减少了营销风险。如一批货物从生产企业出售给经销商后,与这批货物的有关风险(如变质、盗窃、跌价等)也一同转移给了经销商。再如企业原购买了某城市的一条马路的路牌广告权,如认为这条马路不适宜本企业做广告,可以将这一使用权再转让出售给其他企业,从而也就将由此带来的广告损失风险一起转移出去。

2. 转包或分包

转让人通过转包或分包合同,将他认为风险较大的营销业务转移给非保险业的其他人。显然,风险单位通过这种形式的风险转移,其承担的风险将会减少。如某生产企业与外商订了一批供货合同,为了担心这批货供应不及时或质量达不到要求而遭受索赔损失，而将这批加工合同全部或部分转包给另外一家同行业，从而也就将相应的风险全部或部分转移给了这家同行。

3. 租赁

出租人通过租赁合同将有形无形的资产交给承租人使用，承租人交付一定租金，出租物的所有权仍为出租人所有，承租人对所租物只有使用权。这样，出租人将使用这一资产的可能风险转移给了承租人。如某公司将自己的商场一层租赁给另一企业所使用，由此将一楼经营不善的营销风险转移出去。还有企业将自己的品牌这一无形资产出租，允许同行在一定范围使用，既获得了一笔收入，也减少自己生产经营所带来的风险损失。

应该指出，风险转移不仅局限于财产和活动方面，也包括转移责任，即通过开脱责任合同，使风险承受者免除转移者对承受者承受损失的责任。在营销活动中，如合理使用责任转移，可以减少很多责任风险，减少大量索赔事件的发生。这也是营销风险管理中值得注意的一个重要方面。如在供货合同中规定货到对方 10 日内，对方应组织验收检验，否则数量或质量问题由对方自己负责。若对方没有及时检验，由此而出现的数量短缺或质量问题的责任将全部转移到了对方身上。如有的商场规定商品离店概不退换，就将退货风险的时间缩短在顾客在商场之内的时间里。或拆封不给退货，这将退货风险降低在没有拆封之前。当然在达成这些风险责任转移协议或合同时，应经得双方一致同意，不能因处于市场的有利地位而强加在顾客头上。随着消费者保护意识的兴起，有许多责任企业不应转移，而应主动承担，以塑造良好的企业形象，求得顾客的认同。

二、营销风险财务型非保险转移

一般说来,在识别和衡量自己所面临的营销风险之后,企业总是先考虑风险能否用控制型的技术来处理,如若不能控制或不能全部控制,则需结合财务型风险处理手段,方能实现风险管理之目标。所谓营销风险财务型处理,就是用经济方法来处理营销风险损失。事实上,受客观条件的能力的限制,营销风险识别和营销风险衡量未必绝对准确,疏漏或偏差在所难免;由于营销风险控制技术本身的局限,风险不可能完全避免或消除;基于风险控制成本与效益的比较,有时没有必要完全避免或消除风险。因此,有效地运用营销风险处理手段,及时地为企业提供损失后的经济补偿,构成营销风险管理技术的重要内容。

财务型风险处理手段主要有风险转移和风险自留两类。其中财务型的风险转移手段分为保险转移和非保险转移两种。这里我们主要研究风险的非保险转移。

营销风险转移是指企业将自己不能承担或不愿承担的营销风险转移给其他经济单位的一种方法,它是控制型风险处理的措施之一,更是财务型营销风险处理的重要手段。控制型营销风险转移强调损失的法律责任的转移。例如:①将财产或活动本身转移给其他人;②消除或减少转让人对受让人的损失的责任;③消除转让人对其他人的损失的责任。而财务型的营销风险转移则是寻求用外来资金补偿风险损失,这种转移分为保险转移和非保险转移两种。保险转移和非保险转移同属财务型风险处理技术,但二者有明显差异:①前者的风险受让人是保险人,而后者的风险受让人是其他的经济单位;②前者的受让人——保险人专业经营风险,有意识地接受大量风险单位结合之,并进行与之相关的风险分析,而后者的受让人往往不能这样做;③前者系通过专门的契约——保险合同来实现风险的转移,而后者通常是附属于其他的契约来完成风险的转移。

综上所述,营销风险财务型非保险转移是指企业将自己可能的营销风险损失所致财务负担转移给保险人以外的其他经济单位的一种风险处理手段,其实质是通过风险的财务转移,使转让人得到外来资金,以补偿风险事故发生所造成的损失。

营销风险的财务型非保险转移的实施方式主要有以下四种:

1. 中和

中和是将损失机会与获利机会平衡的一种方法,通常被用于处理投机风险。担心原材料价格变化的制造商所进行的套购,以及受外汇汇率变动影响的出口商进行的期货买卖都属于中和方法。所谓套购,就是通过买卖双方交易的相互约定,使可能的价格涨落损益彼此抵消。通常,商业机构、生产商、加工商和投资者利用期货价格和现货价格波动方向上的趋同性,通过在期货市场上买进或卖出与现货市场上方向相反,但数量相同的商品,而把自身承受的价格风险转移给投机者,达到现货与期货盈亏互补的目的。例如,有一面粉商于某年10月1日购买小麦一批,价格1万元,小麦制成面粉后,预期于次年2月1日出售,届时可得1.8万元,因而可以赚取合理的利润。然而,由于小麦价格波动会影响面粉的价格,所以利润是不确定的,也就是说,该面粉商可能因小麦价格下跌而蒙受损失,也可能因小麦价格上扬而获得超额利润。为了避免小麦跌价所致损失,面粉商可在10月1日购买小麦的同时,订立于次年2月1日亦以同样价格出售小麦的合同。这样做,可以中和未来价格波动的风险,面粉商虽然失了可能因小麦价格上扬，而获超额利润的机会，但却免除了因小麦价格下跌而蒙受损失的可能。

2. 免责约定

免责约定是指合同的一方通过合同条款，对合同中发生的对他人人身伤害和财产损失的责任转移给另一方承担，即通过主要针对其他事项的合同中的条款来实现风险转移。例如，根据一则房屋租赁合同，房东可以将没有这则合同时他对第三者遭受的人身伤害与财产损失的经济责任转移给承租人。同样，根据另一则租赁合同，此承租人反过来可以把他潜在损失转移给房东。一般租赁合同中都有“免责条件”和“其他约定事项”等，关键是要看双方如何加以利用，从而合法、巧妙地将自己的风险转移出去。如机械加工企业，在与客户签订机械加工合同时，可在协议条款上写明：若遇原材料价格上涨时，合同价格应当上调，从而将其价格风险转移给客户。同样客户也可以通过免责条款协议，将其潜在损失转移给加工企业。如合同协议条款规定若由于加工企业延长工期，由此引起的原材料价格上涨因素由加工企业负责，并赔偿由于延误工期而给客户带来的损失。当然双方在签订合同时，都要紧紧围绕“合同条件”这个中心，而且寻求利用某条款转移风险的一方，必须获得对方对该条款的认可。

另外，有时候可专门为转移风险而订立合同。例如，企业如果发运集装箱，或在某个仓库里存放商品，或者把自己的初级商品送交给其他企业进行包装加工，都可以通过一个特别合同，使受托人有责任赔偿企业在法律责任之外的各种损失。

需要指出的是，免责约定不同于责任保险。免责约定所转移的风险其受让人不是保险人，而且所提到的财产损失责任是以合同责任下的损失为限的。

3. 保证书

保证书是指由保证人对被保证人因其行为不忠实或不履行某种明确的义务而导致权利人损失予以赔偿的一种书面合同。这里有保证人、被保证人和权利人三位当事人，借助保证书，权利人可将被保证人违约的风险转移给保证人。保证的目的在于担保被保证人对权利人的忠实和有关义务的履行，否则由保证人赔偿损失。

保证书通常用于以下“明确的义务”：清偿债务，在规定的期限内提供一定数量的产品，按要求的日期完成一项工程等。如果被保证人没有履行义务，保证人必须自己履行这项义务，或者按保证书的规定支付一定的罚金。然后，保证人可以向被保证人追偿其损失。有时，保证人在签发保证书时，要求被保证人用现金或政府债券等作为担保品，以备自己索赔。即使被保证人得不到任何保障，他也要签署这种保证书，因为他希望得到权利人只在有保证书的情况下才会提供的某些好处，如贷款、供货合同或建筑合同等。

需要指出，保证书不同于保险合同（尤指财产保险合同），其差别如下：

(1)保证书的当事人有三方，即保证人、被保证人和权利人，而保险合同一般只有两方即保险人和投保人（被保险人）。

(2)保证书中，被保证人通常得到担保并付出担保费，而权利人得到保障（不过，有时被保证人可通过成本包括在所提供的服务的价格里，而将这种成本转移给权利人），而被保险人则通常是购买保险来保障自己。

(3)保证书中的损失有可能是由被保证人故意引起的，而保险损失对被保险人而言则必须是意外的。

(4)理想状况下,保证书中担保不会有损失。因为如果有任何损失的可能性,保证人就不会签署这种保证书,况且保证人自己会在调查中发现任何潜在的损失。而保险人则清楚地知道在被保险的群体中间会有一些损失——期望损失值。理想状况下,保证书的担保费不应该包括任何期望损失作备抵,所以这种担保费只需包括保证人的调查费和其他费用,并提供一定的利润和一定的意外准备金。而保险费则必须补偿期望损失。在实践中,保证人也会发生一些损失,因为他们的调查并不完全准确,但这样的损失在担保费中所占的比例远低于在保险费中所占的比例。

(5)如果损失确实发生,保证人可以向被保证人求得补偿,但保险人对于被保险人则没有这种权力。

尽管如此,有些保证书与保险合同极为相似,例如诚实保证。实践中,许多保证书的保证人是保险人。

4. 公司化

有的企业通过发行公司股票,将企业经营的风险转移给多数股东承担。这种转移实际上只是分散了原有股东的风险,增强了企业抵抗营销风险的能力,并不能转移企业遇到的具体营销风险。

采用营销风险财务型非保险转移方法来处理营销风险,有一定的优点,但也有一定的缺点、局限性和适用条件。

A. 优点

(1)营销风险财务型非保险转移方法所能处理的营销风险,既可以是纯粹营销风险,也可以是投机营销风险,既有可保风险,也有不可保风险。因此,这种方法所适用的对象是比较广泛的。

(2)营销风险财务型非保险转移的具体操作措施灵活多样。它不像订立保险合同那样程式化,而是常常需要巧妙地运用各种知识和技巧,通过谈判、合同条款及其他途径来实现营销风险转移。事物背景的复杂性、合同本身的多样性,以及当事人的千差万别,为营销风险管理者选择具体操作措施提供了广阔的天地。

(3)营销风险财务型非保险转移的直接成本较低。与保险转移相比,所需费用总是低于购买保险的保险费。采用一般风险控制手段,则既要支付相当的费用,又要做一定的工作,而采用风险转移方式,有时只须在合同条款上下功夫,一旦合同签订,营销风险转移即告成功。

(4)有利于促进全社会控制风险、减少风险。一般而言,把潜在损失转移给那些能够更好地进行损失控制的人,便会降低损失概率与损失程度。例如,在一份供货合同中,规定客户如逾期不提货,由此而带来的一切风险由客户负责,则客户就会及时提货,以控制因不及时提货可能造成的许多损失。

B. 局限性

(1)法律和情理的双重限制。营销风险财务型非保险转移常常是通过合同双方所签订的协议条款来实现的,而法律条文、合同条款都有其明确的法律意义和标准。合同双方必须在严格遵循法律规定和合同条文的基础上,转移那些在法律上、在合同条文中没有规定,或者规定不够明确的损失责任,否则,这种转移将是不正当的。无合同条文的规定,以及人们的习惯不同,涉外经济活动的各种合同及其解释可能出现明显的差异。此外,要使营销风险能借助合同条款转移出去,还必须得到对方的接受才是。也就是说,既要在法律允许的范围内,又要使对方愿意承担这种责任。这说明,营销风险转移要受到情理和法律的双重限制。

值得注意的是,近二三十年来,基本公众的舆论,对运用合同条款转移风险损失财务后果的做法,许多国家纷纷通过立法来加以限制。例如:英国“1973年商品销售法(暗示条件)”规定,在对消费者(公众)销售商品的情况下,“免除供货方引起的责任”的条款无效,在对其他人的销售情况下,这类条款也不能实施,除非它们是公正而合理的,英国“1997年不公正的合同条件法”第二章规定,任何合同条件或通知,如果因疏忽引起的人身伤亡的责任除外或加以限制的话,这些条件和通知均属无效。对因疏忽引起的财产损失责任的除外和限制,只有在法官对这类条件或通知经审查后认为合理的,才能实施。我国《产品质量法》对此也有一些相应的规定。

(2)合同条文理解的差异可能引起一些问题。有些合同的文字晦涩,难以理解。有些企业以为已将全部风险转移出去了,而实际上合同可能转移了部分风险,所以要求风险管理者仔细推敲合同的文字来确定其真正的含义。另外,因为合同条款的差异性很大,有时,对一项特定条款的理解,法院很难找到据以判断的先例。

(3)转让人要承担一定的代价。通过营销风险财务型非保险转移,营销风险可由转让人向受让人转移。但是,一般说来,受让人不会无代价地接受,而总要通过一定方式反映出来,要求转让人在某些方面作出让步。例如,客户受让人答应承担某种可能的损失,相应地,他就会要求生产企业转让人承担另一种义务,或者要求降低合同价格等。因此,就转移预期营销风险产生的代价来看,转让人什么也没有得到,只是把实际后果与预期后果的差异(即不确定性)转移出去了。此外,转让人可能还有其他费用支出,如损失发生后,为解决争议可能需要支付一笔可观的诉讼费,有时甚至可能超过损失本身的经济价值。

(4)受让人有时无力承担所转移的损失责任,在营销风险财务型非保险转移中,由于受让人不可能有大量风险单位的集合,不能合理地平均分摊损失,故其所面临的风险损失往往波动很大,其风险承担能力极为有限。于是,受让人在接受转移时,往往持谨慎态度。而那些不了解风险的人可能盲目地接受被转移的风险,但是他们却常常不能有效地控制和处理风险。事实上,被转移的营销风险其损失一旦发生,可能会很严重。如果受让人无力支付如此巨大的损失赔偿,那么,风险的这种转移便失去了其实际意义。因为根据合同的关系不涉及第三者这一原则,只有合同当事人才受合同赔偿和除外责任条款的约束。例如,甲乙双方就经销某种化妆品签订了经销协议,并且甲方作为生产企业愿承担因质量问题而引起的赔偿责任。而当乙方经销商在接受这一条款经销该化妆品时,恰好出现了因化妆品质量问题而使某位小姐产生面容损伤,这位小姐提出了高额索赔。当然这位顾客小姐首先是向经销商提出,并且如果法院判决成立,应由经销商先提供赔偿,然后再向生产企业提出索赔。如果生产企业的资产有限,经销商最多也只能得到生产企业的全部财产,其差额则由经销商承担。

C. 适用条件

综上所述,营销风险财务型非保险转移方法有众多的优点,但也有其局限性,因此,在采用这种方法时,营销风险管理者要充分考虑其适用性。一般说来,运用营销风险财务型非保险转移方法来处理风险,需要满足以下条件:

(1)转让人与受让人之间的损失必须能够明确地划分。这就要求订立合同时,当事人双方对于所要转移的潜在损失的理解一致,并在损失发生时有具体的区分措施。

(2)受让人应当有能力并愿意承受适当的财务责任。这就要求受让人在订立合同时,准确地理解有关条文的全部涵义及其可能产生的后果,并对自己的承受能力作出符合实际的估价,然后充分衡量利弊,再作出相应的承诺。

(3)应用这种方法,对于转让人和受让人双方来说,应该都是有益的。这种利益可以是直接的,也可以是间接的。无疑实施这种风险转移方法,其成本必须低于其他风险处理手段,否则人们不会选用它。而且,如果采用这种方法仅对一方有利,则另一方一般是不会接受的,除非不了解情况而盲目接受。

第四节　营销风险自留

营销风险自留又叫营销风险承担,是指企业自己承担由营销风险事故所造成的损失。这是一种重要的财务型营销风险处理手段,其实质在于,当营销风险事故发生并造成一定的损失之后,企业通过内部资金的融通,来弥补所遭受的损失。与其他财务型风险处理手段一样,它是在损失后提供财务保险,但这不是把营销风险转移给别的经济单位,而是留给自己承担。营销风险自留与营销风险控制也不同,前者是在营销风险事故发生后处理其财务损失,而后者则是在营销风险事故发生前采取措施,以改变风险单位的损失概率和损失程度。例如,在进行某项活动或计划时,营销风险管理者意识到营销风险的存在,并作了衡量。如果采用风险避免手段,则就要放弃或中止这项活动或计划;如果决定风险自留,则就要继续实施这项活动或这个计划,而在财务上作出安排,以备损失发生后进行处理。

营销风险自留是处理残余风险的一种技术措施,故有人谓之残余技术。在某些情况下,它是唯一可能(或者说是唯一可行)的营销风险对策。前已论述,任何风险处理手段都有其局限性,有其特定的适用条件。有时,对于某种营销风险预防不能,回避不得,且又无处可转移,企业别无选择,只有自留风险。例如,某企业与一客商签订了一批供货合同,在对自己的生产能力评估后觉得按时、按质完成这批货物加工任务很困难,由此将要承担相应合同风险。但此时欲放弃这笔合同已不可能,欲转让合同也无人接受。此时,该企业只能自留风险。还有一种情况,风险转移给了保险公司,但是保险合同常常有一些除外责任,因而实际上,保险公司只承担了部分潜在损失。另一部分潜在损失,如不能控制,或无法转移给别人,则企业也只能留给自己了。

营销风险自留是处理营销风险的最普通的方法,它可以是被动的,也可以是主动的,可以是无意识的,也可以是有意识的,可以是无计划的,也可以是有计划的。

所谓被动的营销风险自留,或非计划性营销风险自留,是指营销风险管理者因为主观或客观原因,对于营销风险的存在性和严重性认识不足,没有对营销风险进行处理,而最终由企业自己承担营销风险损失。现实生活中,被动的营销风险自留大量存在,似乎不可避免,事实上只有少数企业能够识别它们全部的财产风险、人身风险和责任风险。例如,在违约的情况下,违约方实际上是决定了自留与此有关的风险。有时营销风险管理者虽然已经完全认识到了现在的营销风险,但由于低估了潜在损失的大小,便产生了一种无计划的营销风险自留。还有一种情况,营销风险管理者虽然意识到了营销风险的存在及其严重性,但可能迟迟不作处理,例如，企业常常意识到产品质量的问题，并会带来有关的经济风险，但却不采取任何旨在处理这一风险的行动。

与此相反，所谓主动的营销风险自留或计划性营销风险自留，是指营销风险管理者在营销识别和衡量的基础上，对各种可能的营销风险处理方式进行比较，权衡利弊，从而决定将营销风险留置内部，即由企业自己承担风险损失的全部或部分。主动的营销风险自留是一种有周密计划，有充分准备的营销风险处理方式，这是我们研究的重点。

计划性营销风险自留的具体措施有以下几种：(1)将损失摊入经营成本；(2)建立意外损失基金；(3)借款用以补偿风险损失；(4)自负额保险。此外，组建专业自保公司也成为利用内部基金补偿损失方式，但却具有更多的特殊性，我们不在这里介绍。

一、将损失摊入经营成本

将损失摊入经营成本，是指在营销风险事故发生时，企业把意外的损失计入当期损益，即吸收于短期(通常不超过3个月)的现金流通之中。容易看出，这种办法只适合于处理那些损失概率高但损失程度较小的风险，这些风险损失似乎成为企业不可避免的经常性支出，因此只要这些营销风险被识别，损失数额便能打进预算。例如，一般企业都能承受价格下跌、合同不能兑现、一定的货款拖欠、产品不合格、偷窃或营销不忠诚行为等的损失。

企业将损失直接摊入经营成本的能力取决于一年当中是否总能保持一个超过其他支出项目的收入余额，或者能否保持十分充裕的可变现的基金以克服任何资金的短缺。这些流通资金的形式可以是存款余额，也可以是透支能力。因此，一个企业所能吸收的损失或损失积累的规模，同其他日常开支一样，取决于现金流通的余额或赤字加上可变现的准备金或短期借款的额度。

然而,除了为应付那些很大程度上可预见而损失额较小的风险之外,将损失摊入经营成本的方法与现金预算的目标是矛盾的。现金预算一方面要求现金往来账上尽量避免有大量闲置的现金余额,因为这些余额并不能产生收益;另一方面又要求尽量减少那些常备现金或借款资源不能满足突如其来的巨额货币要求的压力。即使对那些清偿能力很强的企业,遇到这种意外情况,也会出现流通资金短缺的现象,乃至被迫大量借款或紧急变卖资产,其代价会是很高的。而那些在正常现金流通上遭受重大波动的企业,往往不愿意留置额外的变现资金以备换置受损财产,或应付偶然出现的其他风险损失。于是,企业在财务上对风险损失进行补偿的能力常常受到限制。而且,风险事故发生后所作的补偿,必然导致企业流动资金减少,而这可能使企业外部条件出现不利,这是将损失直接摊入经营成本这种补偿方式的不利之处。当然,并非所有损失都得在其发生之后,立即全额支付,因此,可能把风险分散在一两个月的现金预算之间。

需要指出的是,风险管理者在考虑解决风险损失时,无论是将其打入每月的现金预算,还是打入更长时期的预算,仅仅按各时期的预期损失额的大小来确定预算是不够的,因为实际损失额与预期损失额之间总是有差异的。只有在各时期的单独损失与总的损失额的可能差异都落在预算额以内,这样处理风险的方式才是可靠的。只有这样,在营业预算内支付损失费用才会给企业带来益处,将损失直接摊入经营成本这种融资补偿方式,才能成为企业自留营销风险的合理选择。此外,这种方式可以在一定范围内发挥其优势:

1. 营销风险自留方式在损失前不发生任何费用，直到损失实际发生后才有现金支付。这与保险不同，保险在保险期限一开始就要支付保费。因此，营销风险自留有利于改善企业的现金流动。

2. 损失发生后，风险补偿费用仅限于支付实际损失额。与购买保险相比，节省了向保险公司支付的附加保险费部分。

3. 风险的代价被列入预算后，自然就被列为企业的预算控制对象，因而，自动地受到预算控制制度的监督。

在损失直接摊入经营成本之后，对于营销风险代价的考核显得十分重要。决不能让营销风险损失与其他营业费用混在一起而不加区分，否则会使检查营销风险自留执行情况和决定是否需要继续自留变得困难，同时也没有办法来审查一个组织的各个部门之间控制损失标准上的差异或各风险控制方案的有效性。

二、建立意外损失基金

意外损失基金又称自保基金或应急基金，是企业基于对所面临风险的识别和衡量，并根据其本身的财务能力，预先提取，用以补偿风险事故所致损失的一种基金。建立意外损失基金是一种自保行为，即自己为自己保险，通常这种办法用于处理那些可能引起较大损失，但这一损失又无法直接摊入经营成本的风险。

建立意外损失基金的方法不同于将损失直接摊入经营成本。事实上，两种措施有着显著的区别。从风险损失产生的背景来看，前者指损失发生之前的措施，而后者仅指损失发生时或者发生以后将损失摊入成本；从采取措施的性质而言，前者是对风险损失进行补偿的计划措施，而后者是对损失补偿的实施措施。此外，前者往往是在后者无法实施，或者有诸多限制时而进行的预先计划。所以，一般认为，建立意外损失基金（自保）的做法比将损失摊入经营成本更容易，更能解决问题。

建立意外损失基金（即自保）也不同于保险。其一，保险是集合众多同类风险单位分担损失的一种风险处理方法，就其性质而言属风险结合与转移技术，但自保则属企业本身单独承担风险的一种技术；其二，企业参加保险，在事故发生时可随时获得补偿，但自保在基金积累形成之前发生事故则无法获得充分的补偿；其三，企业参加保险，在保险责任终止后其已付保险费不能返还，但自保剩余财产仍属企业自己所有。

意外损失补偿基金的建立既可以采取一次性转移一笔资金的做法，也可以采取定期缴款长期积累的方式。基金的规模取决于企业年净现金流动的情况，即超过成本的收入盈余大小。

关于这两种方式的选用，通常要根据企业的规模、结构来确定。一般地采用一次性转移一笔资金的做法是以企业作为一个整体，根据营销风险识别和衡量的结果，确定一个基本的补偿额，从财务上一次拨出。但如果企业规模较大，结构复杂，比如由若干独立核算的单位所组成的多样化集团、组织、公司，则往往可以采取由各独立核算单位或部门定期缴付分摊损失额，由财务管理部门统一管理、长期积累的方式。通常情况下，采取定期缴付分摊额进行长期积累的方式比一次性转移资金的办法适用性更大。因为一个企业的财务能力总是有限的，即使能转移一笔资金应付一次较大的损失，但由此也会导致企业自身周转资金的减少，影响经营的正常进行，更何况转移一笔资金要受到诸多因素的限制。一般说来，在集团组织中，建立意外损失基金是在每年年初开始时，集团组织向集团内各个独立经济核算的单位或部门收取一定的风险损失分摊额，汇总形成总基金，总基金单独入账，专门管理。每年集团内发生的损失从基金中支出，给予补偿。

对于意外损失基金的管理也必须有一套严格的管理制度，比如如何收取分摊额，又如何补偿损失。一般说来，对损失额的分摊是在集团风险管理人员的统一规划下，对风险损失确定科学的比例标准（如营业额和处于风险中的财产价值以及营销风险的程度，风险管理人员统一测定各部门和单位的风险状况和预期损失额分层次缴纳。也可以提坏账准备金的方式转入营销风险基金中去）。这里要强调的是，从一个集团的整体来说，集中统一地管理补偿基金非常重要，它不仅可以使基金得以保证，统一管理，而且也是集团内部分散风险的一种有效办法。从这个意义上说，采取建立意外损失基金的做法与保险公司建立保险基金有着相同的性质，但它毕竟是自己给自己保险。

建立意外损失基金作为风险自留的一项措施，有以下优点：

1. 节省保险费。由于保险费中含有保险人的营业费用，它包括保险人经营管理费、经纪人和代理人的佣金、保险人合理的预期利润，各项之和即称为附加费用，约占保费 30% ~ 40%，倘若由企业自保即自行提存意外损失准备金，则此等附加费用便可省下来了。

2. 促进企业营销稳定。建立意外损失基金可以增强企业补偿营销风险损失的能力，弥补将损失直接摊入经营成本的不足。当预期损失发生时，企业可以通过预先提存的基金进行补偿，而不影响当期损益。这样，既稳定了企业的营销活动，又稳定了企业的盈余。

3. 基金投资可以获利。对于所积累的意外损失基金，企业可以利用时间差进行投资获利。时间越长积累越多，投资收益越大。

当然,与保险基金一样,自保基金的投资必须遵循一定的原则。

4. 道德风险减少。意外损失基金是企业内部自设,自留自用,利害与共,道德风险因此减少,而且还能促进风险防范。

5. 理赔迅速。企业参加保险,保险事故发生后,保险公司需要进行调查、勘察、定损,如遇争议,还要仲裁、诉讼,因而常常不能迅速得到补偿。然而,如果采用自保,上述理赔程序几乎全可免除。

采用自保方法处理自留的风险,常常受到以下限制:

1. 基金规模的限制。意外损失基金的规模要受到企业年净现金流动情况的限制,即受到超过成本的收入盈余大小的限制,而基金的规模又与风险损失补偿的有效性直接相关,否则,会影响企业经营。这一限制对众多的企业来说是一个不小的障碍。一般来说企业不可能从已经投入生产经营活动的资金中抽取份额来建立意外损失基金,而税后盈余作为建立意外损失基金的基础对某些重大损失的补偿来说力量是不足的。尤其是一些实力不够强的小企业。

2. 可能发生财务调度困难。由于意外损失基金须逐年积累,而且通过积累逐渐壮大,但当基金在积累之初,发生超过其累积基金额的损失时则需要用企业其他的资金来源予以弥补,这样便会造成企业财务调度上的困难。因此,在进行意外损失基金积累的初期往往要购买超过其自身累积额之外的保险,作为必要的稳妥对策。

3. 风险单位数目有限。由于自保方法只对企业自己,即便是跨国集团,其所拥有的风险单位数目仍然是有限的,因而大数法则所需的“大数”总是不能达到,于是风险损失的预测比较困难。所以,采用自保方法的企业应当借用保险公司的一些做法。或者得到他们的帮助。

4. 税法方面的不利。意外损失基金的来源只能是税后利润,而对这些利润的提存方式尽管类似于缴付保险费,但保费却是可以免税的。这就是说企业内部意外损失基金的分摊额提取常常得不到任何税赋的减免。这对企业来说,就受到了很大的限制。

三、借款

有些企业,特别是一些大企业,可能会选择借款作为处理自留风险的手段,即在风险事故发生后,企业通过借贷筹借资金以补偿风险事故所造成的损失。采用这种手段,企业在风险事故发生前不需要有任何的实际支出,既不必缴纳保险费,也不要支付补偿基金的分摊额,而只是在损失形成以后,据实确定损失情况并以借款筹得资金补偿之。所借款项在以后较长的一个时期内均匀分摊,逐步偿还。借款渠道通常有三条:①从集中的基金中借款来补偿某一个分支部门所遭受的意外损失;②从外部取得各种特别贷款;③在损失发生以前筹集各种应急贷款。

1. 内部借款

由于损失形成之前没有事先安排专门的补偿基金,一旦损失出现,只能依靠内部各种基金,以获得必要的和足够的支付款项。通常,一个企业或分支部门遭受损失,可以向本企业或总公司的集中基金求得内部贷款。当然,这种办法本身也是有风险的:①补偿损失所需要的资金额在基金中没有留足;②基金额度是够的,但是当前处于不可流动的状态,要将其用于补偿损失,就得变卖非流动资产,这会引起损失。此外,这些准备被迫用于补偿损失,人们可能会失去某些投资机会。因此,能否获得内部借款,取决于企业其他基金的可调节程度,即有无调拨的可能性和资金力量大小,以及有关的财务管理政策的许可性。

2. 特别贷款

损失发生后,由于无法从内部筹措补偿资金,企业只好向外部借款筹集补偿资金以解燃眉之急,当然,这种方法同样存在较大的风险。事实上,风险事故发生后,企业的资产价值减少,经营状况不稳定,信誉度降低,此时企业处于不利的借款地位,但是对现金的需求却是十分的迫切,于是,所得到的贷款其条件通常是非常苛刻的。而一个损失前信誉就不太佳的企业,此时可能借不到一分钱,不论其答应什么条件。尽管如此,从外部资金来源筹措特别贷款仍不失为一种有效的手段,因为保证营销的正常进行是头等大事。

3. 应急贷款

由于风险事故的突发性和损失的不确定性,对风险损失进行事先计划安排是非常必要的。因此,在风险事故发生前,企业如能与金融机构达成一项应急贷款的协议,那将是一项良好的措施。有了这样的协议,一旦风险事故发生,企业即可获得必要的资金,并按事先商定的条件还款。这样做,企业预先没有实际的支出,并且能将风险分散在较长时间之中。当然,这种协议下的贷款利息必定是比较高的。

显然,以借款来补偿损失的办法并非适合所有的企业。

四、自负额保险

绝大多数企业的营销风险是不可保风险,但也有些营销风险可以投保。营销风险的保险以企业的风险决策为基础,是若干营销风险处理手段的组合或选择的结果。其议决投保程度,即安排部分保险,从本质上说,这是营销风险转移与营销风险自留的结合。这种结合,通常有三种方式:一是不足额保险;二是自负额保险;三是限制损失保险。如图3-1所示。图中阴影部分由保险公司承担,空白部分则由企业自己承担。

图3-1

从图中可以看到,作为处理风险的手段,不足额保险和自负额保险是以保险公司承担风险责任为主,而限制损失保险则以自保即企业自己承担风险责任为主。这里主要讨论自负额保险。

所谓自负额保险,由自负额条款来完成,它要求企业自行先承担一小部分风险损失。采用自负额保险,既可以节省保险费,又可以获得较高的保障,因而企业对此种方法运用较多。自负额保险形式多样,其中最常见的是绝对免赔额和相对免赔额。

五、营销风险管理效果评价

营销风险管理效果评价是指对营销风险处理手段的适用性和效益性进行分析、检查、修正和评估。在前一阶段,选定并执行了最佳风险处理手段之后,风险管理者还应对执行效果进行检查和评价,并不断修正和调整计划。因为随着时间的推移,企业所面临的社会经济环境及自身业务活动的条件都会发生变化，这会导致原有营销风险因素的变化，也会产生新的营销风险因素。因此，必须定期评价营销风险处理效果，修正营销风险处理方案，以适应新的情况并努力达到最佳的管理效果。

在一定时期内，营销风险处理方案是否为最佳，其效果如何，需要有科学的方法来评估。看营销风险管理效益的高低，主要看其能否以最小的成本取得最大的安全保障，而成本的大小则是为采取某项营销风险处理方案所支付的费用及其机会成本，而保障程度的高低则要看由于采取了该项方案而减少的风险损失（包括直接损失和间接损失）。如果营销风险管理收益大于或等于营销风险管理成本，则采取的营销风险管理是合理的，如果收益小于成本则不够合理，应及时修正方案。

1. 营销风险管理的收益

营销风险管理的收益即为事故成本，事故成本越大，风险管理的收益越大，事故成本越小，风险管理的收益越小。

事故成本不同行业有所不同，营销风险的类型不同，其事故成本也不同。如因产品质量问题使客户企业发生停产事故的营销风险。除了要有直接的更换合格产品或维修产品的损失外，还包括赔偿客户停产所造成的损失成本，公司有关人员前去处理质量问题的差旅费，甚至合同纠纷的诉讼费等成本，影响该客户继续购买使用本公司产品带来的损失成本、影响其它客户购买使用本公司产品带来的损失成本，为消除不良影响而所付出的宣传公关费用成本，由于事故使营销人员或生产、质量有关人员产生内部埋怨从而产生的士气过激或低落而发生的成本等。

2. 营销风险管理成本

营销风险管理成本是指布置和维持营销风险管理措施实施而需要支出的费用或代价。一般包括三类：

(1)直接用于营销风险管理的费用支出，如投保的保费、借款的利息、控制的费用等。

(2)从事营销风险管理的人员活动支出，如差旅费、调研费等。

(3)因采取营销风险管理而带来的机会损失，即机会成本。

3. 收益成本分析

收益成本分析是评价营销风险管理效果的主要评价方式，一般用效益比值来衡量。对此，我们记

$$\text{效益比值}=\frac{\begin{array}{c}\text{因采取该项风险处理}\\\text{方案而减少的营销风险损失}\end{array}}{\begin{array}{c}\text{因采取该项营销风险处理}\\\text{方案所支付的各种费用}\end{array}+\begin{array}{c}\text{机会}\\\text{成本}\end{array}}$$

容易看出，若效益比值小于1，则该项营销风险处理方案不可取；若效益比值大于1，则该项营销风险处理方案可取。从经济效益看，使得此效益比值达到最大的营销风险处理方案为最佳方案。

第四章 营销风险预警监视

通过风险识别和衡量,发现了企业营销活动存在的风险因素,并对损失发生的概率和损失幅度加以估计与预测。然后,风险管理者就应寻找和确定有效的控制和处理这些风险的管理技术,对风险进行跟踪评价、监视和预警,以最小的成本和最有效的方法,达到减少事故频率和损失幅度的目的,为最终的风险决策提供手段。实际上营销风险的评价、监视报告、预警分析是相互紧密结合的,是一个问题的不同方面,都将影响营销风险管理的效果。

第一节 营销风险评价

一、营销风险等级评价

在营销风险管理中,可以使用风险等级来衡量风险水平,并通过风险等级降低程度来评价风险管理效果。即在管理方案实施前,对营销风险等级进行评价,并根据风险等级采取分别的风险管理措施,营销风险管理措施实施后,再进行营销风险的等级评价,如果风险等级降低,则说明管理有效,如果风险管理等级没有降低,则说明营销风险管理没有效果。但如何衡量其效果大小,则可以通过等级的分数或图形来判断。需要说明的是营销风险评价具有风险预警的功能,因为通过风险评价,发现风险较高,必然要预警报告。

1. 营销风险等级评价的概念

营销风险等级评价又称营销安全等级评价，是指在营销风险识别和估计的基础上，综合考虑营销风险发生的概率、损失幅度以及其他因素，得出营销活动发生营销风险的可能性及其程度，并与制定的安全标准进行比较，确定企业的营销风险等级，由此决定是否需要采取控制措施，以及控制到什么程度并作为风险管理效果评价的依据。

营销风险识别是风险评价的基础，只有在充分揭示营销所面临的各种风险和风险因素的前提下，才可能作出较为精确的评价。企业在营销活动过程中，原来的风险因素可能会发生变化，同时又可能出现新的营销风险因素，因此，营销风险识别必须对企业进行跟踪，以便及时了解企业在运行过程中风险和风险因素变化的情况。

安全指标是通过对大量损失资料的分析，承认损失事故的发生是不可完全避免的前提下，从当前的科学技术水平、社会经济情况、营销环境情况以及人们的心理等因素出发，确定一个整个社会都能接受的最低风险界限，作为衡量企业营销风险严重程度的标准。运用安全指标对营销活动进行衡量是营销风险评价的关键，根据衡量的结果以确定是否要采取控制措施，以及控制到什么程度。若估计出的损失发生概率和损失严重程度大于安全指标，说明企业较危险，应采取控制措施，消除风险因素或降低其危害程度；若实际估计的结果远远大于安全指标，企业必须采取紧急控制措施，否则损失发生难以避免；若估计的结果小于安全指标，虽然存在一定的风险，但人们能够接受，从这一意义上讲，可以认为企业是比较安全的,无须或暂时可不采取控制措施。如图 4-1 所示。

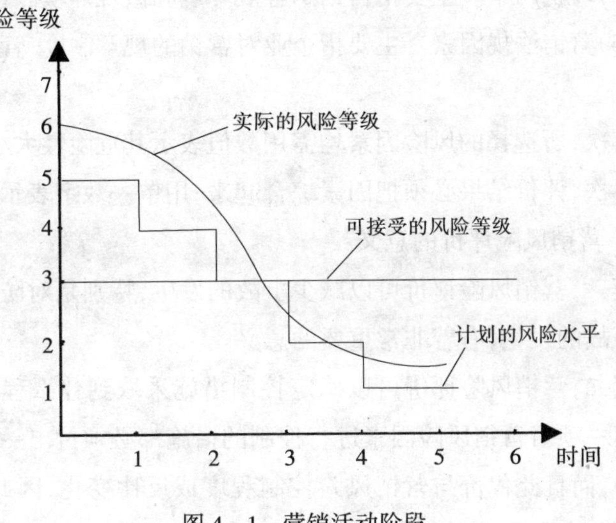

图 4-1　营销活动阶段

2. 营销风险评价要求

首先,对营销风险因素必须全面考虑,如何对营销人员、客户、商品、营销环境、营销法规等方面的风险都进行评价。人、客、物、环、法称为营销风险评价的五个基本要素:

(1)营销人员的因素。主要指取决于营销人员的素质和心理状态的因素,即错误判断、违规作业、营销不努力、有走访恐惧症、不专心等。

(2)客户因素。主要指客户性质、客户使用的规模、客户与本企业的关系及与竞争对手的关系,客户的资信状况与客户负责人及业务员的关系等。

(3)商品的因素。主要有商品的品种是否适销对路、商品的质量、品牌、商品的价格、商品对客户的作用、商品在市场中的地位等。

(4)环境因素。主要指营销的客观环境和微观环境因素。

(5)营销法规因素。主要指企业对营销的规章制度、管理水平等。

其次,所选择的风险因素均需用数值表示其危险性大小。

再次,评价结果必须把因素综合起来,用单一数字表示。

3. 营销风险评价的意义

其一,营销风险评价可以减少事故的发生,特别是对防止重大恶性事故的发生,有着非常重要的意义。

其二,营销风险评价可以确定控制措施采取到什么程度。因为任何一项对营销风险因素进行控制的措施都必须付出一定的经济代价,而且此代价与营销风险控制程度成反比变化,因此,从经济成本角度来考虑,就存在一个将营销风险控制到何种程度的问题。通过营销风险评价,使我们可以把握好这个度。

其三,营销风险评价是衡量营销风险管理效果的基础,通过营销风险的评价,可以看出营销风险管理的效果。

二、营销风险评价方法

1. 营销风险定性评价法

营销风险定性评价法是指通过观察和分析,借助于经验和判断能力进行评价的方法。适用于对象不特别重要,或者事故发生后不会产生严重后果的情况。定性评价不需要统计资料和复杂的计算,因而计算及操作简单,成本低。由于运用系统工程方法,可以按次序揭示系统、子系统存在的所有风险因素,同时还可以将营销风险的因素根据重要程度进行分类,以便营销风险管理者按轻重缓急采取适当的控制措施。

营销风险定性评价方法有很多,如营销风险识别和营销风险估计方法中介绍的风险表格与问卷识别法、事故树分析法等,进行一定的技术处理均可用来进行定性分析。在这里介绍一种简单的定性评价法——等级评价法的基本思路。

等级评价法是从企业营销特点出发,根据企业过去的经验和对现状的分析判断,将人、客、物、环、法五个基本要素列出全面的检查项目,并将每一检查项目分成优、良、中、劣四等。对于评价结果为中、劣的项目,就应迅速采取相应的措施加以控制。

表 4-1　营销风险等级评价表

营销活动因素	检查项目	劣	中	良	优
营销人员					
客户情况					
商品情况					
营销环境					
营销规章制度					

2. 营销风险的定量评价法

在营销风险定性评价的基础上,对风险较大的营销活动还应进行定量评价,以便能够更准确可靠地进行风险管理。其中可靠性营销风险评价法是一种使用相对简便的方法。

可靠性营销风险评价法是营销风险定量评价方法的一种,它以过去损失资料为依据,运用数学方法建立数学模型来进行评价。其评价的目的基本步骤是:先计算风险率,然后把风险率与安全指标相比较,若风险率大于安全指标,则表明企业或项目处于风险状态,需要采取控制措施;若风险率小于安全指标,则认为企业或项目较安全,没有必要或暂时没有必要采取控制措施。

风险率是衡量风险大小的尺度，计算公式如下：

风险率 = 风险发生的概率 × 一次风险事故的平均损失

概率风险评价法定义的风险率为：

$$R = q \times s$$

其中：R —— 风险率；

q —— 在一定时间内损失发生的概率；

s —— 损失严重程度，平均一次事故所造成的损失。

风险发生的概率和平均损失金额可以用营销风险衡量中介绍的方法进行计算。安全指标被认为是能满足安全的需要的最低风险率，营销安全指标通常由企业制定，而对于财产安全指标一般有国家或政府部门制定。

有些新技术、新产品或营销新客户、新业务，由于它们存在的时间较短，没有或很少有损失资料，对于这类风险进行评价只有在根据相关资料研究和判断的基础上，从理论上建立各种可能出现的事故模型，用概率统计的方法来评价各种可能出现的事故概率与程度。

第二节　营销风险综合评价

一、评价指标体系的确立

对营销风险评价可采用多因素层次分析法（Analytic Hierarclly），对营销风险因素指标进行分层研究。如可分为目标市场、评价要素指标和具体评价指标等层次。并且要将主观指标和客观指标相结合进行评价。评价指标体系是进行营销风险识别、衡量和预警控制的前提。在选择评价指标时应注意以下几点：

一是科学性原则。指标体系的设置应符合企业营销风险管理的目标,能够全面真实地反映机制运行的效果以及存在的问题。

二是可比性原则。指标体系的设置要有可比性,才能反映出各项指标对风险的相关度,并据此有针对性地控制各种风险。

三是综合性原则。由于影响营销的环境因素太多且复杂,一个成因影响营销的许多方面,一个营销问题又由几个因素导致,而且环境因素交互影响、交互作用。因此,评价要客观全面地反映营销风险问题,就必须综合化。

四是定性和定量指标相结合。有些指标不能用准确的数据来描述和表达,或有些指标数据难以获得,但对营销风险评价非常重要,因而,也必须选择。

在确定的评价指标中,主要分为客观定量指标和主观定性指标。对于客观定量指标可以通过精确值测量进行评价(Acurate),而对于主观定性指标则要通过模糊评价(Fuzzy)来进行。

根据上述原则我们以企业外部营销风险为例,按照市场风险、顾客风险、供应风险、对手风险四大指标,选择了如下 24 个子因素指标构成了一个评价指标体系。

表 4-2 评价指标体系

<table>
<tr><th>风险种类</th><th>指标种类</th><th>指　　标</th><th>权重%</th></tr>
<tr><td rowspan="8">市场风险 C_1</td><td rowspan="3">定量测量指标</td><td>X_1 销售增长率</td><td>5</td></tr>
<tr><td>X_2 产品销售率</td><td>5</td></tr>
<tr><td>X_3 销售利润率</td><td>5</td></tr>
<tr><td rowspan="5">模糊评价指标</td><td>X_4 市场占有率</td><td>5</td></tr>
<tr><td>X_5 销售费用水平</td><td>4</td></tr>
<tr><td>X_6 行业进入难易度</td><td>4</td></tr>
<tr><td>X_7 产品生命周期</td><td>4</td></tr>
<tr><td>X_8 竞争集中程度</td><td>3</td></tr>
</table>

顾客风险 C_2	定量测量指标	X_9 合同履约率	6
		X_{10} 顾客投诉率	5
		X_{11} 赊销率	10
		X_{12} 应收账款周转率	6
		X_{13} 新顾客增长率	5
	模糊评价指标	X_{14} 价格敏感度	4
		X_{15} 顾客忠诚度	4
供应风险 C_3	定量测量指标	X_{16} 合同履约率	2
		X_{17} 采购合格率	2
		X_{18} 结算风险率	3
	模糊评价指标	X_{19} 误导计划率	2
		X_{20} 价格增长率	1
对手风险 C_4	定量测量指标	X_{21} 资产负债率	3
		X_{22} 流动比率	3
	模糊评价指标	X_{23} 市场占有率	5
		X_{24} 企业知名度	4

二、FA 综合评价

FA 综合评价就是根据评价指标体系所设置的指标，分定量测评和模糊评价两类指标分别进行评价。其步骤如下：

1. 确定模糊评价指标集

$$X=(X_1, X_2, \cdots\cdots, X_n)$$

这里 $X=(X_4, X_5, X_6, X_7, X_8, X_{14}, X_{15}, X_{19}, X_{20}, X_{23}, X_{24})$

2. 确定评价集

$$V=(V_1, V_2, \cdots\cdots, V_m)$$

评语集可采用等级评价，这里采用五等级评价，即很好/V_1，好/V_2，一般/V_3，差/V_4，很差/V_5。

V =（很好，好，一般，差，很差）

3. 确定隶属度集

$$U=(U_1, U_2\cdots\cdots, U_m)$$

即对评语集赋值。可以选 100 分制，对评语分别赋值为：很好

100,好 80,一般 60,差 30,很差 0。

$$U=(100,80,60,30,0)$$

4. 确定各指标权重集

$$A=(a_1,a_2,\cdots\cdots,a_n)$$

如何确定权重,在企业确立评价体系时应成立一个权重专家组,对各项指标进行权衡确定。企业应结合自己营销管理的重点和薄弱环节,对容易出现风险的指标给予侧重考虑。同时随着企业营销风险管理水平的改善和营销环境的变化,这一权重体系应作适当的调整。下面是我们为某企业进行评价时确定的权重。在风险评价时,若设:

模糊评价指标权重集 $A_f=(a_1,a_2,\cdots\cdots,a_f)$

精确值评价指标权重集 $A_d=(a_1,a_2,\cdots\cdots,a_d)$

显然有:

$$\sum_{i=1}^{f}a_i+\sum_{i=1}^{d}a_i=1$$

由表 4－2 可以得出如下两个权重集合:

$A_f=(0.05,0.04,0.04,0.04,0.03,0.04,0.04,0.02,0.01,0.05,0.04)$

$A_d=(0.05,0.05,0.05,0.06,0.05,0.10,0.06,0.05,0.02,0.02,0.03,0.03,0.03)$

5. 计算隶属度矩阵

评价组对模糊评价指标进行综合考虑,然后对各指标进行模糊评价。即对各指标进行隶属度的确定。表 4－3 是对某企业营销风险的模糊评价结果。

表 4-3 模糊评价表

评价指标 \ 评语分值 \ 评语	很好	好	一般	差	很差
	100	80	60	30	0
X_4	0.1	0.5	0.3	0.1	0
X_5	0	0.3	0.6	0.1	0
X_6	0.3	0.4	0.1	0.1	0.1
X_7	0	0.2	0.2	0.4	0.2
X_8	0.1	0.3	0.4	0.2	0
X_{14}	0.2	0.2	0.2	0.2	0.2
X_{15}	0.1	0.4	0.2	0.2	0.1
X_{19}	0.6	0.3	0.1	0	0
X_{20}	0	0	0.2	0.3	0.5
X_{23}	0.2	0.1	0.4	0.2	0.1
X_{24}	0.1	0.1	0.6	0.1	0.1

$$\underset{\sim}{R}=\left|\begin{matrix} 0.1 & 0.5 & 0.3 & 0.1 & 0 \\ 0 & 0.3 & 0.6 & 0.1 & 0 \\ 0.3 & 0.4 & 0.1 & 0.1 & 0.1 \\ 0 & 0.2 & 0.2 & 0.4 & 0.2 \\ 0.1 & 0.3 & 0.4 & 0.2 & 0 \\ 0.2 & 0.2 & 0.2 & 0.2 & 0.2 \\ 0.1 & 0.4 & 0.2 & 0.1 & 0.1 \\ 0.6 & 0.3 & 0.1 & 0 & 0 \\ 0 & 0 & 0.2 & 0.3 & 0.5 \\ 0.2 & 0.1 & 0.4 & 0.2 & 0.1 \\ 0.1 & 0.1 & 0.6 & 0.1 & 0.1 \end{matrix}\right|$$

6. 计算综合隶属度矩阵

综合隶属度矩阵 $G=\underset{\sim}{R}\times U$

$$G=\begin{vmatrix} R_{11} & R_{12}\cdots & R_{1m} \\ R_{21} & R_{22}\cdots & R_{2m} \\ \cdot & \cdot & \cdot \\ \cdot & \cdot & \cdot \\ \cdot & & \cdot \\ R_{n1} & R_{n2}\cdots & R_{nm} \end{vmatrix} \times \begin{vmatrix} U_1 \\ U_2 \\ \cdot \\ \cdot \\ \cdot \\ U_m \end{vmatrix} = \begin{vmatrix} G_1 \\ G_2 \\ \cdot \\ \cdot \\ \cdot \\ G_m \end{vmatrix}$$

式中 G_i 的计算式为 $G_i = \sum_{j=1}^{m} R_{ij} \times U_j$

代入评价数据有：

$$G=\begin{vmatrix} 0.1 & 0.5 & 0.3 & 0.1 & 0 \\ 0 & 0.3 & 0.6 & 0.1 & 0 \\ 0.3 & 0.4 & 0.1 & 0.1 & 0.1 \\ 0 & 0.2 & 0.2 & 0.4 & 0.2 \\ 0.1 & 0.3 & 0.4 & 0.2 & 0 \\ 0.2 & 0.2 & 0.2 & 0.2 & 0.2 \\ 0.1 & 0.4 & 0.2 & 0.2 & 0.1 \\ 0.6 & 0.3 & 0.1 & 0 & 0 \\ 0 & 0 & 0.2 & 0.3 & 0.5 \\ 0.2 & 0.1 & 0.4 & 0.2 & 0.1 \\ 0.1 & 0.1 & 0.6 & 0.1 & 0.1 \end{vmatrix} \times \begin{vmatrix} 100 \\ 80 \\ 60 \\ 30 \\ 0 \end{vmatrix} = \begin{vmatrix} 71 \\ 63 \\ 71 \\ 40 \\ 64 \\ 54 \\ 60 \\ 90 \\ 21 \\ 58 \\ 57 \end{vmatrix}$$

为保证评价结果的科学性，应对每位评价者的评价值进行识别，以剔除个人“偏爱”所带来的影响。识别方法按第三部分所述方法进行。

7. 计算精确值百分率

若可精确测评的评价指标有 d 项，则精确值百分率集合：

$$g = (g_1, g_2, \cdots, g_d)$$

精确值测评主要是将实际值与标准值比较，并根据评价需要和行业特点规定计分办法。如表 4-4 所示，是我们根据某企业营销实际精确评价。值得注意的是这些指标有些是正指标，即越大越好的指标；有些是负指标，即越小越好的指标。尤其是对手风险这几个指标，对于竞争对手越好的指标，对评价企业来说风险越大。为计算方便可规定测评分值在 0-100 分之间，并按如下 A、B 两个公式计算。

正指标计算公式 A：　$Y = 100 - (P - X) \times \alpha$

逆指标计算公式 B：　$Y = 100 - (X - P) \times \alpha$

式中：Y 代表测评得分，X 代表实际值，P 代表标准值，α 代表实际值每增减 1，得分增减值。

表 4-4　精确值测评表

指标	实际值	标准值	计算办法	得分
X_1	10	20	公式 A，$\alpha = 5$	50
X_2	98	100	公式 A，$\alpha = 5$	90
X_3	8	10	公式 A，$\alpha = 10$	80
X_9	80	100	公式 B，$\alpha = 2$	60
X_{10}	2	0	公式 B，$\alpha = 20$	60
X_{11}	10	0	公式 B，$\alpha = 5$	50
X_{12}	90	100	公式 A，$\alpha = 4$	60
X_{13}	10	20	公式 A，$\alpha = 5$	50
X_{16}	70	100	公式 A，$\alpha = 2$	40
X_{17}	98	100	公式 A，$\alpha = 20$	60
X_{18}	1	0	公式 B，$\alpha = 20$	80
X_{21}	50	80	公式 A，$\alpha = 2$	40
X_{22}	100	30	公式 B，$\alpha = 1$	30

由表 4－4 得到精确值百分率集合

$$g=(50,90,80,60,60,50,60,50,40,60,80,40,30)$$

8. 将精确值百分率集合转置后与隶属度集合合并得到综合隶属度集合 D。

$$D=[G,g^T] \qquad g^T \text{ 表示 } g \text{ 的转置}$$

9. 计算评价指标的总得分

$$W=[A_f,A_d]\times[G,g^T]$$

代入实际值得

$$W=59.38 \quad (\text{计算步骤略})$$

三、样本识别

在实际的模糊评价过程中,尽管评价组客观公正,但仍不可避免有个人“偏爱”。为了降低“偏爱”的干扰,必须对评价样本进行识别,以剔除评价后的极端意见。由于评价体系多层次性的作用,使得“偏爱”干扰分布在对每一项指标的评价当中,而不是简单地落在评价结果的最高或最低分上。为此,应采用样本识别技术进行处理。其步骤如下:

1. 计算中心值向量

设有 M 名评价人员参加评价,指标为 N 项,则评价人员在多项指标上所给出的评价结果的平均值向量可表示为:

$$\bar{X}=(\bar{X}_1,\bar{X}_2,\cdots,\bar{X}_n)$$

其中:

$$\bar{X}=\frac{\sum_{k=1}^{m}X_{ki}}{m}$$

X_{ki} 为第 k 位评价者对第 I 项指标所给的评价值。

假定：$X=[70,65,75,40,65,50,60,90,20,60,60]$

2. 计算每位评价者在各项指标上所给结果向量与中心值向量的距离。

$$D_{AK} = \sum_{i=1}^{n} A_i \cdot |\bar{X}_i - X_{ki}|$$

式中：A_i 为第 I 项指标的权重值。

假设某位评价者对这 11 个指标所给结果向量为：

$$X_k=[71,63,71,40,64,54,60,90,21,58,57]$$

代入公式：

$$D_{AK} = \sum_{i=1}^{n} A_i \cdot |\bar{X}_i - X_{ki}| \qquad \text{后得}$$

$$D_{AK}=0.71$$

3. 设定极端意见的边界值

设定极端意见的边界值为 2，则该测评者的评价结果与中心值向量的距离小于边界值，是有效的，由此逐一识别。根据评价结果值 59.38，可以确定该企业的营销风险等级。

四、营销风险预警与控制

我们事先将营销风险确定为五种状态或五个等级。即一级 80－100 分，为优良状态；二级 60－80 分，为正常状态；三级 40－60 分，为轻微风险状态；四级 20－40 分，为高度风险状态；五级 0－20 分，为危急风险状态。

应根据每种风险特征，制定出相应标准，并根据企业承受营销风险的能力及企业营销风险管理水平，采取相应的预警控制措施。

一级风险为优良状态。企业营销运行良好，没有风险迹象，可以放心经营。但要注意营销环境的变化，防止出现突发性风险。

二级风险为正常状态。企业营销运行正常，基本没有风险，应大胆经营。但要警惕潜在风险和突发性风险的发生。

三级风险为轻微风险状态。是损失较小，后果不甚明显，对营销主体的营销活动不构成重要影响的各类风险。这种风险一般情况下无碍大局，仅对营销主体形成局部和微小的伤害。对这类风险应采取必要的措施加强控制，消除风险或控制风险不要扩大。

四级风险为较重风险状态。是损失较重，后果明显但不构成致命性威胁的营销风险。这类营销风险的直接后果使营销主体遭受一定损失，并对其营销管理某些方面带来较大的不利影响或留有一定后遗症。对这类营销风险必须采取预防措施并加强控制，切实控制风险的扩大并尽力消除一些风险因素，降低风险损失。

五级风险是危急风险状态。这种营销风险也称为致命性营销风险，风险一旦发生，损失较大，后果较为严重，往往会威胁营销主体的生存，使企业一时难以恢复或直接导致破产。对这类营销风险一旦发现征兆，必须立即预警并采取果断措施加以控制和处理，降低风险等级，回避恶性损失。

我们从综合评价得到结果，即可对应看出风险等级，并根据不同的风险等级发出不同程度的报警。如利用计算机管理，预警报告可以采取“亮灯”的方式。当对应的风险状态为一级风险时，亮“双绿灯”，当对应二级风险时，亮“绿灯”，对应三级风险时，亮“黄灯”，对应四级风险时，亮“红灯”，对应五级风险时，亮“双红灯”。

亮灯的目的在于警示风险管理决策者及时调整策略,以减少损失或危机发生的可能性,增强企业营销抵抗风险的能力。如本文中某企业的营销风险评价分值为59.38分,对应三级风险即轻微营销风险状态,亮“黄灯”,以警告营销风险管理者加强注意,采取必要的措施,防止风险的发生和扩大。

在营销风险的评价和报警之后,就要根据不同的报警,研究制定和实施不同的营销风险预防措施,或调整原有的营销风险管理预防措施,对企业营销风险进行全面的、系统的、预防性的管理和跟踪,使企业避免和减少风险损失,达到营销风险管理的效果,从而使企业得到长期稳定的发展。同时还可以通过动态的营销风险等级评价,观察营销风险等级的变化,从而考核营销风险管理的效果,并根据管理效果及时调整营销风险管理策略。

第三节　营销风险预警

为了说明营销风险预警的必要性,让我们先举个例子。

众所周知,癌乃是一种不治之症。不过,由于近年来医学和药学的进步与发展,已经能够在患病早期发现;并且,更重要的是,如果能早期发现,治愈率也高。但是,倘若到了晚期再去诊治,便没有什么希望了。因此,适时地定期检查是十分必要的。

对于企业营销来说,情况也是这样,如果能早期发现不测事态的征兆,便有可能减少甚至避免损失。因此,建立营销风险“预警系统”是非常必要的。

引起营销风险的因素很复杂,有些因素具有很强的隐蔽性,而且经常变化,经过严格的风险防范,虽然可以大大降低营销风险发生的可能性,但也不能保证营销业务开展过程中不发生营销风险。为了更好地防范营销风险,在进行营销风险控制与处理的同时,还应建立营销风险预警机制,及时发现风险发生的征兆并采取有效措施避免风险发生或有效控制风险。

营销风险预警机制包括三个方面的内容:一是保证营销风险发生征兆能够及时发现的机制;二是发现营销风险发生征兆后发出警示以采取防范措施的机制;三是保证前两种机制有效运行的信息支持系统。这将通过营销风险监视、预警、报告和信息系统来综合实现。本节着重介绍营销风险征兆的发现和抑制,警示和支持在后面分别单独介绍。

营销风险预警系统有两大支柱:先行指标和临界点。先行指标是预先发现不测事态发生征兆的指标;临界点乃是一触即发的时点。二者结合起来,便构成了警报。

一、营销风险预警先行指标

在营销风险预警系统所制定的指标和临界点有其自身的特点。一般从大的方面应考虑宏观因素,从企业本身考虑微观因素。

1. 宏观因素指标

从宏观方面考虑营销风险预警,应考虑如下几个因素。

(1)宏观经济政策调整。凡在调整范围内的都应重视。

(2)物价上涨。物价上涨幅度超过年利率。

(3)石油、煤炭、电力、交通、农产品等基础产业产品价格的大幅变动。

(4)外汇市场。在外汇市场上,期货交易出现价格猛扬或狂泻。

(5)产品销价骤降。平均销售价格连续数月下跌,已经达到某个危险的百分比。

(6)需求骤减。对于现有生产能力,预计的需求量骤减至某个临界数量。

(7)竞争关系。受到竞争对手的新产品的威胁;或者对方以低价倾销来抢占市场。

2. 微观因素指标

从微观方面考虑,一般应考虑竞争对手、顾客、中间商、企业自身因素、供应商、社会公众等因素,具体指标可参考上节表4-2中的一些指标。

在实际营销中,企业应该根据自身的实际情况和过去的经验,制定自己的先行指标和临界点。

二、捕捉营销危机先兆

这是一种预警行为。对于自己风险的预警,不是一种经济行为。这里只讨论对于纯经营风险的预警。

我们先来考察一下一种产品的危机征兆。如果一个企业生产多种产品,那就是先考察其中的一种产品。一般可采用以下几种方法。

1.DCCS图法

这是一种很直观的方法。D为DOG(狗),代表危机产品;第一个C是CAT(猫),代表风险产品;第二个C是COW(奶牛),代表赚钱产品;S是STAR(明星),代表优势产品。一般以横轴表示销售增长率,界点为10%;以纵轴表示市场占有率;界点为1.5%(见图4-2)。

如果某种产品的市场占有率为1.2%,销售增长率为15%,恰好落在猫区,那么,这种产品的生产是有风险的。

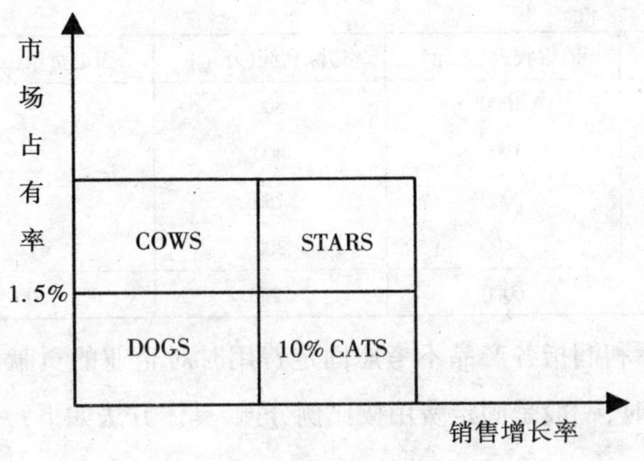

图 4－2

有人指出，图 4－2 过分重视销售，“增销不增收”的问题被掩盖了，因此又提出了一种新的 DCCS 图：横轴为利润额，界点是平均利润；纵轴为销售额，界点为平均销售额（见图 4－3）。

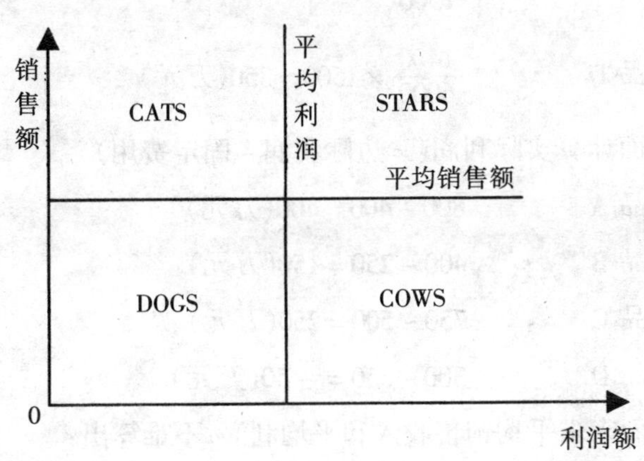

图 4－3

下面是一个例子：

假定某企业共生产 4 种产品，其具体数据如表 4－5：

表 4－5

产品	销售收入(万元)	边际利润(万元)	固定费用(万元)
A	1600	800	
B	1000	400	
C	2000	750	
D	1400	300	
	6000	2250	1500

这里,边际利润指各产品不考虑固定费用时对企业的贡献。计算实际利润时,一般是固定费用按比例分摊,具体方法如下:

产品 A $\frac{1600}{6000} \times 1500 = 400$(万元)

产品 B $\frac{1000}{6000} \times 1500 = 250$(万元)

产品 C $\frac{2000}{1500} \times 1500 = 500$(万元)

产品 D $\frac{1400}{6000} \times 1500 = 350$(万元)

下面计算实际利润(＝边际利润－固定费用)

产品 A $800 - 400 = 400$(万元)

产品 B $400 - 250 = 150$(万元)

产品 C $750 - 500 = 250$(万元)

产品 D $300 - 350 = -50$(万元)

下面来求平均销售收入和平均利润,不难算出:

平均销售收入＝1500(万元)

平均利润＝187.5(万元)

把 A、B、C、D 四种产品的数描到 DCCS 图中,就会发现,A、C

在明星区,B 在狗区的边缘,而 D 则已经进入狗区的负方向中了。按照“杀狗、养猫、挤奶、向明星”的原则,这时应该考虑对 D 产品停产。不过,此时的 D,尚属微亏产品,还必须考虑它所承担的 350 万元的固定费用。如果将 D 停产,这 350 万元的固定费用摊到其他三种产品中去,企业的利润就会由 750 万元下降到 450 万元。而该企业的经营状况并不算好,成本利润率只有 14.3%。对于这种不景气的企业,保留少利或微亏产品,往往是保证生产能继续进行的必要手段,但同时也是难以摆脱的绊脚石。

2. 损益分界点法

这是在国外应用更为广泛的一种方法。设以 S 表示销售总额(无论有几种产品),F 表示固定成本总额,V 表示变动成本总额,那么,保本点(即损益分界点)可按如下公式求得:

$$S_0 = \frac{F}{1 - \frac{V}{S}}$$

例如,某企业此刻总销售额为 920 万元,固定成本 250 万元,变动成本为 380 万元,试求其保本点。按公式

$$S_0 = \frac{250}{1 - \frac{380}{920}} = 424 \text{ 万元}$$

可以说,该企业此刻经营得极为成功。损益临界分析一般以图见长,本例可作图分析如下(见图 4－4):一般用安全边际额 S 与安全边际率 dS 来衡量经营情况。

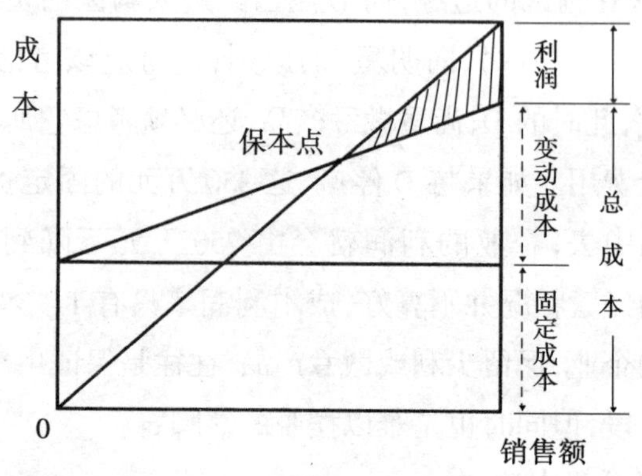

图 4－4

$$S^{*}=S-S_{0}$$

$$dS=(1-\frac{S_{0}}{S})\times100\%$$

S^{*} 和 dS，>0 时安全，=0 时是危机临界信号，<0 时陷入危境。

按本例

$$S^{*}=920-424=496(\text{万元})$$

这说明，即使销售收入减少 496 万元，仍可保本。

$$dS=(1-\frac{424}{920})\times100\%=54\%$$

这说明，销售额即使下降 54%，也可保本。

但是，一旦降到保本点，就盲从进入应付危机的紧急状态了。

$\hat{S}$ 为保本点比率，

$$\hat{S}=\frac{S_{0}}{S}\times100\%=dS-1$$

显然，dS 越大越好，$\hat{S}$ 越小越好。日本的一些企业据此划分了如表

4－6所列的五种经营类型：

表4－6

	Ⅰ	Ⅱ	Ⅲ	Ⅳ	Ⅴ
dS $\hat{S}$	40%以上 60%以下	24－40% 60－80%	15－24% 80－85%	10－15% 85－90%	10%以下 90%以上
评价	很好	好	一般	较差	很差

第Ⅴ种类型以外的企业，面临的便是生存问题了。

3.“五率”衡量法

在企业经营中，财务危机是最基本的危机。因此，一般可采用财务“五率”考察企业财务的稳定性。

$$(1)流动率=\frac{流动资产}{流动负债}\times 100$$

其理想值，欧美为200，日本为150。大于理想值，则企业经营缺乏活力；小于理想值，则不稳定。

$$(2)速动率=\frac{速动资产}{流动负债}\times 100$$

速动率亦称酸性比率，理想值为100。速动资产＝现金以及存款、以及赊销货款、收款票证、有价证券、未收款等即将现金化的资产。

$$(3)固定率=\frac{固定资产}{自有资产}\times 100$$

理想值是越小越好，最起码应小于100。

$$(4)固定长期适合率=\frac{固定资产}{自有资产+固定负债}\times 100$$

目标也是小于100。

$$(5)自有资本率 = \frac{自有资产}{总资本} \times 100$$

理想值为60,大于此则活力不足,小于此则不稳定。

以上五率,各行业的理想值一般是不同的。日本曾对不同行业作过统计,取其平均数为标准值,具体如下:

表4-7

	制造业	金属制品业
流动率	150.4	155.0
速动率	111.0	120.3
固定率	135.5	143.1
固定长期适合率	74.3	76.3
自有资本率	31.8	31.9

日本这两个行业的自有资本率是够低的了,其他国家的企业即使是同行业者,亦不可仿效。

考察企业财务状况,还常采用以下指标:销售利润率、经营债务倍率、金融借款倍率、现金结转率、票据支付率等。

第四节　营销风险监视与报告

一、营销风险监视

营销风险监视是营销活动过程中的一项重要工作。监视营销风险实际是监视营销活动的进展和营销环境的变化。其目的是,核对这些策略和措施的实际效果是否与预见的相同;寻找机会改善和细化风险规避计划;获取反馈信息,以便将来的决策更符合实际。对那些新出现的以及预先制定的策略或措施不见效或性质随着时间的推延而发生变化的风险进行控制。营销活动进展的评价要反复不断地进行。

不管预先计划好的策略和措施是否付诸实施,营销风险监视都一日不可或缺。如果发现已做出的决策是错误的,就一定要尽早承认,立即采取纠正行动。如果决策正确,但是结果却不好,这时不要惊慌,不要过早地改变正确的决策。频繁地改变主意,不仅会减少应急用的后备资源,而且还会大大增加营销以后阶段风险事件发生的可能性,加重不利后果。

监视营销风险之所以非常必要,是因为时间的影响是很难预计的。一般说来,营销风险的不确定性随着时间的推移而减小。随着营销活动的进展,有关营销风险本来性质的信息、资料会越来越多。营销风险存在的基本原因,是由于缺少信息和资料或缺少控制呢,还是由于缺少时间?所有这些都会变得越来越清楚。如果原来的营销风险识别、估计和评价做得正确,则原来的营销风险将量化得越来越准。

监视营销风险现在还没有一套公认的、单独的技术可供使用。可以把营销风险其他方面管理以及风险估计和风险评价使用过的一些技术拿来使用。例如,关键路线法、跟踪排查法等。营销风险监视技术可分两大类:一类用于监视与产品有关的风险,另一类用于监视与营销过程有关的风险。这里着重介绍几种常用的营销风险监视技术都属于过程风险监视技术。

1. 审核检查法

这种方法人们十分熟悉。监视营销风险首先应想到这个传统方法。该法可用于营销活动的全过程,从营销活动开始,直到结束。

营销合同书、客户资信、产品或服务的技术规格要求、营销策略等都需要审核。审核时要查出错误、疏漏、不准确、前后矛盾、不一致之处。审核还会发现以前或他人未注意或未想到的地方和问题。

审核多在营销活动进展到一定阶段时以开会的形式进行。审核会议要有明确的目标、提的问题要具体,要请各方面的人员参加。参加者不要审核自己负责的那部分工作。审核结束后,要把发现的问题及时交代给原来负责的人员,让他们马上采取行动,予以解决。问题解决后要签字验收。

检查是在营销实施过程中进行,而不是在营销活动告一段落时进行。检查是为了把各方面来的反馈意见立刻通知有关人员,一般以已完成的工作成果为对象,包括合同履行情况、促销情况、市场拓展情况、商品情况、价格情况等。检查不像审核那样正规,一般在签订合同、制定策略或活动实施阶段进行。参加检查的人专业技术水平最好高低差不多,这样便于平等地讨论问题。检查之前最好准备一张表,把要问的问题记在上面。在发现问题方面,检查的效果非常好。检查结束后,要把发现的问题及时地向负责该工作的人员指出,让他们马上采取行动,予以解决。问题解决后要签字。

2. 风险图表表示法

风险图表表示法就是根据营销风险评价的结果,从营销活动所有风险中挑选出前几个,例如前 10 个最严重的,列入监视范围。然后每月都对这 10 个进行检查,同时写出营销风险规避计划,说明用于规避营销风险的策略和措施是否取得了成功。与此同时,画一张图表,列出当月前 10 个优先考虑的风险。其中每一个都写上当月优先顺序号、上个月的优先顺序号、以及它在这张表上已出现了几个星期。如果发现表上出现了以前从未出现过的新风险，或者有的风险情况变化很小，那么就要考虑是否需要重新进行营销风险分析。要注意尽早发现问题，不要让其由小变大，进而失去控制。同样重要的是，要及时注意和发现在规避营销风险方面取得的进展，因此，也要把已成功控制住的营销风险记在图表中。

另外，还要跟踪列入图表中前 10 个营销风险的类别变化。如果新列入图表的风险以前被划入未知或不可预见的类别，那么，就预示着营销活动有很大的可能要出现麻烦。这种情况还表明原来做的营销风险分析不准确，实际面临的风险要比当初考虑的大。下面的表 4－8 说明营销风险图表使用的方法。

表 4－8　风险图表

风险策略	当月优先序号	上月优先序号	风险类别	规避
发货进度拖延	1	3	可预见	减轻
客户要求变更合同	2	4	可预见	减轻
产品功能未达要求	3	2	已知	减轻
促销费用超预算	4	1	已知	后备措施
营销人员无经验	10	10	已知	转移

营销在日常进展中，一定会显露一些风险迹象，营销风险管理人员应当积极地捕捉，把有关风险的新信息资料收集起来。来自其他部门的一些资料，包括合同、人事、财务、营销等，都会帮助营销风险管理人员抓住一些资料，包括合同、人事、财务、营销等，都会帮助营销风险管理人员抓住风险迹象。表 4－9 列入的一些信息来源，对营销风险管理人员很有用。

表 4－9　在监视风险期间可以考虑的其它迹象来源

1. 临时召开的营销专家小组讨论会	6. 市场行情信息
2. 订货会议报告和材料	7. 以往的教训总结
3. 营销有关的文献	8. 市场咨询策划报告
4. 财务结算中心的账款报表	9. 竞争对手的信息
5. 客户反映	10. 营销总结报告

3. 营销风险排查法

营销风险跟踪排查,是营销风险监视的重要手段,也是全面系统地了解潜在营销风险,进行有效预警的手段。其具体方法可以概括为:看、听、问、查、测、定、改,列表示意如下(见表 4－10),具体运用参考合同风险的排查一节。

表 4－10　企业营销风险排查表

名称	含义	内容	注意事项	具体方法
看	监视人员通过进行企业现场观察,熟悉现场管理情况,取得对企业营销管理状况的直观印象。	看人 看现场 看环境	要有强烈的风险意识 边看边想边记; 透过现象看本质。	目视观察法; "04"评分法。
听	监视人员采用多种形式亲自听取各有关部门和各方面有关人员对企业营销管理的意见、建议和各种反映,从中发现管理中问题。	听汇报 听反映 听议论	全面、认真、仔细; 边听边想边记; 把定性的问题变为定量的描述。	会议座谈法; 漫谈法
问	以询问的形式,向有关部门、有关人员提出询问。以便更深入、更深刻地发现风险问题。	何人、何事、何时 何处、何故、如何	要有目的地问; 要有重点地问; 要具体地问。	采访询问法; 集体询问法; "32 问"法。

查	查阅有关资料，调查有关情况，发现问题，查明原因，加深对问题的认识。	查活资料 查历史资料 查原因	深入、细致、准确	职工意见调查法； 综合调查法。
测	针对企业自感风险问题可能与实际发生的偏差，采用科学的技术方法，亲自测算，掌握第一手资料，以便更加客观真实地发现风险问题。	测定额 测效率 测效益	方法要适当； 资料要可靠； 数据要准确。	作业测定法； 瞬间观测法。
定	确定风险问题制定措施、寻求改善的一种基本方法。	定问题 定措施 定方案	要以事实为依据； 措施要有针对性； 方案要切实可行。	要素比较法； 综合评价法。
改	通过改革，贯彻落实改善方案，取得改善效果。	改变风险观念，经营思想；改进领导方法，讲究领导艺术；认真贯彻落实改善方案；客观公正评价改善效果。	要对潜在风险问题加以分析； 方法要具体，措施要得力； 要有改革创新精神。	潜在风险分析法； 回访调查法。

4. 营销风险监视时机

到底需要付出多大努力监视营销风险呢？这要看经过识别和评价的营销风险是否对营销活动造成了不能接受的威胁。如果是，那么是否有可行的办法规避之？解决这两个问题有两种办法。

第一种，把接受营销风险之后得到的直接收益同可能蒙受的直接损失比较一下，若收益大于损失，营销活动继续进行；否则，没有必要把营销活动继续进行下去。

第二种办法需要比较间接收益和间接损失。比较时，应该把那些不能量化的方面也考虑在内，例如社会影响，在权衡风险后果时，必须考虑纯粹经济以外的因素，包括为了取得一定的收益而实施规避风险策略时可能遇到的困难和费用。图 4－5 表示的是规避营销风险管理的效果同为此而付出的相应费用的关系。

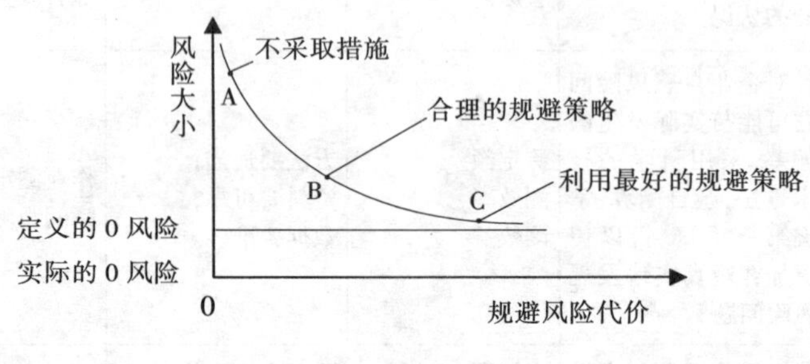

图 4－5

图 4－5 最左边的 A 点表示，根本未采取任何营销风险规避策略，即没有投入任何资金。营销活动成功还是失败，完全顺乎自然。沿着横坐标向右，随着资金投入的增加，营销风险规避策略的效果增强。在最右边，营销风险被削弱到最低限度。但是，这个最低限度不是 0 风险。而是一种人们不视其为风险的水平。这个最低限度是根据主观判断确定的，是营销活动各有关方一致认为不是风险的水平。

二、营销风险报告

营销风险管理的主要环节是风险的报告。在营销监视和预警的基础上，适时地提出风险报告，是营销风险管理的重要手段，它为管理营销风险提供信息，为有效地制定决策打基础。

营销风险的报告有两种类型的报告方式：书面的及口头的。营销风险管理者可以任选其一，在不同的情况下同时使用两者。

1. 有效的营销风险报告的特点

不管使用这两种方式中的哪一种，营销风险报告应该有几个特点。它们可分为四组:时效、质量、内容及展示(见表4-11)。

(1)时效特点

营销风险报告必须及时才有意义,才能使决策者及时决策,有效防范和控制营销风险。同时警示有关人员及时加以防范。

(2)质量特点

如其名字所包含的,这些特点强调营销风险报告的质量。营销风险报告最起码应该容易阅读并删除零乱及难懂的话。它们应该提供信息,而不是数据;贴近主题,与听汇报者直接交流,不带偏见。

(3)内容特点

营销风险报告的内容是极其重要的。为了有效地对一件特殊事件做出决策,必须给听汇报者提供足够的信息及重要的假设、事实和数据。内容应包括充足的背景,使他们理解那些已发生的事;事件以什么状态存在;情况应该怎样。以及如何改进这种状态。

(4)展示特点

当提出风险报告时,营销风险管理经理要把其报告进行包装,以便读者或听众接纳,摘录提供给他们信息。为了做到这一点,需要理解听汇报者。如果是提供给营销风险管理的重要成员,营销风险管理经理通常提供详细的信息;如果提供给高层管理者,则提供正式的高水平的信息;如果是提供给一个客户,则要传递更多的商业信息而非技术信息。

然而,营销风险管理经理必须记住信息提供不要太多也不要太少。太详细会使高层管理者厌倦,使客户感到灰心。为营销风险管理的重要成员提供太少也会产生类似的后果。关键是要了解报告对象,并使提供的信息早日消化。

营销风险管理经理应尽可能多地使用插图。有句谚语是正确的:一幅画相当于一千个字。一页上的一幅插图可以代替 10 页字。听众的要求决定了营销风险管理经理在其营销风险报告中何种程度上使用插图。

表 4-11　营销风险报告的范畴

时效	质量	内容	展示
迅速	明晰	假设	观众需要
及时	简洁	背景	实例
	真实	易于理解	夸大的阻碍
	有意义	批评	
	客观	描述	
	相对	事实与数据	
	及时	惯例	

2. 营销风险书面报告

在实际风险管理过程中,有许多情况需要书面报告,如风险较大时、评价报告将来也必须使用时、需要信息的人不能到场时、有时间准备报告时,这些情况下最好使用书面报告。

(1)在准备时,应避免以下书面风险报告中常见的错误:

①印刷错误、句子结构及语法不通。

②结构不清晰或没有逻辑性。

③缺乏事实与数据。

④太多的措词及零乱的图表。

⑤分析不全面或不正确。

(2)写得好的风险报告有一个基本的结构,其要素为:介绍、背景、范围、标准与假设、方法、结论、建议等。

①介绍:描述报告的目的,谁需要它,为谁而写,及其准备的次数。

②背景:提供营销活动的信息及引发因素。

③范围:描述报告包括什么及不包括什么。范围可能只包括特殊目标、风险或过程。

④标准与假设:提出评价营销活动状况的方法及改进办法。也列出了假设,便于看或听报告者更好地理解报告的基本原理。

⑤方法:描述得出报告结论所使用的营销风险分析方法。

⑥结论:表述在报告报出之日所得到的结论。

⑦建议:如果结论提出了一个或更多问题,这部分就描述解决办法。最好是提出几种建议让读者选择最好的,这样就避免了"被迫"接受不切实的结论的谴责。

3. 营销风险口头报告

除了书面报告,另一个选择或者是对书面报告的一种补充是口头报告。当立即需要营销风险存在的信息时;当准备一篇书面报告的时间太短时;当口语比书面语能更好地交流重要消息时,及当没人能写书面报告时,最好使用口头报告。

口头报告具备一篇好的书面报告的所有特点,并采用同样的结构。与书面报告一样,它也常具有相同的缺点。两者唯一真正的区别是传递的方式变了。营销风险管理经理必须在听众面前表达其意思,他们表达得好与坏决定了他们是搭起一座桥还是竖起一面墙。成功陈述的六要素是:

①洞察——了解自己及听众。

②理解——你是如何理解听众及听众是如何理解你的。

③计划——决定陈述的类型与结构。

④准备——挖掘原材料。

⑤实践——演习以提高你的表现力。

⑥完成——提交这个陈述。

这六要素适用于营销风险管理的口头报告,也适用于其它类型的正式陈述。

无论采取何种形式完成营销风险报告,营销风险管理经理必须首先了解两个重要因素,即消息与听众的关键。用这样的信息武装起来后,他们就能做出有意义的、精确的报告,使合适的人在适当时间、以适当的数量、了解适当的信息。

第五章　营销风险管理信息系统

从广义上说,所有的管理人员,实际上可能所有的人,都拥有管理信息系统,管理信息系统由收集数据,产生信息,拟订、选择并实施处理方案的一系列过程构成。企业创建营销风险管理信息系统,通过它认识并处理现实的或潜在的偶然损失,可以抵御偶然损失所产生的不利效应。

第一节　营销风险管理信息系统的组成

一、营销风险管理信息系统的特点

任何管理信息系统都是一种为达到特定管理和组织目标而应用的工具,营销风险管理信息系统则是为更好地抵御现实的或潜在偶然营销损失所产生的不利效应,从而降低营销风险成本所使用的一种工具。作为为整个企业及其各部门所面临的营销风险而精心设计的工具,营销风险管理信息系统对于营销风险管理全过程乃至企业的全部活动都是有用的。

许多优秀营销风险管理信息系统能完全用手工操作,也就是在传统的用纸记录和交换的基础上进行运作。有些系统需要以计算机作为辅助手段,主要因为:(1)各企业涉及的损失和风险的数据量往往很大;(2)使用风险管理数据的人员数量众多,而且其地理位置各异;(3)营销风险控制或风险财务处理状况的复杂性。

目前许多企业的管理人员,都借助计算机从事日常的管理业务,把原先比较繁琐的手工工作变得简捷和快速。营销风险管理也应借助计算机管理信息系统,使得管理工作优质高效。

二、营销风险管理信息系统(MRMIS)的组成

与其他所有管理信息系统一样,营销风险管理信息系统有四个基本组成:(1)数据库;(2)收集、操作数据产生信息的程序——软件;(3)计算机装备——硬件;(4)运行 MRMIS 的人员。

(一)数据库

数据库是营销风险管理信息系统的核心,是贮存基本信息的记忆库。建立数据库的重要活动包括以下方面:

1.选择需要包含的数据类型以及每种数据类型所应搜集的数量,这些数据类型的多少及数量取决于企业认为满足可靠决策支持与否;

2.决定数据的格式、报表的形式以及直接调用能力;

3.修改和定期检查实际数据。

每个正确的营销风险管理信息系统必须建立于完整、精确、一致、相关和及时的数据之上,MRMIS 数据库中数据类型一般可分为:损失数据、风险数据、法律数据、风险财务数据、管理数据、风险控制数据。

1.损失数据。企业过去的损失数据通常占风险管理数据库的最主要部分。从这些损失数据中,营销风险管理人员首先可以了解到关于过去损失的频率、损失程度、损失原因和最后的解决方案,然后把它们发展成信息,设计当前或未来损失的合理的准备

金。大多数营销风险管理决策要求预测。为了预防和抑制损失，每项损失的详细情况对制定和实施风险控制方案是很有帮助的。

2. 风险数据。这种类型的数据多种多样，对于营销风险管理人员来说非常重要。风险数据经常描述一个企业的一般特征，即其资产及其与主要客户及职员的运行关系等。

3. 法律数据。这种数据的法律信息应该包括检验、总结企业合同责任的主要特征的详细情况。

4. 风险财务数据。这部分数据提供了总收入、费用、现金流量、债务、借贷计划、其他资金来源、使用的现行数据及预测数据。

5. 管理数据。一个企业的组织结构是多种多样的，可能包括多个部门、多个附属机构，甚至还有遍布各地的网点。建立的数据库应该能够反映这种特性。即使组织结构重新调整，这样的数据库也能大大简化营销风险管理费用的分配。

6. 风险控制数据。作为 MRMIS 数据库的补充部分，营销风险控制数据有助于评估企业损失预防措施的质量以及由此带来的财务上的节省。对这样的评估，数据可能包括关于各种类型的意外事故及其严重程度的统计和适用于企业营销工作安全以及一般代理机构、经销商、直接客户等的安全。

(二)软件

软件由引导计算机执行给定任务的一系列指令组成。没有软件，计算机什么都不会执行。大部分 MRMIS 应用程序中包括以下几种类型的程序：

1. 数据库中增加、改变、重组数据的数据库管理程序；

2. 执行统计和财务过程的分析软件；

3. 企业内部及外部计算机间数据传输和交换的通信程序。

对于营销风险管理软件，目前国内只有烟台微纳网络软件有限公司一家开发。企业可以选购已编好的 MRMIS 软件，这样可以节约开发时间和开发费用，另外成熟的软件功能相对稳定，当然也可以雇用其他软件公司编制，或自己编制 MRMIS 软件。无论采用哪种方式，营销风险管理人员需要考虑以下几方面软件所需特性：

1.可靠性——该 MRMIS 的可靠程度如何？软件中是否存在明显的缺陷？如果出现问题，供应商能提供什么样的保证？

2.友好的用户界面——使用这个系统的难易程度？是否需要特别的培训？屏幕上是否有帮助命令或提示？

3.灵活性——能执行哪种分析功能？在不同的方案下，软件对于分析各种风险控制和风险财务处理是否有足够的适应性？在不同的硬件环境下，软件是否能进入不同的数据库？是否具有灵活性？能否立刻产生所需要的报告？

4.综合性——与系统灵活性紧密相联，营销风险管理信息系统能否与其他存在的数据文件或外部组织（例如客户、经纪人、政府代理机构）相联系？

5.容错性——是否有足够的编排能力和预防疏忽或故意干扰的能力？

6.兼容性——系统能否随着用户的需要而发展，而不需每隔一两年进行程序彻底大修改。

7.分析能力——系统具有何种分析能力？它只是简单的文字处理系统，还是能够提供多种其他的分析功能？例如进行市场走势分析、营销结构分析等等。

8.安全性——对预防扰乱或未经允许进入数据库是否有安全措施？

(三)硬件

硬件是物理设备,是运行软件的机器。软件和硬件是风险管理人员把数据变成支持决策信息的工具。数据分析和决策运行是重复性很强的任务,包括大量数据的管理。软件、硬件对制定决策的人有很大的帮助,因为计算机能快速处理大量数据,提供很好的决策支持。硬件的好坏有两个重要特征:可靠性和兼容性。如果企业已经购买或开发了一个 MRMIS 软件,购买硬件时特别要仔细考虑已拥有的 MRMIS 软件能否很好地在该硬件上运行。

(四)人事

对所有的管理信息系统,尤其是营销风险管理信息系统,人是最重要的。是人提供和解释数据,设计、组建、安装并维修硬件,是人编制 MRMIS 软件,是人操作 MRMIS 系统,是人用信息进行推敲、研究、决策,在有效的 MRMIS 中也是人的费用(主要是工资和津贴)增长最快。

运行营销风险管理信息系统的人的数量取决于系统的规模大小和需求。有些大型 MRMIS 需要有一组包括计算机程序设计人员、分析专家和软、硬件专业的专家去操作和管理。而其他系统,尤其是那些使用已编制好的程序和只有一二个终端的一般 MRMIS,只需一二个决策人员就够了。因而大多数企业可以购置软件,可以节省大量人员。当然营销风险人员的计算机专业水平,也直接影响人事需求,如果这些人都精通计算机,系统的额外管理人员就可以减少。

三、营销风险管理信息系统的潜在利益及其局限性

一个设计较好的营销风险管理信息系统能快速大量地计算数据、交流信息和提供决策支持。因此它能提高营销风险管理效率,

减少费用，加强组织间营销风险管理交流，提高营销风险管理活动的可靠性，为营销风险管理决策提供高质量的信息。虽然 MRMIS 在许多方面有用，但仍有缺点，因而其应用也要受到一定的限制。计算机化的 MRMIS 只能分析，不会制定决策，计算机能对问题作出精确的回答，但只有人才能发现问题，提供所需要的数据。MRMIS只是管理信息的工具，它不会减少组织的偶然损失和风险成本，而且会增加一些附加费用。MRMIS 产生的信息和决策指导受输入的质量和软件的限制，成功地运用 MRMIS 需要努力克服各种从基础数据、软件、硬件、人员运行系统或整个系统之中产生的问题。MRMIS 像其他计算机设施一样，同样有着潜在的偶然损失，需要对系统所产生或加强的营销风险进行合理地管理。一旦 MRMIS 已经合理地设计出来，就要管理这个系统，通过控制营销风险管理决策过程中系统潜在的不利因素，保证系统最大的潜在利益。

第二节　营销风险管理信息系统的设计

为挖掘 MRMIS 的潜在利益，避免其潜在缺陷，要求系统按企业需要具体合理地设计。设计分四个阶段：(1)分析企业关于 MRMIS 的特定需求；(2)确定与这些需求相适应的信息流；(3)决定能满足这些需求的 MRMIS 在技术上和经济上的可行性；(4)决定是否购买系统的软件、硬件设施。

一、需求分析

需求分析的目的是识别风险管理信息系统的用户，了解他们各自的信息需求，以及组织目前可能满足这些需求的资源。执行需求分析有四个步骤:(1)确定用户;(2)对用户采样调查;(3)分析访谈结果;(4)制定分析报告。

1. 确定用户

潜在的 MRMIS 用户不仅包括使用此系统管理信息、制定决策的人,而且还包括提供系统所需数据的人。大部分用户是营销风险管理部门的人员,也可能是企业内其他部门人员以及企业外人员。营销风险管理部门外的用户,有一些是提供数据,而有一些是要获取信息。在确定用户的过程中,可能用户有以下部门的代表:

企业内部:

营销风险管理部门　营销业务部门　市场管理部门　储运发货部门　法律部门　会计部门　企管部门　高层管理　部门管理　基层管理

企业外部:

客户、经销、代理单位　营销风险管理咨询公司　律师事务所　行业协会　地方政府官员

2. 采样调查

进行调查或访问时,可以根据每个被采访者情况设计一张调查表,目的在于使采访双方都能达成对以下问题的认识和了解:

(1)目前正在搜集的数据,以及搜集的原因和过程;

(2)从现有数据或新数据中想要得到的附加数据或信息;

(3)从成本较大、难以收集和分析的数据中可得到信息;

(4)收集、分析数据及传播信息的程序所存在的问题。

每次访问都应反复强调设计 MRMIS 对于提高被采访者的工作效率和实现其工作目标有密切关系。在整个访问过程中,企业 MRMIS 部门的代表应该直接参加或者作为顾问。因为 MRMIS 人

员具有关于新的 MRMIS 所应遵循的标准和限制的专门知识，并有应用企业现有和未来软件、硬件的能力。

访问信息作最后报告之前，给每个被采访者有关访问关键点的书面总结是相当重要的，这不仅能保证系统更进一步的精确性，而且能促进每个被采访者接受访问、报告和介绍的过程，这样会加快 MRMIS 最终顺利实施。

3.分析访问结果

分析每个被访者的看法，从而产生一个关于企业的 MRMIS 需求、资源以及加快信息流动和营销风险管理决策机会的综合大前景。随后讨论的关于目前或者未来可能的信息流的知识，对分析必不可少，因为 MRMIS 的一个重要目标是消除用手工收集和管理数据之繁杂，实现自动化，增加营销风险管理决策的准确性和及时性。达到这个目标需要了解当前信息流和决策程序的详细情况。

4.制定分析报告

以访问结果和其他有关信息为基础的分析，应该总结成完整的需求分析和建议报告。为了与企业的特定情况相适应，需要如表 5-1 所显示的要点。因为目前提出的计算机化或手工操作的信息流对设计合理正确的 MRMIS 是很必要的，识别这些信息流理应看作一个设计步骤。

二、信息流的确定

MRMIS 执行理想的任务，企业特别雇用的管理信息系统专家能详细说明企业内营销风险管理信息的流动，信息由外部流入企业内部，再由企业内部流到外部。通过信息流动，营销风险管理部门与企业内其他部门和一些外部的实体相互联系。

信息流动图应包括流程图和解释性叙述，流程图简单显示信

表 5-1 MRMIS 报告的样本形式

1. 确定用户
2. 关于当前系统信息流的描述
3. 需求定义
   A. 目标
   B. 需求报告
   C. 需求系统功能和运行
   D. 行为需求
   E. 数据需求
   F. 限制
   G. 预期利益
4. 描述已提出的系统信息流
5. 介绍
6. 附录
   A. 访问结果
   B. 数据来源文件
      (1)手工操作数据来源形式
      (2)自动化操作数据来源文件
      (3)数据来源的总结(总结来源和各种数据量)
   C. 需要的报告样式

息从部门到部门或集团到集团之间的流动。这些图表和叙述,说明原始数据如何收集、如何处理以及如何形成所需的信息。通过对流动图的分析,可以预计理想的 MRMIS 所要求的资源,包括技术、经济和人力的资源需求。

三、可行性分析

理想的 MRMIS 可能需要的资源可以通过和营销风险管理信息系统人员一起工作,详细分析各种费用成本,以了解企业对此重要性的看法。同样地,可以估计理想的 MRMIS 的利益。信息的费用可能比利益更为详细和具体。通过预测 MRMIS 的费用和利益,进行收益分析,可以评价特定 MRMIS 对企业的财务需求。

如果使 MRMIS 太理想,则会因为费用率偏高而不能被高层管理者接受。要得到高层管理者的支持,系统必须排除对昂贵的硬件、软件和人员的需求。营销风险管理人员应从基本的营销风险管理系统出发,放弃不太重要的任务,设计出实际可以应用的方案,以后再进行逐步的改进和扩展。在提出基础方案之前,组织MRMIS需求访问的人要求被采访者对他们所希望的理想系统能够执行的任务进行分类。

四、购买或开发软件的决策

具体的MRMIS以及相关的硬件、软件和人员得到高层管理者的认可后,下一个关键的决策是购买现存的软件还是自己编辑程序。这些决策又影响着发展MRMIS能力是依靠企业内部人员还是依靠外部软硬件供应商的支持。

典型的最基本的软件决策包括购买一些统一的软件包和为具体任务设计个别程序之间的选择。根据企业的需要选择合适的软件,这是最基本的,此外还包括以下决策准则:(1)预算上的限制;(2)软件运行所需要的时间;(3)软件与目前企业的计算机化MRMIS的适应性。

目前烟台微纳网络软件有限公司开发的《营销风险预警与防范》管理软件能为大多数大中型企业提供能实现MRMIS所需的大多数功能的软件包。这种软件由营销风险管理专家和计算机专家共同开发,已经经过国家经贸委和科技部组织的国内著名专家评审鉴定并在多家企业调试运行良好,得到实践检验,通常比企业自己组织编写程序要花较少的时间和精力。

软件决策很少有确定的规则,根据许多企业的经验有如下建议:

(1)如果同时面对硬件和软件的决策,应该先选择软件,因为硬件业务经常会限制软件的选择。

(2)在做选择之前争取得到企业内部的计算机人员的合作。

(3)要与软件提供者充分沟通,最好请设计人员到公司进行初始化的咨询指导和培训。

在软件决策的基础上,营销风险管理信息系统人员的素质尤其重要。在为 MRMIS 配备人员时有两种基本选择:(1)企业自己的雇员;(2)企业内外人员的联合,包括与咨询公司和软件公司人员的联合。目的是保证 MRMIS 操作人员具备营销风险管理所需要的专门知识,从而使 MRMIS 能够顺利执行。对营销风险管理人员的素质要求目前尚没有经验性结论。但以下因素可为配备 MRMIS 人员作参考:

(1)运行 MRMIS 所需要的足够的营销管理信息知识;

(2)有关企业及其 MRMIS 需求的知识;

(3)保守 MRMIS 的机密信息和对企业的忠诚;

(4)对一些计划外的营销风险管理信息需求的反应能力。

一个企业如何为 MRMIS 活动配备职员,受软件、硬件决策的影响很大。软件、硬件和人员决策不是三个独立的选择,而是紧密相连的。

第三节　营销风险管理信息系统的实施

实施 MRMIS,类似于营销风险管理过程中进行营销风险控制或营销风险财务处理方法的选择。在各种实施类型中,营销风险管理人员在拟订处理方案、明确责任和执行日期时,将保证关键环节以及同事和全体职员的必要业务。从“决策实施”到“完成实施”

有许多工作,营销风险管理人员将考察评论工作的进展和结果,确保符合结果标准和活动标准。营销风险管理人员和安装及运行MRMIS的人员之间有许多交流,要编写新的程序命令,要进行必要的培训;有时候,新方法的试验要通过与老方法平行的方式运行。有时,由许多人参加的特别广泛的新方法,必须渐渐地引进而不是突然地广泛实施。实施MRMIS或营销风险管理新技术,成功的管理人员将使用正确的管理方法,通过计划、组织、促动、控制和交流以达到以下目的。

一、减少初始阻力

为了减少MRMIS的初始阻力,营销风险管理人员应该遵循规范的程序以进行需求分析和可行性研究,从而使MRMIS实施过程中的重要职员都感到MRMIS是自己的系统。风险管理人员应做到以下几点以避免初始阻力:

(1)对每个员工解释MRMIS将如何促进他达到个人目标;

(2)让每个员工清楚自己的角色;责任和义务;

(3)经常与实施MRMIS的有关人员进行交流(包括达到中间目标的成功事件和历史上的重大事件);

(4)设计和实施培训计划,使每个人与新的MRMIS和新程序相适应;

(5)委派工作人员评论和修订程序命令,使之正确和清晰;

(6)建立帮助设施,例如,指派专人去现场设置专用电话,以便于MRMIS在安装过程中出现的问题能够立即得到解决。

二、实现平滑转变

为保证及时性,营销风险管理人员需要建立一个关于基本任务和完成这些任务的目标日期的实施计划。为保证新的MRMIS

如期运转,风险管理人员应该考虑数据和系统运行的正确性。这些都需要制定可接受测试计划(如何测试和测试什么)和可接受的测试准则(如何知道测试结果是满意的)。

一种广泛使用的检测数据正确性的方法是直接通过新的MRMIS处理数据。另一种检测方法是先把数据进行某些处理,然后再通过新的 MRMIS 处理。对任何一种方法,可接受的检测准则都是通过新旧两种方法所得到的两种结果完全相同。

一种比较流行的测试软件过程正确性的方法是向 MRMIS 输入几个精心挑选的测试例子,看 MRMIS 处理的结果及误差。

三、对实施引起的改变作出反应

MRMIS 的实施会引起人事角色、责任及上下级关系的改变,也会引起整个单位运作过程的改变,因而还会潜在地改变 MRMIS 信息的来源以及信息的形式和内容,营销风险管理人员可以通过减少初始阻力的方法来缩小或避免这种不利影响。

营销风险管理人员必须对 MRMIS 功能有不利影响的改变作好充分的准备。例如,原来熟练的营销工作人员可能被提升或辞退;合同管理员的职责会发生很大变化等。但如果替代人员已经过培训并且立即可以工作,则这种不利影响将会减到最低程度。

四、克服运行中产生的问题

有时即使 MRMIS 是比较适合本单位运转的,但在运行过程中仍会产生一些问题。常见的潜在问题包括数据、系统、硬件、软件和人事的问题。

1.数据问题

潜在的数据问题是数据的完整性和数据的不充分性。

(1)数据的完整性。从某种意义上讲,最大的数据问题是保证数据的完整性。正确地收集、校对数据以及精确地输入数据对MRMIS来说是非常关键的。因此软件应具备良好的容错技术以及对蓄意破坏数据的行为具有防范措施。

(2)数据的不充分性。营销风险管理的许多MRMIS能给出许多有用的评价分析和预警模型,但这些分析都必须建立在充分的数据基础上。因为统计上的显著性水平是有一定的数据量要求的,显著性水平越高,数据量要求就越大,当获得数据量变大时,成本也随之变高,有时有些数据是用任何价钱也买不到的,这样在数据不充分条件下利用系统的预测及评价并制定决策是不可能准确的。

2.系统问题

除了数据和硬件不匹配问题外,MRMIS的硬件、软件或许不能如期执行,因为系统与企业需求不相符,营销风险管理人员或其他管理人员过分强调系统的完美,以及系统产生过多的数据或信息。

(1)系统与企业需求不符。企业的营销风险管理需要可能与MRMIS的能力不一致。例如,如果MRMIS对技术没有足够的适应性,则它没有接受新模型的能力。在这种情况下,营销风险管理部门依赖于一个过时的效率不高的系统,则维持这个系统比更换一个新的、可扩展的、更易理解的系统还要昂贵。

(2)过分强调系统完美。企业可能对软件尽力强调其不平常的特性,对软件的功能期望值太高。由于这门学科刚刚建立,这类软件刚刚开发,还不可能很完美。因而,企业在选择和运行MRMIS时要心中有数。

(3)数据、信息过多。MRMIS具有产生四五十页数据或五六页信息的能力，并不意味所有这些记录对风险管理计划都是有效的。营销风险管理人员或其他部门人员寻求特定问题的答案时，通常没有时间看一个很长的报告。MRMIS或运行MRMIS的人，对特定问题应该提供具体答案或者产生一个提出并解释详细报告的提要。这种概括信息，经常以图示作为补充，使风险管理人员能迅速有效地与其他管理人员进行交流。

对硬件、软件和人员的问题，主要是技术落后和适应性的问题，也会导致系统问题。对此要经常重复前面描述的系统设计过程的阶段。尤其是软件、硬件的升级和人员培训。

第四节　营销风险管理信息系统的应用

在整个营销风险管理过程中，企业运用MRMIS，主要在以下几个方面：(1)识别和衡量营销风险；(2)检查、选择营销风险处理方法；(3)实施选定的方法；(4)检测选择的结果。

1. 识别和衡量营销风险

在营销风险管理中，许多企业依赖于MRMIS进行营销风险事件、营销风险损失、营销危险报告、风险评价和风险预报。

(1)营销风险事件、损失、危险报告

完整而详细的营销风险事件、损失和危险数据是MRMIS的核心，因为许多的软件程序依赖于这个基本数据。至少，系统将报告过去的风险事件、损失，显示企业未处理损失的现状。

MRMIS通常把损失数据组织成报告，例如“巨额损失表”。这样的报告列出了每一项超过界值的损失，把它们按由大到小的顺序整理，这样，费用最高、损失最大的营销风险事件显示在前面，营销风险管理人员就可很容易、很清楚地进行分析。

这些大额损失的报告指出了营销风险控制的需要,报告收集了合同违约、货款拖欠、责任损失等某种类型的损失数据。那些开始时显示较小而后来渐渐变严重的损失,提醒营销风险管理人员应该把损失抑制作为首要目标。

除了巨额损失以外,MRMIS 对于识别经常发生但常被忽略的损失类型是一种重要工具。因为这类损失个别发生时数额小,但积累起来相当严重,应引起注意。危险报告也会给营销风险管理部门以“警告”的提示。虽然没有引起损失,但危险清楚地暗示着实际损失发生的可能性。如每一起营销风险事件大约有 100 次失误,如果把某一次失误看成是提高安全性需要的明显提示,则真正的营销风险就可以避免了。企业应该重视危险报告,在 MRMIS 中实施完整的危险报告系统。

(2)损失衡量和预报

MRMIS 可以建立客户资料和大量销售资料,尤其是一些损失资料。用概率分析和回归分析可以衡量预报损失概率和损失程度,同时考虑风险概率分布和回归关系则速度更快。例如 MRMIS 中损失预报程序对执行下列方案相当有用:

①建立客户档案资料,评价客户资信。

②在企业过去的营销活动水平和它的损失概率之间建立一个统计关系(回归关系)。

③预测企业以后三五年每年的营销活动水平(用统计技术或管理估计),把回归方程运用于预测的活动水平,预测损失概率。

④进行营销风险等级评价和报警。

这些计算将产生事件或赔偿的期望成本,实际现金支出可能要高得多或低得多,MRMIS 可以被设计成能考虑预期或实际损失的差异,这样能改进未来方案,提高以后预报的精确性。

2. 检查和选择营销风险处理方法

营销风险管理决策过程有下面两个必要步骤:一是预测用于处理某一特定营销风险的各种控制型或财务型处理手段的可能运行结果和财务结果;二是在选择方法时要考虑净现值现金流量和决策准则。对于风险管理决策过程中这一点,计算机化 MRMIS 对建立财务模型,可选择的自留水平分析和安全性分析特别有用。

(1)建立财务模型

计算机化财务模型包括建立企业的财务结构中资产、负债、权益、费用税收之间的关系。然后在模型假设下,找出给定事件在一年或者一定时期内对企业资产负债表、损益表及其运行资金来源与用途表的影响。

这样的模型能预测在各种营销风险管理方案下,企业的整个财务状况。特定财产、负债、职员和净收入损失会影响营销的财务实力。这样的模型有助于高层管理者注意重要的营销风险处理方案和选择可能产生所需结果的营销风险处理技术。

(2)安全性分析

MRMIS 最简单最有价值的应用之一是分析企业的损失的详细信息,找出它们的模型,这样营销风险管理人员能采取合理的预防和改正措施。这种分析的基础是关于环境、起因、人员和引起营销风险事件的详细信息,这些信息以规范的形式被收集,输入到 MRMIS,使计算机能用特定变量(地点、时间、产品、客户、环境、对手、包括雇员等等)分析数据,选取有用的数据模型进行营销风险控制。

MRMIS 的安全性分析集中于以下几点：

①频繁发生的营销风险事件的起因，这样对普遍的起因可以采取预防措施。

②损失事件经常发生的市场或地点，这样负责这个地区市场的风险管理人员可以加强安全防范。

③比较一定时期损失发生概率与 1 年或者 2 年以前的概率，迅速确定不利趋势，采取正确行动。

3. 实施选定的方法

一旦企业已经选择了特定的风险控制和风险财务处理方法，可以通过 MRMIS 软件实施，用大量数据执行一些重复性任务，如合同的跟踪管理、客户资信评估、营销风险等级评价、营销物流管理、货款回收控制、销售服务管理、营销人员业绩考核、常规文件的准备。

(1)客户资信评价

客户资信等级评价是一项信息量处理巨大的工作，也是营销风险管理中的一项基础工作。这一工作必须借助计算机软件进行。企业可以根据自身客户的几种类型，确定评价指标体系和评价方法，并编制专用软件进行管理。在运行中管理人员只要将客户信息输入计算程序，给出基本的评价之后，便可获得客户资信等级，并根据其业务规模和资信等级，给出客户资信限度。这一应用大大提高客户评价的效率，并可进行适时的再评价和实施监控预警。

(2)合同的跟踪管理

签订合同，合同履行情况等方面工作已经广泛采用计算机。这种基本记录可以通过最基础的计算机化 MRMIS 来完成。更复杂的合同管理和跟踪报告系统需要进一步的工作,例如特定客户资信状况编辑关于合同责任准备金、损失赔付、某一特定合同或可能产生巨额损失合同的跟踪管理和预警监控。

MRMIS 能很容易地向风险管理人员和高层管理者提供给定形式的报告,报导关于合同履行情况和损失情况。这样的 MRMIS 能追踪客户与本企业资产变化及有关活动,保证客户和本企业活动按照合同执行并维护双方的利益。

(3)营销物流管理

营销活动过程中,物流的开票、收发、储运是一个复杂的环节,也是最容易出现风险问题的环节。通过 MRMIS 可以实现物流各环节的联网,以便及时核查,并可以做到跟踪控制。

(4)货款回收控制

货款回收是销售的核心,也是营销风险管理的重中之重。通过 MRMIS 可以对客户往来账款进行跟踪,尤其是对应收账款的严格控制,可以减少货款拖欠,从而提高营销的效益。

(5)营销费用控制

营销费用的合理使用,可以有效地促进营销活动。合理节约营销费用,可以增加企业的效益。在企业制定了营销费用预算后,可以通过 MRMIS 对诸项费用进行日常控制,达到合理有效使用。

(6)销售服务管理

销售服务是一个很庞大的系统,客户档案的建立、客户意见的收集整理、用户的跟踪调查、跟踪服务等,都需要大量的登记处理和反馈。利用 MRMIS 可以使这项工作规范化、及时化和日常化,提高顾客满意度。

(7)营销人员业绩考核

营销人员是营销的主体，其业绩的好坏直接影响到企业的整体营销计划。其道德素质的高低，则影响到企业营销风险水平的大小。为了提高营销人员的道德和业务水平，加强考核激励是重要的方面。而营销人员的考核激励是一项复杂的工作。通过MRMIS可以实现考核的日常化，提高客户的效率，从而可以保证考核的有效性，同时也为营销激励做好基础工作。

(8)营销风险等级评价

对企业营销风险进行综合评价，是一个庞大的信息处理工作，并且涉及精确计算和模糊评价。因而为企业可以结合本公司所处的行业特点、客户特征、市场环境、竞争状况等因素，确立评价指标体系和指标权重，根据选定的评价方法编制专用软件进行评价。在评价时只要对精确计量指标给予数据、对模糊指标给予模糊评价数据，便可进行综合评价。

(9)常规文件的准备

合理实施一个设计较好的营销风险管理程序，进行营销的风险控制或营销风险财务处理，需要准备许多种常规文件，包括危险报告、客户资信评估报告、营销环境分析报告、营销策划书、合同书、订单、发运单据、结算单据、保险单等。每一文件有其独特的形式，要求注明姓名、地点、金额或其他数量，可能是简短的，通常以标准格式对事物进行解释。在运用 MRMIS 之前，许多文件和标准报告是通过手写或打字机打印的。使用计算机大大提高了产生信息和常规文件的效率。

4. 检验结果

MRMIS 对于探索营销风险管理计划成功与否有着重要作用，其中的两个用途是提供管理报告和在企业各部门之间分配风险管理费用。

(1)编制管理报告

评价某一营销风险管理计划是否达到预期目标,要求把实际效果同预期效果或作业标准加以比较。MRMIS 的数据库在这方面是一个非常有用的工具,因为它可以收集实际效果的数据,编制预期效果和作业的标准,在对两者比较时进行必要计算。当营销或经济环境发生变化时,计算机还能自动发觉并提供调整标准。这些信息结果必须向营销风险管理人员报告,以便于他们对此作出反应。通过对这类信息进行分析处理,一般都可以提高营销风险管理报告的精确性。

(2)营销风险管理效果评价

营销风险管理效果好坏,可以通过管理前后、风险等级降低和减少、控制风险损失来衡量。也可以通过比较营销风险管理费用与营销风险管理收益的大小来衡量。利用 MRMIS 可以适时地进行评价、比较,显示营销风险管理的效果。另外,营销风险管理信息系统还要综合考虑企业的组织状况。很多营销分支机构分布在企业外部,因而,应具有远程管理控制系统的功能。

图 5-1 是烟台微纳网络有限公司开发的"营销风险预警与防范"管理软件功能简图。

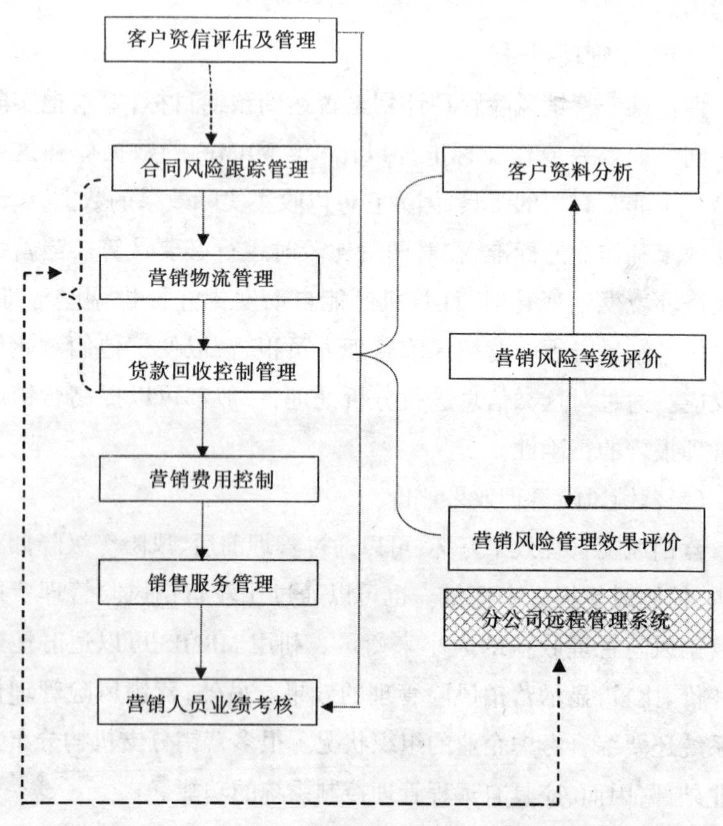

图 5－1　企业营销风险预警与防范系统流程图

（内部局域网和远程网管理模式）

第六章　客户资信评价与风险预警

客户是企业交易的对象，也是企业赖以生存发展的基础，客户管理在现代营销中的地位和作用日益重要。而随着宏观经济的不景气，不少企业的资信水平在下降，这就必然加大营销风险的强度。因而加强客户的管理，尤其是对客户资信进行调查评估，并在营销活动过程中从客户的日常行为、特征和心理倾向着手，适时地给予风险预警，可以从营销的开始便防止风险的发生，保持良好稳定的客户关系。

第一节　客户档案的建立与管理

不少企业目前都有档案室、档案馆，有专人管理，里面有大量的文件资料、人事档案、技术图纸等等，但很少有企业建立客户档案。企业以客户为生存和发展的基础，却对客户的情况缺乏了解，又怎能更好地满足客户需求？令人担忧的是，不少企业对客户的了解建立在道听途说或直观感觉上，缺乏对客户的详细资料收集整理和亲自的调查访问，即使了解一些情况，也往往是掌握在有关部门业务人员的脑海里，一旦这一业务人员不在，对客户的了解也就“断了线”。因而建立客户档案，不仅在企业进行营销业务活动时可以提高效率，如寄发广告或会议信函、订立收付款计划、对客户进行分类等，而且有利于提高对客户的服务水平，建立长久稳定的客户关系。

一、客户档案的内容

就像客户本身是复杂多样的一样，客户档案管理的内容也应尽量地完整。归纳起来主要有以下几项：

(1)基础资料：即客户的最基本的原始资料。主要包括客户的名称、地址、电话、所有者、经营管理者、法人代表及他们个人的性格、兴趣、爱好、家庭、学历、能力、创业时间、与本公司交易时间、企业组织形式、业种、资产等。

这些资料是客户管理的起点和基础，他们主要是通过推销员进行客户访问收集得来的。

(2)客户特征：主要包括服务区域、销售能力、发展潜力、经营观念、经营方向、经营政策、企业规模、经营特点等。

(3)业务状况：主要包括销售业绩、经营管理者和业务人员的素质、与其他竞争者的关系、与本公司的业务关系及合作态度等。

(4)交易现状：主要包括客户的销售活动现状、存在的问题、保持的优势、未来的对策、企业形象、声誉、信用状况、交易条件以及出现的信用问题等方面。

对新老客户都应该建立管理卡，对他们的资料进行妥善保管，既作为公司的综合材料，同时也为销售业务人员外出推销提供参考。并通过表6-1公司新老客户资料表的内容制作客户档案资料卡。见表6-2、6-3。

表 6-1　双轮集团公司客户资料表

年　月　日

客户		地址		电话	

Ⅰ　经营者概况

<table>
<tr><td>姓名</td><td></td><td>性别</td><td></td><td>年龄</td><td></td><td>籍贯</td><td></td><td rowspan="2">照片</td></tr>
<tr><td>学历</td><td></td><td>语言</td><td></td><td>性情</td><td></td><td>社会关系</td><td></td></tr>
<tr><td>配偶影响程度</td><td></td><td>社会兼职</td><td></td><td>曾前科否</td><td></td><td>曾倒闭否</td><td></td><td></td></tr>
<tr><td colspan="3">住址</td><td colspan="2"></td><td>邮编</td><td></td><td>电话</td><td></td></tr>
<tr><td>以往信誉</td><td colspan="4"></td><td>Email</td><td colspan="3"></td></tr>
<tr><td>法人代表</td><td></td><td>实权者</td><td></td><td>与经营者关系</td><td colspan="4"></td></tr>
</table>

Ⅱ　金融状况

往来银行	账号	税号	记事	兑现情况
资金状况：□丰裕　□充足　□紧张　□短缺　□危险				

Ⅲ　付款情况

付款态度：□爽快　□普通　□尚可　□拖延　□为难　□欠款
记事：

Ⅳ 财务、经营状况调查表

单位:万元

资产类、负债及权益		生产要素利用情况	
项　　目	金　　额	项　　目	金　　额
全部资产		工业生产值	
流动资产		全部职工人数	
负债总额		使用设备数	
流动负债		现有设备数	
所有者权益		经营效率	
股本定额		注册资金	
固定资产净值		平均存货	
长期投资		产品销售成本	
货币资金		签定合同金额	
短期投资		执行合同金额	
应收票据			
应收账款			
销售、货款回收及损益			
项　　目	金　　额		
本期销售总额			
上期销售总额			
支付货款总额			
回收货款总额			
进货总额			
期末贷款总余额			
期末逾期借款总额			
利润总额			

Ⅴ 经营概况

经营方针	①积极 ②保守 ③坚实 ④平常 ⑤零乱 ⑥投机				
业务状况	①兴隆 ②渐盛 ③常态 ④衰退 ⑤危险				
营业种类					
进货对象	① 牌占 % ② 牌占 % ③ 牌占 % ④ 牌占 %				
销售种类	①门市 % ②酒店 % ③批发 % ④其他 %				
销售范围	①本地 ②买断品牌 ③其他				
销售价格	①合理 ②略高 ③略低 ④削价				
营业性质	①专营 ②兼营				
每月平均销售实绩					
每月平均销售能力					
最高月额	进货		最低月额	进货	
	销售			销售	
	存货			存货	

Ⅵ 一般概况

组织	①国营 ②集体 ③股份公司 ④私营 ⑤合资		
门市面积	①大 ②中 ③小		
开业时间	年 月 日		
门市布置	①好 ②一般 ③不好		
仓库	①大 ②中 ③小 ④无		
退货习惯	①无 ②合理 ③正常 ④不正常		
财务管理	①好 ②一般 ③不好 ④没有		
存货管理	①佳 ②可以 ③一般 ④劣		
店铺	①自有 市价 元 ②租用 租金 元/月		
店址	①闹市 ②商业街 ③住宅街 ④工矿区 ⑤郊区		
车辆	①轿车 ②卡车 ③三轮车 ④摩托车		
同行业中地位	①领导力 ②具影响力 ③一流 ④二流 ⑤三流		
员工情况	店员 名	推销员 名	临时工 名
对国内名牌认知程度	①了解 ②略知 ③熟知 ④不知 ⑤颇感兴趣		
最近半年来实绩变化： 以往每月平均实绩 现况 预测			
与其他厂家的特殊关系：			

Ⅶ 保全关系

	名称	所有权者	记事	登记价格		实际价格	抵押手续
担保品							
店保	商号	资本额	营业执照号	店址	负责人	身份证号	担保手续
个人保	姓名	身份证号	住　址	记事		担保手续	
经销合约							

Ⅷ 资信机构提供资料

Ⅸ 结论

最高信用程度

Ⅹ 调查或填表者

1	2	3	4	5	6	7	8	9	10	11

Ⅺ 确认者

董事长		总经理		业务经理		业务科长		营业主任	

表 6-2　枣庄矿业集团公司用户登记卡

编号:＿＿＿＿＿＿

公司:　　　　　　　填卡人:＿＿＿＿＿＿　填写日期:＿＿年＿＿月＿＿日

<table>
<tr><td>名　称</td><td colspan="3"></td><td>地　址</td><td colspan="5"></td></tr>
<tr><td>企业性质</td><td colspan="3"></td><td>邮政编码</td><td></td><td colspan="2">电　话</td><td colspan="2"></td></tr>
<tr><td>开户行</td><td colspan="3"></td><td>账　号</td><td></td><td colspan="2">Email</td><td colspan="2"></td></tr>
<tr><td>固定资产</td><td colspan="3"></td><td>流动资产</td><td></td><td colspan="2">税　号</td><td colspan="2"></td></tr>
<tr><td>经营面积</td><td colspan="5"></td><td colspan="2">职工人数</td><td colspan="2"></td></tr>
<tr><td>用　户
简　介</td><td colspan="9"></td></tr>
<tr><td>事项
人员</td><td>姓名</td><td>性别</td><td>出生年
月　日</td><td>电话</td><td>邮编</td><td>住址</td><td>爱好</td><td>家庭</td><td>备注</td></tr>
<tr><td>企业负责人</td><td></td><td></td><td></td><td></td><td></td><td></td><td></td><td></td><td></td></tr>
<tr><td>业务负责人</td><td></td><td></td><td></td><td></td><td></td><td></td><td></td><td></td><td></td></tr>
<tr><td>业务科长</td><td></td><td></td><td></td><td></td><td></td><td></td><td></td><td></td><td></td></tr>
<tr><td>业务员</td><td></td><td></td><td></td><td></td><td></td><td></td><td></td><td></td><td></td></tr>
<tr><td>财务科长</td><td></td><td></td><td></td><td></td><td></td><td></td><td></td><td></td><td></td></tr>
<tr><td>会　计</td><td></td><td></td><td></td><td></td><td></td><td></td><td></td><td></td><td></td></tr>
<tr><td>出　纳</td><td></td><td></td><td></td><td></td><td></td><td></td><td></td><td></td><td></td></tr>
<tr><td>开户行具办人</td><td></td><td></td><td></td><td></td><td></td><td></td><td></td><td></td><td></td></tr>
<tr><td>使用负责人</td><td></td><td></td><td></td><td></td><td></td><td></td><td></td><td></td><td></td></tr>
<tr><td>产品使用
情况</td><td colspan="9"></td></tr>
<tr><td>使用同类
产品情况</td><td colspan="9"></td></tr>
<tr><td>存在主要
问　题</td><td colspan="9"></td></tr>
<tr><td>备　注</td><td colspan="9"></td></tr>
</table>

表 6-3　双轮集团公司酒类经销商资料卡

编号:__________

经营部:　　　　　　填卡人:__________　建档日期:____年____月____日

<table>
<tr><td>名　称</td><td colspan="2"></td><td>地　址</td><td colspan="2"></td></tr>
<tr><td>电　话</td><td></td><td>邮政编码</td><td></td><td>企业性质</td><td></td></tr>
<tr><td>开户行</td><td></td><td>账　号</td><td></td><td>Email</td><td></td></tr>
<tr><td>固定资产</td><td></td><td>流动资产</td><td></td><td>税　号</td><td></td></tr>
<tr><td>经营范围</td><td colspan="3"></td><td>职工人数</td><td></td></tr>
</table>

事项 人员	性别	出生年月日	电话	邮编	住址	爱好	家庭	备注
经理								
业务经理								
业务科长								
业务员								
财务科长								
会计								
出纳								
开户行具办人								

<table>
<tr><td colspan="2" rowspan="2">金额
酒类</td><td colspan="2">1998</td><td colspan="2">1999</td><td colspan="2">2000</td></tr>
<tr><td>数量</td><td>金额</td><td>数量</td><td>金额</td><td>数量</td><td>金额</td></tr>
<tr><td colspan="2"></td><td></td><td></td><td></td><td></td><td></td><td></td></tr>
<tr><td colspan="2"></td><td></td><td></td><td></td><td></td><td></td><td></td></tr>
<tr><td colspan="2"></td><td></td><td></td><td></td><td></td><td></td><td></td></tr>
<tr><td colspan="2"></td><td></td><td></td><td></td><td></td><td></td><td></td></tr>
<tr><td rowspan="2">商业销售</td><td>总销售额</td><td></td><td></td><td></td><td></td><td></td><td></td></tr>
<tr><td>该品种销售额</td><td></td><td></td><td></td><td></td><td></td><td></td></tr>
</table>

二、客户档案管理的原则

在客户档案管理的过程中,需要注意以下原则:

1. 动态管理。客户资料卡建立以后置之不理,就会失去它的意义。因为客户的情况是会不断地发生变化的,所以客户的资料也要不断的加以整理。剔除过去旧的或已经变化了的资料,及时补充新的资料,对客户的变化进行跟踪,使客户管理保持动态性。

2. 突出重点。有关不同类型的客户资料很多,我们要通过这些资料找出重点客户。重点客户不仅要包括现有客户,而且还应包括未来客户或潜在客户。这样为企业选择新客户、开拓新市场提供资料,为企业进一步发展创造良机。

3. 灵活运用。客户资料的收集管理目的是在销售过程中加以运用。所以,在建立客户资料卡或客户管理卡后不能束之高阁,应以灵活的方式及时全面地提供给推销人员及其他有关部门人员,使他们能进行更详细的分析,使死资料变成活资料,提高客户管理的效率。

4. 专人负责。由于许多客户资料是不宜流出企业的,只能供内部使用,所以客户管理应确定具体的规定和办法,应由专人负责管理,严格客户情报资料的利用和借阅。

三、客户管理分析

1. 整理资料

将某业务员的推销业绩和客户访问资料,整理列在表格中(格式如表 6-4)。

表 6-4　推销业绩与访问资料

序号	客户代号	销售额	累计	访问次数	累计
1					
2					
·					
·					
·					
n					

2. 销售业绩分析

将业务员的推销实绩对比分析,假定该业务有 20 家客户,总推销额为 250 万元。但其中前 4 家的销售额就占总销售额的 80%,第 5 到第 10 家的销售额占 15%,后 10 家仅占 5%,从中就可以找出重点客户,以提高销售效率。

表 6-5　销售量统计

A 按产品、地域、客户类别统计(时间段)

客户名称	产品	地域	客户类别	销售量	占总销售量比率	累计销售额	平均销售额

B 单客户(产品、地域、客户类别)分析销量(销量图、曲线图、同期比)

月份	实际销量	去年同期	与同期差额	销售增长率
1				
2				
3				
4				

5				
6				
7				
8				
9				
10				
11				
12				
总计				
平均值				

C 按产品(地域、客户类别)分析销量

月份	实际销量	计划销量	去年同期	与同期差额	与计划比	销售增长率
1						
2						
3						
4						
5						
6						
7						
8						
9						
10						
11						
12						
总计						
平均值						

3. 划分客户等级

依据客户的销售额，可以将客户分为 ABC 三级。具体分法是：

(1)将客户连续三个月的每月销售额度累计后平均计算，求出客户的月平均销售额。

(2)月平均销售额按大小顺序排列。

(3)依据某月平均销售额为“登记标准额”，再将全部客户划分为若干等级。

如以排位第四的客户的月平均销售额为 A 级客户标准额，在此标准额以上的客户均为 A 级客户。

以此类推，确定 B 级、C 级客户。

4. 客户名册登记

将全部客户分级后应分列成册。其中：

(1)可按客户开拓的顺序先后，排出“客户名册”(见表 6－6)。

(2)按客户的资信或规模等状况，排出“客户等级分类表”。

表 6－6　客户名册表

项目 次序	客户名称	业种	负责人	地址	电话	拜访日期记录	客户等级

5. 对客户进行区域分析

为便于工作巡回访问、送货、催讨货款等将客户按地区和最佳交通路线划分为若干区域并分别由业务人员负责。

6. 确定客户访问计划

企业各级销售主管及业务人员对所负责地区客户的访问销售工作,应有周密的访问计划。访问次数依客户的不同级别而有所不同。表6-7的内容供参考。

表6-7 客户访问计划表

项目 级别	经办人		科长	部长	经理	总经理	备注
	访问	电话					
A级	每月3次	每月2-3次	每月一次	1-2月1次	半年1次	1年1次	
B级	每月2次	每月1-2次	1-2月1次	2-3月1次	6-12月1次	有必要时	
C级	每月1次	每月1次	有必要时	有必要时			

第二节　客户资信的调查

客户资信调查即是客户资信评价的依据,也是及时发现客户风险的主要手段。要获得客户资信评价的各种信息,必须做好三项工作:

一是建立客户交易台账,对每笔业务往来都应有详细的记录;

二是多与客户的会计、保管、业务员、供应商等接触,从中获得有关客户经营及资信方面的大量信息;

三是对获取的大量信息,有些甚至是互相矛盾的信息去伪存真,去粗存精,保证信息的真实、准确和可靠。

一、信用调查的方法

1. 利用机构进行信用调查

(1)通过金融机构(银行)进行调查。一般由业务经理提出委托申请,由业务员协助调查。通过金融机构调查,可信度比较高,所需费用少,但很难掌握其全部资产情况及具体细节,因客户的业务银行不同,所花调查时间会较长。同时目前有不少银行以为客户保密为由不愿接受调查。

(2)利用专业资信调查机构进行调查。这种方式能够在短期内完成调查,经费支出较大,能满足企业的需求。调查人员的素质和能力对调查结果影响很大,所以应选择声誉高、能力强的资信调查机构。

(3)通过客户或行业组织进行调查。这种方式可以进行深入具体的调查。但会受地域限制,难以把握整体信息,并且难辨真伪。

(4)内部调查。询问同事或委托同事了解客户的信用状况,或从本公司派生机构、新闻报道中获取客户的有关信用情况。

2. 直接调查法。指企业营销人员直接与顾客接触获取信用资料的方法。采用这种方法如果顾客给予合作,则取得资料迅速、可靠;否则资料使用性差。

3. 间接调查法。指通过信用评估机构、商业银行的信用部门或财务咨询公司获取信用资料的方法。这些资料主要有:

(1)财务报表。这是信用资料主要来源。通过财务报表,企业就能详细了解顾客的财务状况。

(2)客户以往偿还债务的行为。是指客户在过去是否有延迟付款或赖账的行为。

(3)客户的信用等级与信用报告。一般情况信用好的企业,其信用级别较高,为A级。而经常违约的企业,其信用级别低,为D级。

(4)企业法人代表的背景,包括过去是否有被诉讼及欺诈他人记录。

二、调查时应注意的事项

1. 对客户经营者进行调查时,应注意以下几点:

(1)其家庭气氛和店铺内气氛是否冷淡、灰暗?

(2)其夫妇关系是否紧张?

(3)其所作所为是否有悖于公司的理念?

(4)是否有赌博、酗酒等不良嗜好?

(5)是否对工作放任自流?

(6)是否三心二意?

(7)是否有明确的经营方针?

(8)经营者之间是否存在争权夺利的情况?

(9)是否高高在上,只管发号施令?

(10)是否颠三倒四,朝令夕改?

(11)行踪是否飘忽不定?

(12)是否整日面容憔悴,疲惫不堪?

(13)是否经常窃窃私语,神秘兮兮?

2. 对客户企业状况进行调查时,应注意以下几点:

(1)职工是否团结一致?

(2)职工是否能做到令行禁止?

(3)职工能否按时、按质完成工作任务?

(4)职工流动是否居高不下?

(5)职工纪律是否松懈?

(6)职工是否向企业外部人员倾诉牢骚?

(7)办公场地是否杂乱无章?

(8)职工是否整天与报纸和茶水为伍?

(9)职工是否有化公为私之举?

(10)职工是否违返规定,低价出售,中饱私囊?

(11)库存量是否急剧增减?

(12)与主要客户的关系是否稳固?

(13)领导不在时,职工是否兴高采烈?

3. 在调查客户资金状况时,应注意是否有下列行为:

(1)手持现金不足,提前收回货款。

(2)持票据贴现。

(3)延期支付债务。

(4)出现预收款融资票据和借入性融通票据。

(5)为筹资而低价抛售。

(6)提前回收赊销款。

(7)开始利用高息贷款。

(8)开始躲债。

(9)与业务银行关系紧张。

(10)经营者经常奔走于各类金融机构。

(11)听说其他债权者无法索回货款。

(12)其票据被银行拒付。

(13)银行账户被冻结。

4. 对客户支付情况进行调查时,应注意是否有下列行为:

(1)不能如约付款。

(2)推迟现金支付日。

(3)推迟签发票据。

(4)要求票据延期。

(5)托辞本公司的付款通知书未到。

(6)开始进行小额融资。

(7)对催讨货款搪塞应付。

(8)小额货款都不能支付。

(9)票据被银行拒付。

(10)要求延长全部票据的支付期限。

三、调查结果的处理

1. 调查完成后,应编写客户信用调查报告

因为对客户的管理是一个动态的过程,所以要定期写成书面的客户信用调查报告,及时报告给主管领导。平时还要进行口头的日常报告和紧急报告。

定期报告的时间要求依不同类型的客户而有所区别:

对于A类客户每半年一次即可。A类客户是指规模大、信誉高、资金雄厚、属超一流公司的客户。

对于B类客户每三个月一次。B类客户是信用状况一般、信誉较好的客户。

对于C类客户要求每月一次。这类客户主要包括一般的中小客户、新客户、口碑不好的客户。

调查报告须在指定月份的10日前提交给主管领导,应用公司统一规定的格式和要求编写。调查报告应力戒主观臆断,要以资料事实说话,但又不能罗列过多数字,调查项目应保证明确全面。

2. 信用状况突变情况下的处理

业务员如发现自己所负责的客户信用状况发生变化,应直接向上司报告,按"紧急报告"处理。采取对策必须有上司的明确指示,不得擅自处理。

对于信用状况恶化的客户,原则上可采取如下对策:

——要求客户提供担保人和连带担保人。

——增加信用保证金。

——交易合同取得公证。

——减少供货量或实行发货限制。

——接受代位偿债和代物偿债。有担保的人，向担保人追债；有抵押物担保的，接受抵押物还债。

第三节　客户资信评估

客户资信评估是企业或聘请资信评估机构在对客户进行全面考察分析的基础上，对其履行各种经济承诺（包括借贷承诺、债务承诺等）的能力及其可信任程度所进行的综合分析和评价。

企业在经营活动中，可以利用客户的资信水平来执行信用政策，即企业在商品销售中利用赊销、分期付款等方式的方针和策略。

一、客户资信评估的内容

客户信用是指客户在商品买卖和货币借贷行为中，作为债权人贷出货币或赊销商品以及作为债务人按约定日期偿还贷款或商品价款并支付利息的行为。这里，我们更关注的是作为买卖行为中的作用。

客户资信评估要依据一定的标准进行，资信评估机构和人员不仅要评估企业的货币支付能力、还贷能力和偿债能力，而且要对企业的内在素质和经营管理水平及状况作出评价。

根据客户的行业性质，可分为工业用户和中间商即商业客户。如对商业客户，其资信评估的内容主要包括五个方面：一是企业素质，二是资金实力，三是资金信用，四是盈利能力，五是发展前景。

工业客户的资信评估内容可以从企业素质、资金实力、盈利能力、资金信用、生产要素利用情况、经营效率、发展前景等七个方面，这里仅以商业客户为例详细说明。

1. 企业素质

在企业素质方面，主要考察企业的领导素质、职工素质和管理能力及技术装备水平、竞争能力和拥有的无形资产等内容，侧重分析企业领导才干和领导水平。

领导者素质通常包括政治素质、文化素质和业务素质。政治素质指管理人员必须对事业有强烈的责任感，必须品德高尚；业务素质指管理人员应博学多才、多谋断、通晓业务和技术，敢于创新。

管理能力主要有决策能力、组织指挥能力、处理日常管理事务的能力。决策能力由观察、判断、分析问题的能力和决断创新能力等构成。决策能力表现为善于出主意、想办法，提出科学方案，作出正确决定，推动管理系统和被管理者去完成任务。组织指挥能力表现为生产经营中驾驭整个被管理系统、管理对象去实现确定的目标。

企业员工素质的标准通常以懂业务、守纪律、尽心尽力为企业经营和生产服务，全心全意为广大消费者服务的程度来衡量。

2. 资金实力

资金实力强弱在一定程度上反映着企业的规模大小和资信程度的高低。反映企业资金实力的主要指标有：

(1)注册资金

企业注册资金是企业投资人在国家注册登记机构登记的自有资金的总额，注册资金的数额越大，企业的资金实力也相对越雄厚。

(2)投资总额

企业投资总额是指按照企业预定的经营规模需要投入的经营场所建设资金和经营流动资金的总额,是企业的自有资金及其借贷资金之和。企业的投资总额越大,其规模也越大。

(3) 企业资金自有率

企业资金自有率是企业自有资金(所有者权益总额)占其资产净值的比重。企业自有资金比率越高,说明企业资金实力越强,偿债能力越强,承担风险的能力越强,越有自我发展的条件。

3. 资金信用

资金信用是指商业企业在生产经营结算中延期收、付款的行为或资金的借贷关系,是影响商业企业资信度的重要因素之一。资金信用主要是资产质量。资产质量是考核企业经营状况的重要内容,流动资产负债率和呆滞资金占压率从数量和质量两个方面反映企业资产的质量。流动资产负债率是企业流动资产与流动负债的比率,又称流动比率,它是反映企业偿债能力强弱的重要指标。资产对负债的比率越高,说明企业偿债能力越强。呆滞资金占压率越高,说明企业全部占用资金中处于呆滞状态的资金越多,其承担风险能力越低,企业资产质量越差。同时,企业在商品往来中的信用状况也是考核的内容,货款偿还率是反映这方面信用好坏的最直接的指标。具体来讲反映商业企业资金信用状况的指标主要有以下几种:

(1)贷款偿还率

贷款偿还率是指一定时期内,商业企业到期偿还的贷款额占全部贷款余额的比例,是考核商业企业银行贷款偿还情况的指标。其计算公式为:

$$贷款偿还率=\frac{当前到期并已偿还的借款额}{期末借款总余额}$$

$$=(1-\frac{期末逾期偿还借款余额}{期末借款总余额})\times 100\%$$

逾期贷款是贷款危险的信号,银行通常都是以逾期贷款率作为考核企业贷款流动性和偿还情况的重要指标。借款能否及时偿还,综合反映了商业企业经营活动情况,在企业资金周转的过程中,任何环节上出现问题,都会影响借款的及时偿还。因此,企业贷款偿还率在一定程度上反映了贷款的风险程度,表明了企业的资金信用状况。

(2)货款支付率和货款回收率

货款支付率和货款回收率都是反映商业企业在一定时期内,因购买材料、半成品等和销售产品而发生的货款收、支情况的指标,主要考核企业结算货款支付和收回的程度。其计算公式分别为:

货款支付率=(期初应付货款+本期外购货款-期末应付货款)/(期初应付货款+本期外购货款)

货款回收率=(期初应收货款+期初发出商品+本期销售收入总额-期末应收货款-期末发出商品)/(期初应收货款+期初发出商品+本期销售收入总额)

企业能否按时支付全部货款直接表明了企业的承债能力,反映企业的资金信用状况;企业能否按时回收全部货款直接影响企业资金的周转,影响企业经营活动的延续。因此,在收付货款上表现出良好的资金信用的商业企业,其资信度必然也高。

4. 财务和盈利能力分析

(1)流动性比率

所谓流动性,是指企业除现金外的其他资产能否及时兑换成现金的程度。流动性越高,表示企业的资信也越好。流动性比率,主要有以下几种:

①现金比率。这个比率反映商业企业用手中现金偿付流动负债的能力。公式为:

$$现金比率=\frac{货币资产+短期投资}{流动负债}$$

短期投资指商业企业购入的各种能随时变现的证券等,其流动性与货币资产相差无几。

②流动比率。这个比率反映商业企业用流动资产偿还流动负债的能力。公式为:

$$流动比率=\frac{\begin{matrix}货币\\资产\end{matrix}+\begin{matrix}短期\\投资\end{matrix}+\begin{matrix}短期应收\\票据\end{matrix}+\begin{matrix}应收\\账款\end{matrix}}{流动负债}\times 100\%$$

③应收账款周转率。该比率反映商业企业收回应收账款的效率和应收账款的流动度。公式为:

$$应收账款周转率=\frac{赊销收入净额}{平均应收账款余额}$$

应收账款周转率越高,表示应收账款的变现能力越强,收款工作效率越高,减少坏账损失的可能性也越大。

④存货周转率。该比率反映商业企业存货资产的流动程度,也反映企业营运和管理存货的效率。公式为:

$$存货周转率=\frac{产品销售成本}{平均存货}$$

(2)资本结构比率

这一类比率主要用以评定商业企业的长期偿债能力,评价企业资本结构是否合理。商业企业的长期偿债能力越强,资本结构越合理,资信度也越高。主要包括以下比率:

①负债比率。是衡量商业企业长期偿债能力的指标,也是反映债权人借出资金安全程度的指标。公式为:

$$负债比率=\frac{负债总额}{全部资产(扣除折旧后的净额)}$$

②所有者权益比率。即企业资金自有率。公式为:

$$所有者权益比率=\frac{所有者权益总额}{资产净额}$$

③负债权益比率。这一比率反映商业企业负债与所有者权益的数量关系,用以评价企业的财务风险。公式为:

$$负债权益比率=\frac{负债总额}{所有者权益总额}$$

商业企业的负债对所有者权益比率越高,商业企业的财务风险越大,债权人的保障程度就越小。企业的资信度也就越差。

④利息保障倍数。这个比率反映商业企业用盈利支付债务利息的保证程度,一般以倍数表示。公式为:

$$利息保障倍数=\frac{利润总额+利息费用}{利息费用}$$

(3)盈利能力比率

这一类比率主要从不同角度测算商业企业盈利能力的水平,衡量商业企业管理绩效的优劣。盈利水平越高,商业企业的资信度越高。主要包括以下比率：

①资本金利润率。它反映投资人投入到商业企业资金的获利能力。公式为：

$$资本金利润率=\frac{利润总额}{所有者权益平均余额}$$

②营业收入利税率。它反映商业企业营业净收入的获利能力。计算公式为：

$$营业收入利税率=\frac{利税总额}{商品销售收入净额}$$

③成本利润率。它反映商业企业产品销售成本的获利能力。公式为：

$$成本利润率=\frac{利润总额}{商品销售成本}$$

④资产报酬率。它反映商业企业资产的获利能力。公式为：

$$资产报酬率(税前)=\frac{利润总额+利息费用}{平均资产余额}$$

$$资产报酬率(税后)=\frac{税后利润+利息费用(1-所得税率)}{平均资产余额}$$

⑤财务杠杆。商业企业用于长期资产投资的资金主要来源于两个方面,即借债和投资人的投资。一般认为举债是比要求投资人增加投资更具吸引力的筹资方式,因为借债利息是计算应税收益的扣减项目,超过利息率的投资收益归所有者所有,所以企业通过借债筹集资金,可为所有者带来额外利益。这种由于借债使企业保持适当的资本结构而为企业所有者带来的额外收益被看作是

企业理财的成果,称为财务杠杆。其计算公式为:

财务杠杆 = 资产报酬率 - 所有者权益报酬率

分析企业财务杠杆应注意,举债虽会给企业所有者带来好处,但也会增加企业的财务风险,如果负债率太高,一旦利润率下降至利息率之下,企业将蒙受损失,影响企业的资信。

5. 发展前景

发展前景主要通过市场分析,判断商业企业在市场中的地位,企业的竞争能力和应变能力,评价企业的发展规划、管理手段以及制定的措施是否切实可行等方面的情况。

在具体评估时,可以根据实际选取这些指标中有代表性的指标作为考核评估的依据。

二、资信评估方法

客户资信评估工作要以科学的态度,坚持客观、公正、超脱、实事求是的宗旨。方法可以采取定量分析与定性分析相结合,静态分析与动态分析相结合,做到准确、全面地反映企业的资信状况。

客户资信评估的方法由于企业注重的方面不同,因而选择的评价内容也就不同,因而评价方法也有所不同。这里简要介绍几种不同的评价方法。

1."5C"评估法

所谓"5C"评估法,是指重点分析影响信用的 5 个方面的一种方法。这 5 个方面是:品行(Character)、能力(Capacity)、资本(Capital)、抵押品(Collateral)和条件(Conditions)。这 5 个方面英文的第 1 个字母都是 C,故称为"5C"。这是一种质的标准评价。

(1)品行:是指客户的信誉,即履行其偿债义务的可信程度;品行也包括企业法定代表人的个人品德,如诚实、守信、说话算数等。该因素在信用评估中最重要,因为客户是否愿意尽最大努力归还货款,直接决定着账款的回收速度和数量。因此将品行列为客户信用品质的第一因素。

(2)能力:指客户的偿债能力,包括客户偿债能力的历史记录,现有偿债能力及企业实力等。

(3)资本:指客户的一般财务状况,如实有资本金、负债比率、流动资产比率和速动比率等财务分析指标。

(4)抵押品:指客户为了获得商业信用而提供给企业作为担保的资产。企业一旦收不到客户的款项时,就可以变卖其抵押品加以弥补。

(5)条件:指一般经济发展趋势或某些地区的特殊发展对企业偿债能力可能产生的影响。

企业对客户进行以上 5 个方面的定性分析,基本上可以判断其信用情况。

2. 信用评分法

信用评分法是指对评价内容的指标进行考核评定信用分数,按每一项目内容给定分数计分,最后得出总分,再按得的总分确定客户的资信等级。

计算公式 A:$Y = 100 - (P - X)\alpha$

计算公式 B:$Y = 100 - (X - P)\alpha$

Y 代表测评得分,X 代表实际值,P 代表标准值,α 代表实际值每增减 1 得分增减值。

表 6－8　工业企业信用等级评定表

项　目	权重	评价分值	项　目	权重	评价分值
一、企业经营者素质	10		五、企业经营效益	30	
经历	2	主观	1. 货款回收率	5	P = 100, a = 2, A
业绩	2	主观	2. 货款支付率	6	P = 100, a = 2, A
信誉	3	主观	3. 合同履行率	6	P = 100, a = 2, A
能力	3	主观	4. 销售利润率	5	P > = 10, a = 10, A
二、企业经济实力	15		5. 资本利润率	4	P > = 20, a = 5, A
1. 净资产	8		6. 销售收入增长率	4	P > = 20, a = 5, A
2. 贷款偿还率	7	P = 100, a = 2, A			
三、企业资金结构	25				
资产负债率	9	P < = 30, a = 2, B	六、企业发展前景	10	
流动比率	8	P > = 130, a = 1, A	1. 主要产品寿命周期	4	主观
速动比率	8	P > = 100, a = 1, A	2. 新产品经营开发能力	4	主观
四、生产要素利用情况	10		3. 市场预期影响	2	主观
1. 劳动生产率水平	5		总评价分值		
2. 设备利用率	5	P = 100, a = 1, A			

参考数分值	赊销指标		评定企业等级
	赊销率	赊销天数	
90～100 分 = A^{+}			例：评价等级为 A
80～89 分 = A			
70～79 分 = B^{+}			允许赊销天数
60～69 分 = B			
50～59 分 = C			允许赊销率
0～49 分 = D			

表 6－9　商业企业信用等级评定表

项　　目	权重	评价分值	项　　目	权重		评价分值
一、企业经营者素质	10		四、企业经营效益	35		
经历	2		1. 货款回收率	5		
业绩	2		2. 货款支付率	5		
信誉	3		3. 存货周转率	4		
能力	3		4. 合同履行率	6		
二、企业经济实力	15		5. 销售利润率	5		
1. 净资产	8		6. 资本利润率	6		
0～99 万元	2		7. 销售收入增长率	4		
100～499 万元	4		五、企业发展前景	10		
500～999 万元以上	6		1. 市场竞争能力	4		
1000 万元以上	8		2. 销售环境	4		
2. 贷款偿还率	7		3. 规划及管理	2		
			总评价分值			
			参考数分值	赊销指标		评定企业等级
				赊销率	赊销天数	
			90～100 分＝A^+			例：评价等级为 A 级
三、企业资金结构	30		80～89 分＝A			
资产负债率	8		70～79 分＝B^+			允许赊销天数
流动比率	8		60～69 分＝B			
速动比率	8		50～59 分＝C			允许赊销率
债务股权比率	6		0～49 分＝D			

主观指标评价：

按 5 等级评价，很好、好、一般、差、很差（得分为 100、80、60、30、0）

赊销率、赊销天数＝评价后的等级（企业自定赊销率、赊销天

数)

允许赊销天数、允许赊销率(应小于评价等级规定的赊销率和赊销天数)。

净资产得分:

0~99万20分;100~999万50分;1000~4999万70分;5000~9999万90分;1亿元以上100分。

劳动生产率水平得分:

达到行业平均值60分,每+-1%,得+-1分;范围为0~100分

劳动生产率得分=60+(本企业劳动生产率-行业劳动生产率)/行业劳动生产率

赊销率、赊销天数=评价后的等级(企业自定赊销率、赊销天数)

允许赊销天数、允许赊销率(应小于评价扣等级规定的赊销率和赊销天数)

3.A-FA综合评价法

由于客户资信是由多项因素构成,有些可以通过指标的定量计算,而多数指标是难以精确描述定量,因而计量评价一直十分困难。对于这些模糊指标目前多是采用点值法和因素比较评定法。这里还可以运用层次分析法(Analytic Hierarchy Process)、模糊综合评价法(Fuzzy),以及精确值测评法(Accurate)相结合,进行客户信用评价的A-FA方法。它可以解决精确描述的"硬指标"考核与非精确描述的"软指标"评价在通常情况下的分离问题。其步骤如下:

(1)确立评价指标体系

客户资信是受多层次,多因素的复杂影响的,要想对客户资信进行科学的量化处理,首先应建立科学的评价指标体系,使各因素之间的关系层次化、条理化,并能够区别它们各自对评价目标影响的程度。运用层次分析法,将复杂的评价问题分解成不同层次的子系统进行分层优化处理,则较为科学合理。

层次分析法把众多的指标因素分为最高层、中间层和最低层。最高层表示评价的最终目标,这里即是客户资信评价;中间层表示达到评价的最终目标所涉及的中间层指标,这里是指评价要素。企业素质、资金实力、资金信用、盈利能力、发展前景这五大要素基本上概括了企业信用的情况,因而仍可作为评价中间层指标。所以关键是最低层具体评价指标,即子因素指标的确立。建立特征指标体系的方法是:

根据企业实际初步拟定特定指标体系方案,经专家咨询修正后,采用主成份分析法,对指标进行简化。即对初拟指标采用两两比较进行指标间的 Person 相关及 F 检验,计算出各指标间的相互密切程度,然后根据需要确定。

在建立特征指标体系时应注意以下几点:

①指标必须是描述一种行为,即具有实践性。

②采用的特征指标体系应一目了然,要使衡量者和被评价者即客户都能理解,以避免过于复杂和难懂在心理上带来不利的影响。

③建立特征指标体系要有成本观点,过于详细会延长评价时间,增加评价费用。但过于简单也不行,不足以充分反映信用真实程度,会使在该客户感到自己的信用度未受到公正的评价。

根据以上方法我们可以建立客户资信评价的层次指标体系。

资信评价的层次指标体系

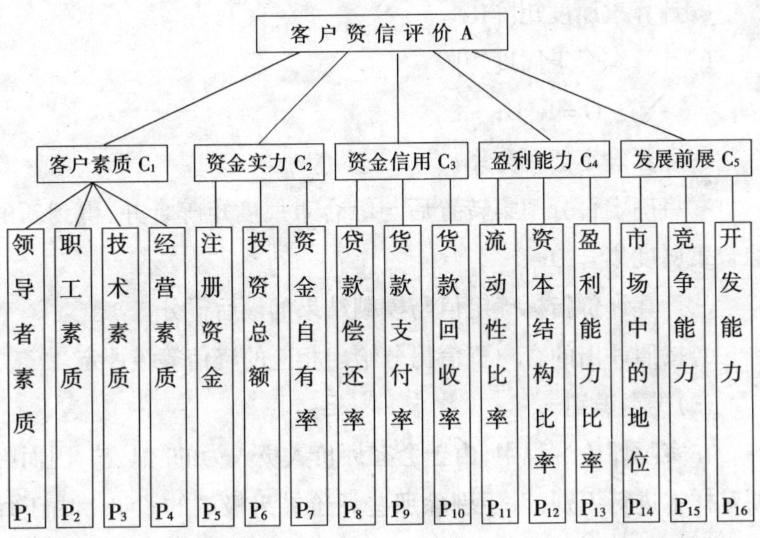

图6-1

通过上图可以看出，其中C_2、C_3、C_4可以通过测量精确定量，而C_1、C_5则采用模糊评价。

(2)A-FA综合评判

A-FA综合评判步骤如下：

①确定模糊评价指标集

$$X=(X_1,X_2,\cdots\cdots X_n);$$

②确定评语集

$$V=(V_1,V_2,\cdots\cdots V_m);$$

③确定评语集隶属度集合

$$U=(U_1,U_2,\cdots\cdots U_m);$$

④确定各指标权重集

$$A = (a_1, a_2, \cdots\cdots a_n);$$

⑤计算隶属度矩阵$\underset{\sim}{R}$;

⑥计算综合隶属度矩阵

$$G = \underset{\sim}{R} \cdot U;$$

⑦计算确定值百分率;

⑧将确定百分率集转置后与综合隶属度矩阵合并,得到新的综合隶属度集合 D;

⑨计算评价指标确定值与模糊结果的最后得分;

⑩按照评出的客户资信得分给出相应的资信等级评定。

(3)样本识别

在实际评价过程中,由于会有评价人员人为的"偏爱",因而必须对样本进行识别,以便剔除那些评价结果极端的意见。由于评价指标体系多层次性的作用,使得这种"偏爱"干扰分布在对每一项指标的评价当中,而不是简单地落在评价结果的最高分或最低分上。为此,应采用样本识别技术进行处理。其步骤如下:

①计算样本评判意见中心值向量;

②用加权涨明距离分式计算每位评价者在各项指标上所给结果向量与中心值向量的距离;

③确立极端意见的边界值。

这一方法看似复杂,但由于具有计算机的工具,因而只要编一个简单程序,计算很快,它具有更为准确全面的评价效果。

4. 经验评估法

这种方法是一种比较直接的资信评估方法。即选定几项评价指标,评价人员按照提供的客户资料和实际了解情况,根据自己的经验直接给出某一指标的等级,最后再对各项指标等级权衡确定客户信用等级的一种办法。

如某企业对客户资信等级评价依据回款率(应收款额)、支付能力(还款能力)、经营同业竞争产品情况三项指标确定。

(1)回款率(应收款额)。回款率是评价客户资信等级的主要指标,一般情况下,A级客户的回款率必须达到百分之百,如果回款率低于百分之百则资信等级相应降低。评价期内回款率低于95%,降为B级;低于90%,降为C级;低于85%,降为D级。

(2)支付能力(还款能力)。有些客户尽管回款率高,但由于其支付能力有限而必须降低资信等级。如某客户尽管不欠本企业的货款,但欠其它厂家的货款甚巨,这样的客户最多只能认定为C级客户。

确定客户的支付能力主要看以下几项指标:

①资产负债率。如果客户的资产主要靠贷款和欠款形成,资产负债率较高,短期内支付能力虽然较强,但从长期来看,其支付能力是难以保持的,资信等级应当降低;

②经营能力。如果客户的经营能力差,长期亏损,则支付能力必然较差;

③客户、职员、供应商的满意程度。如果都有不满,说明缺乏支付能力,已经拖欠他人账款;

④是否有风险性经营项目。如果客户投资于风险较高,资金占用量大,投资周期长的项目,必然影响其支付能力。

(3)使用(经营)竞争对手产品情况。凡使用(经营)竞争对手产品者,资信等级最高为B级;以竞争对手产品为主者,资信等级最高为C级。

采用上述三项指标对客户资信等级进行评价,评价结果可能不一致,在这种情况下,以资信等级最低的一项作为该客户的资信等级。

除了依据上述三项主要指标对客户次等级进行评价外,还要根据客户对公司产品的重视程度、执行公司销售政策的情况、接货和服务要求、不良记录、是否为新客户等多项因素对客户资信等级进行修正。

(1)对本公司产品的重视程度。如果客户以本公司为主要供应商,则资信等级应较高;如果同等对待本公司与其它供应商,则资信等级应较低;如果不以本公司为主要供应商,本公司供货量占其采购量的比例很小,则资信等级应更低。

(2)接货和服务要求。如果客户接货及时并且对销售服务要求不高,则有利于开展销售活动,其资信等级也应较高;如果客户经常不及时接货或提出一些苛刻要求,其资信等级就应降低。

(3)接受公司销售政策情况。如果用户不能很好地接受公司的销售政策,如经常要求更改合同、压量压价等,则资信等级要大大降低。

(4)不良记录。如果客户在业务交往中曾经有过不良记录,如曾经欠款不还等,无论是针对本公司还是针对其它公司,其资信等级都应降低。

三、客户资信的等级

无论运用哪种方法评价,最终都要给客户资信评定出等级来。一般都设A级、B级、C级和D级。也有在A级中分为AAA级、AA级、A级,在B级中分为BBB级、BB级、B级,将C级分为CCC级、CC级、C级的。这样便有四级十个档次。客户不同的资信等级代表着一定内含。

A级:该类企业盈利水平很高;短期债务的支付能力和长期债务的偿还能力很强;企业经营处于良性循环状态,不确定因素对企业经营与发展的影响很小。

B级:B级客户的盈利水平在同行业中处于平均水平;具有足够的短期债务支付能力和长期债务偿还能力;企业经营处于良性循环状态,但企业的经营与发展易受企业内外部不确定因素的影响,从而使企业的盈利能力和偿债能力产生较大波动。

C级:C级客户的盈利水平相对较低,甚至出现亏损;短期债务支付能力和长期债务偿还能力不足,经营状况不好;促使C级客户经营与发展走向良性循环的内外部因素较少。

D级:D级客户亏损严重;基本处于资不抵债的状态,短期债务支付困难,长期债务偿还能力极差;企业经营状况一直不好,基本处于恶性循环状态,促使D级企业经营及发展走向良性循环状态的内外部因素极少,企业濒临破产或已经资不抵债,属破产企业。

第四节　客户资信等级管理和信用限度确定

一、客户资信等级的管理

1. 不同资信等级客户的管理

资信等级评价不是最终目的,最终目的是利用资信等级对客户进行管理。销售公司和各销售片区应针对不同资信等级的客户采取不同的销售管理政策。

对A级客户,资信较好可以不设限度或从严控制,在客户资金周转偶尔有一定困难,或旺季进货量较大,资金不足时,可以有一定的赊销额度和回款限期。但赊销额度以不超过一次进货量为限,回款宽限以不超过一个进货周期为限。

对B级客户,可以先设定一个限度,以后再根据资信状况逐渐放宽。一般要求现款现货。但在如何处理现款现货时,应讲究艺术性,不要让客户很难堪。应该在摸清客户确实已准备好货款或准备付款的情况下,再通知公司发货。对特殊情况可以用银行承兑汇票结算,允许零星货款的赊欠。

对C级客户,应仔细审查给予少量或不给信用限度,要求现款现货,如对一家欠债甚巨的客户,业务员要坚决要求现款现货,丝毫不能退让,而且要考虑好一旦该客户破产倒闭应采取怎样的补救措施。C级客户不应列为公司的主要客户,应逐步以资信良好、经营实力强的客户取而代之。

对D级客户,不给予任何信用交易,坚决要求现款现货或先款后货,并在追回货款的情况下逐步淘汰该类客户。

新客户的资信等级评价。新客户一般按C级客户对待,实行"现款现货"。经过多次业务往来,对客户的资信情况有较多了解后(一般不少于三个月),再按正常的资信等级评价方法进行评价。需要注意的是,要提防一些异常狡猾的小客户或经销商,他们在做头几笔生意故意装得诚实守信,待取得信任后再开始行骗。

2. 客户资信等级的定期核查

客户资信状况是不断变化的,有的客户资信等级在上升,有的则在下降。如果不对客户资信等级进行动态评价,并根据评价结果调整销售政策,就可能由于没有对资信等级上升的客户采取宽松的政策而导致不满,也可能由于没有发现客户资信等级下降而导致货款回收困难。因此,应定期对客户的资信等级进行核查,以随时掌握客户资信等级变动情况。一般应一月核查一次,核查间隔时间最长不能超过3个月。对客户资信等级核查的结果必须及时通知有关部门。

二、客户信用限度的确定

信用限度又称信贷限度,包括信用限额和信用期限。其主要内容有:

(1)对某一客户,唯有在所确定金额限度内的信贷才是安全的。

(2)也只有在这一范围内的信贷,才能保证客户业务活动的正常开展。

(3)确定信用限额的基准是客户的赊销款与未结算票据额之和。

(4)确定信用期限是企业资金能够正常运转的时限。

1. 信用额度的确定

信用额度是指企业根据其经营情况和每一客户的偿付能力规定允许给予该客户的最大的赊购金额。信用额度的确定在应收账款信用管理中具有特殊意义,它能防止由于给予某些企业过度的赊销,超过其实际偿付能力,而使企业蒙受损失。当客户的订单不止一份,而是在一定时期内有连续多项订单时,为了避免重复地对客户进行信用分析和信用标准的评估,就可根据测定对不同的客户制定相应的信用额度。这样便能控制客户在一定时期内应收账款金额的最高限度。在日常业务中,企业可以连续地接受客户的订单,办理赊销业务,对于每一客户只要其赊销额不超过其规定的信用额度,便可视为正常。一旦发现某客户赊销额达到其信用额度,并且赊销规模还在进一步扩大时,便应重新对其进行信用分析,并经有关负责人批准后方能办理赊销业务。

信用额度实际上表示企业愿意对客户承担的最大赊销额。其限额的大小与信用标准、信用期限、坏账损失收账费用等的大小直接有关,企业营销管理和理财人员应在可能获取收益和可能发生损失之间进行衡量,合理确定信用额度。但总的赊销限额不能超过企业的信用承受额。

(1)销售额测定法

客户信用限额=客户购入额×客户资信等级赊销率

(2)综合判断法

根据客户收益性、安全性、流动性和销售能力、购货情况和员工素质等综合确定一个大致的信用限度额,然后根据支付状况和交易额大小,适当地逐步提高信用限度额。

(3)资信系数确定法

资信额度的计算方法为:

$$资信额度=\frac{12个月累计销售额}{12}\times资信系数$$

该资信系数可按产品在市场上畅销程度、客户的资信评估情况来确定。产品越畅销,资信系数就越少,甚至直到0;客户的资信等级越高,其资信系数越大,一般不要超过3。当资信系数为0即意味着客户一定要先付款才提货,款到开单,款到提货。资信系数大意味着可以欠较多的款来提货。一般直接客户的资信系数最大为2,商业公司的资信系数最大为3,特殊的客户和重要客户可以按特定的系数。如资信系数为1,确定其资信天数是30天,这样,通过资信系数我们也可以知道资信天数,如资信系数为2,则资信天数即为60天。资信系数为3,则资信天数为90天。当然企业可以根据自身的资金承受能力和市场竞争状况适当地加以调整资信系数。如A级客户确定资信系数为3,B级客户确定为1,C级、D级客户确定为0等。

需要注意的是,随着市场销售情况和客户信用情况等的变化,企业可能和愿意承担的赊销风险也在变化,过去可以接受的,过一个阶段后,可能成为企业不愿接受的风险。因此,每隔一个阶段企业应对客户的信用额度加以恰当的重新核定,对信用额度建立定期和不定期的检查和修改制度,使信用额度经常保持在企业所能承受的风险范围之内。

2、信用期限的确定

信用期限是信用销售的允许期限。在风险管理中具有十分重要的意义。设定合理信用期限既是信用促销的手段,也是加强货款回收管理的重要内容之一。信用期限的确定常用的有两种,即谈判法和计量分析法。谈判法就是双方根据市场条件和各自承受的能力以及对客户资信评估为结果,谈判确定信用期限,如设3天、7天、10天或1个月、3个月等。这种方法随意性较大,因而风险也较大,但较为方便。计量分析法即是根据企业资金状况和信用成本分析确定,常用的有客户的DSO计算法和边际分析法。

(1)客户DSO(Days Salas Outstanding 销售额回笼天数)计算法 DSO的计算可用如下公式:

$$\text{DSO}=\frac{\text{应收账款金额}-\text{累计销售额}}{\text{前月的销售额}}\times\text{前月实际天数}+\text{累计天数}$$

表 6－10　DSO 计算表

该月实际天数	30 1999 年 4 月	31 1999 年 5 月	30 1999 年 6 月	31 1999 年 7 月
销售额	53674	52927	57915	58836
已收账款金额	51440	53726	54214	60435
应收账款金额	121052	121344	125213	121516
DSO	72	70	69	64

如，1999 年 7 月

$$DSO = \frac{121516 - (58836 + 57915)}{52927} \times 31 + (30 + 31) = 64$$

再如，1999 年 6 月

$$DSO = \frac{125213 - (57915 + 52927)}{53674} \times 30 + (31 + 30) = 69$$

在计算出该客户的销售额回笼天数后，可以据此设定一个资信期限，一般应小于或等于销售额回笼天数。

同时，要了解该客户对公司全年执行购销协议的情况和付款情况。还要了解该客户与其他供应商的业务量情况。通过上述几个方面的了解分析，一般企业能对该客户的情况有比较多的了解。

(2)边际分析法

这一方法是将信用期限内的边际收益与其边际成本相比较，当其获取的边际收益大于其边际成本时，则这种延长信用期限的方案是合理的。

如某企业以往销售采用现金交易，每年可销售 60000 件产品，每件产品售价为 2 元，每件产品单位变动成本为 1 元，固定成本为 12000 元，如企业尚余 40％的生产能力，准备扩大销售，并考虑给客户一定的商业信用,以促进销量。经预测,如信用期限为一个月,全年可增加销售量达到 80000 件。但要增加相应的信用费用 4000 元,估计坏账比率为 2%,如信用期限为二个月,则可扩大销量至 100000 件,信用费用增到 8000 元,坏账损失率为 5%,企业资金利润率为 20%,根据上述情况分别列表如下:

表 6-11

项目	现金销售	一个月信用期销售	二个月信用期销售
销量(件)	60000	80000	100000
销售收入(元)	120000	16000	200000
销售成本	72000	92000	112000
变动成本	60000	80000	100000
固定成本	12000	12000	12000
毛利	48000	68000	88000
信用费用	——	4000	8000
坏账损失	——	3200	10000
利润	48000	60800	70000

从上表可看出企业可能获取的利润,30 天信用期比现款销售要多 12800 元(60800 - 48000),60 天信用期比现款销售多出利润 22000 元,60 天信用期比 30 天信用期又要多 9200 元。

企业由于延长信用期多占用资金而造成的机会成本损失。

30 天信用期应收账款资金占用额:

= 应收账款平均资金占用额 × 销售成本率

= 日销售额 × 信用期限 × 销售成本率

$$= \frac{160000}{360} \times 30 \times \frac{92000 + 4000}{160000} = 8000 \text{ 元}$$

同理可算 60 天信用期应收账款资金占用额:

$$\frac{200000}{360} \times 60 \times \frac{112000 + 8000}{200000} = 20000 \text{ 元}$$

企业的资金利润率为 20%,可分别计算 30 天和 60 天的应收账款资金占用的机会成本:

30 天信用期机会成本 = 8000 × 20% = 1600 元

60 天信用期机会成本 = 20000 × 20% = 4000 元

30 天信用期实得增加利润 = 12800 – 1600 = 11200 元

60 天信用期实得增加利润 = 22000 – 4000 = 18000 元

通过上述计算可知,与现款销售方案相比,30 天信用期是有利的,扣除坏账损失和机会成本后,实际可增加利润 11200 元,但与 60 天信用期相比,60 天信用期更为有利,它可净增利润 18000 元,比 30 天信用期还多增加了净利 6800 元(18000 – 11200)。

3. 客户资信的控制

采用较严密的客户资信控制制度,对每个用户都建立档案,对每个客户购货数量、付款情况都有记录。根据用户不同的资信情况、业务量大小给予客户相应的信用限度,如果超过规定的时间(资信天数)不付款或订货总量(欠款金额 + 新订单金额)超过信用额度,就停止发货。

资信限度的调整必须由销售人员提出申请,填写资信限度申请表,再报告各级经理审批同意后交财务部审核并按建立资信限度申请表,再报各级经理审批同意后交财务部审核,并按建立资信限度的原则予以确定,随着客户业务情况的变化和发展,一般每 3 个月应对客户资信情况进行一次分析和调整(参见图 6 – 2),特殊情况需要调整的,须经理和财务总监批准后才可进行调整。

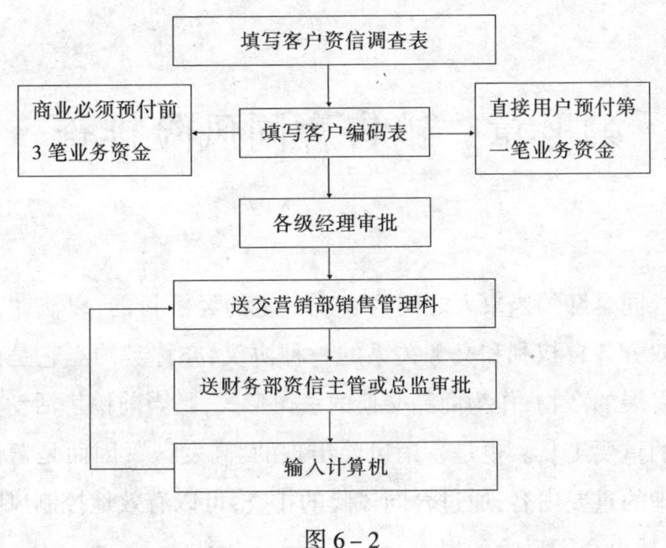

图6-2

一旦客户出现如下情况:(1)欠款总额+合同金额>资信限额。(2)欠款时间超过规定的资信天数。企业对该客户新订单就不能履行,该客户便进入了"黑名单",如果企业使用计算机管理的,配货单就不能开出。并发出了预警报告,如严重超过信用限度亮红灯;达到信用限度亮黄灯;如不超过信用限度亮绿灯。也可加上语音提示;如"危险,该客户限额已超出!"或"危险,该客户信用期限已超出!"等,进入"黑名单"的客户要由销售部门和财务审核分析原因,并采取相应措施,以在增加销售和防止坏账中取得一个平衡点。一般对"黑名单"的释放,必须经财务总监或经理审批后方可释放。财务总监或总经理一般在以下两种情况下才会批准:一是客户已付款(可能在银行账上还未进公司账户,可凭付款凭证);二是填写"申请发货表",在此表上要清楚地填写表格内的每项内容,必须详细说明发货理由。

第七章　销售合同风险排查

合同是缔约当事人之间为实现一定的经济目的，以法律形式确定双方各自权利和义务关系的一种协议，亦称契约。它是商品经济发展的产物，作为商品交换的法律形式，是当前销售活动不可缺少的重要工具。也是营销风险出现的“高发区”，因而是营销风险管理的重要内容，通过合同风险的排查，可以有效地控制风险的发生，减少合同风险的损失。

第一节　销售合同签订前的审查

一、销售合同的形式

当购销双方协商一致时，合同便告成立。但销售合同并不能认为只有正式签订的书面文件才是合同，不签订合同，就可以不承担责任。如卖方给买方在规定期限内表示承诺，合同即告成立。此后即使未办理签订书面合同手续，任何一方不能以任何原因或借口无书面合同推翻合同或不承担合同责任。因此，销售合同的形式不受任何条件限制。从法律上讲，它可以有口头的、书面的和其他的形式。

1.口头形式的合同

在实际购销业务中，有不少交易是通过当面口头交谈或电话达成的。口头成立的合同,不论是当面谈判或通过电话洽谈,在法律上同样生效。当然,口头合同一般用于金额不大、履约时间不长、不甚重要或距离较近、频繁交易的场合或业务往来比较信赖的单位之间。由于此种方式在发生争议或违约时举证困难,故不提倡采用。

2.书面形式的合同

在实际购销活动中,凡是金额较大、交易条件较为复杂或履约时间较长的,都应采用书面合同。

书面合同是指合同书、信件和数据电文(包括电报、电传、传真、电子数据交换和电子邮件)等可以有形地表现所载内容的形式。有以下三种形式;

(1)正式合同　正式合同的条款较多,内容全面,一般一式二份,双方签字后各自保存一份。有时需公证方公证,需一式三份。对于金额较大、履行时间较长、交易条件复杂的,一般都签订正式的书面合同。

(2)确认书　亦称简式合同,如销售确认书、订单等。通过函电或口头谈判的交易,在成交后卖方或买方可以寄交对方确认书,说明达成的交易条件,作为书面证明。卖方发出的,通常称销售确认书;买方发出的,叫做订单或购货确认书。确认内容,一般较正式合同内容简单。确认书一式二份,由发出的一方填制并签字后寄交对方,经对方签字后,保存一份,将另一份寄回发出方。

(3)以电报电传和电子信件等作为合同　在谈判交易中,一方的要约为对方承诺后,合同即告成立,虽不另签合同,但合同依然存在。因此,如果购销双方不愿再签订正式合同,就以最后发出的要约和接受的承诺函电代替合同。这样,合同的形式不是经双方签字的正式文件，而是买卖双方来往的函电。凡成交金额不大或经常进行交易的购销双方，往往不签订正式合同，而以成交的函电代替合同。

3. 合同的内容

合同的内容根据双方当事人的经济目的和具体要求而定。不论何种合同、合同条款繁简程度如何，合同内容都要具体、完整，文字解释清楚，权利义务对等，经济责任明确，对双方有约束性，签订手续完备。工矿产品购销合同一般可分成三个组成部分，即约首、正文和约尾，有的还有附件。

(1)约首

约首是合同的首部，包括合同的名称、编号、签订地点、签订时间、双方当事人等。

(2)合同正文

这是合同的主体。它具体规定了双方的权利与义务，在合同中表现为各项交易条件和一般条款，它是合同的核心部分，包括合同的标的、数量、质量、包装、交货、装运、价款、结算方式、支付条件及损耗、验收、检验标准和方法、担保、履行期限、地点和方式、违约责任、纠纷处理等条款。

(3)约尾

约尾是合同的结尾部分，也是合同的主要部分，包括双方的名称、签章、地址、法定代表人签章、委托代理人签章、电话、电子信箱、开户银行及账号、邮政编码及公证意见等。公证除国家另有规定外，实行自愿原则。约尾最后还有生效期限，这也是合同不可缺少的一项重要内容。

二、销售合同审查与签订

由于销售合同标的数量一般都比较大,内容比较复杂,涉及面广,很少能够即时结清。因此,对这类合同不能采取“君子协定”的方式来办事,应采取书面形式订立合同。要“立字为据”,就必须按照合同法的规定和要求签约办理。由于销售合同的特点,因而对签约者的资格、签约的内容及程序都有严格的要求。企业购销人员在签订购销合同时,一定要先对对方当事人进行审查。

1. 签约前的审查

(1)审查对方当事人的合同资格

为了通过签订销售合同实现各自的经济目的,避免和减少购销过程中的合同纠纷,在正式签约之前,签约者首先应做的准备工作便是相互审查作为合同主体的资格。

所谓合同资格,是指订立销售合同的当事人及其经办人必须具有法定的订立购销合同的权利。其目的在于确知签约对方是否具有合法的签约能力。这直接关系到合同是否有效。合同法规定合同的主体可以是自然人、法人或其他组织。但不少企业的销售合同,当事人都是法人。审查内容包括:

①合同对方当事人资格审查。对合同对方当事人的资格审查是签订合同的前提,如是自然人,该人是否有经济行为能力,如是法人,则看其是否具备法人资格。如以法人资格审查为例。所谓法人,就是具有民事权利能力和民事行为能力,依法独立享有民事权利和承担民事义务的组织。法人应当具备四个条件:一是依法成立;二是有必要的独立财产或经费;三是有自己的名称、组织机构和办公场所;四是能够独立承担民事责任。法人资格审查首先就是要认真审查对方当事人是否具有法人资格,是否属于经国家

规定的审批程序成立的法人组织，有无法人章程和营业执照。确定一个组织是否具有法人资格的标志，主要看其是否持有工商行政管理局颁发的营业执照。经过工商登记的国有企业、股份公司、个体企业、实行独立核算的国家机关、事业单位和社会团体，都可以具有法人资格，成为合法的签约对象。

在审查对方法人资格时应明确：没有取得法人资格的社会组织或已被吊销营业执照、取消法人资格的企业或组织，无权以法人资格签订购销合同，更不能假借法人名义与人签约成交。同时，法人内部的职能机构和生产组织对外也无权以其法人名义与其他法人及个体经营户签订购销合同。要特别警惕那些没有设备、技术、资金、组织机构的“四无企业”，它们往往在申请登记时弄虚作假，骗取营业执照，或私刻公章到处乱签合同。在目前市场法律机制尚不健全的情况下，某些所谓的“公司”等常常根本没有依法办理登记手续或未经批准，冒充法人或假借他人名义订立假合同，对此不可掉以轻心。

②合同对方当事人能力审查。具有合同资格的个人或组织并非可以任意签订购销合同。因此，要审查对方的经营活动是否超出个人的经营能力或是否超出法人的章程或营业执照批准的范围。如对方进行超越其职责范围或业务范围的经营活动，应慎重对待，否则将可能引起合同无效或无力履行的后果。

合同对方当事人能力审查还包括对签约的具体经办人的审查。销售合同对方如果是法人须由法人的法定代表人或法定代表人授权证明的承办人签订。法定代表人就是法人的主要负责人，如厂长、董事长等。他们对外代表法人签订合同，行使法人的行为能力。必须注意的是，党委书记和总经理一般不是法定代表人，不能以法定代表人的名义对外签订合同。在现实中,法定代表人不可能事必躬亲、直接出面签一切购销合同,经常是授权所属职能部门的负责人或业务人员,如推销员等作为承办人,以法人的名义去订立购销合同。承办人必须要有正式的授权证明书,其中要明确授权范围,方可对外签订合同。合同对方当事人如是自然人,则应由其亲自或法定代理人或书面委托他人签订。

法人代表在签订购销合同时应出示身份证明。但在实际签约中,往往都是事前了解清楚或彼此主动出示身份证明,以免当场要求对方出示证明,显得失礼,这一点应该特别注意。法人委托的经办人在签订购销合同时,应出据法人的委托书和本人的身份证明。

当事人根据需要,可以委托其他人代理订立购销合同,但必须合法。合同法对代订合同规定了三项法定条件:第一,代订合同必须有委托人的证明;第二,必须在授权范围内进行;第三,必须以委托人名义进行。法律的这一规定,其意义在于防止包办代替、冒名顶替和防止纠纷发生。委托人的委托证明,必须以书面形式并载明以下内容:代理人的姓名;委托代理的范围;代理人的权限;有效期限;委托日期。委托人还应在委托证明上签名盖章。如对代理有疑虑,应及时核查,或在一月之内向被代理人追认。

(2)审查对方当事人的资信和履约能力

①资信审查。资信即资金和信用。资金是当事人有支配权的、运用于购销活动的财产的货币形态;信用,是指商品买卖中的延期付款或货币的借贷,是属于商品交换和货币流通的一种经济关系。审查当事人的资信情况,对于在合同中确定权利义务条款、了解当事人对于购销合同的履行能力具有非常重要的作用。因为具有固定的生产经营场所和与生产经营规模相适应的资金,特别

是拥有一定比例的自有资金,是一个合同当事人在签订购销合同时起码的物质基础。因此,在准备签订购销合同时,应要求对方当事人提供自己的资信情况说明,以便进行审查,从而建立起相互信赖的关系,防止出现商业风险。

②审查对方当事人的履约能力。履约能力是指当事人履行合同的实际能力。如对方当事人是生产企业,就是审查其原材料与能源供应、产品质量、工艺流程、加工能力以及信誉高低等方面的综合情况。总之,就是要了解对方有没有履行销售合同所必须的人力、物力、财力和信誉保证。只有在充分了解对方当事人的履约能力的基础上签订的销售合同,才有可靠的履行保障。如果发现对方资金短缺,无履行能力,信誉不佳,就不能与其签订销售合同。

审查对方当事人的资信与履约能力,可以通过以下途径进行:

A　主要通过对方的开户银行了解对方债权债务情况和资金情况;

B　通过对方主管部门了解对方的组织结构、生产经营、资产、原材料供应、技术装备、产品、人员素质等情况;

C　通过对方所在地的工商行政管理部门了解对方是否具有法人资格和注册资本、核算形式、经营范围等;

D　通过对方协作供应商,可以直接了解对方交付货款的情况和信誉;

E　通过有关法院和各地的消费者协会,了解对方是否曾经牵涉到诉讼或社会舆论的批评。

推销员、业务人员在日常工作中,应当注意收集有关企业的履约情况及有关的商情、社情,作为以后签订合同的参考依据。

2. 销售合同的签订

签订销售合同必须遵循法律程序,其具体步骤如下:

(1)要约

要约是一个法律用语。它是指当事人一方向另一方提出订立销售合同的建议,是希望与他方订立经济合同的意思表示。提议人叫要约人。这是确立合同关系的开始阶段和首要步骤;

要约可以是口头的,也可以书面提出。书面要约可以发给特定对象,也可以发给不特定对象。要约的构成要素包括:希望与他人订约的愿望;合同的主要内容即必备条款;要求对方作出答复的期限。

在销售活动中,还经常使用要约邀请。要约邀请是希望他人向自己发出要约的意思表达。寄送的价目表、拍卖公告、招股说明书、商业广告等为要约邀请。如果商业广告的内容符合要约规定,即:内容具体确定;表明经受要约人承诺,要约人即受该意思表示约束,这种商业广告视为要约。因而销售企业在做广告时尤其应当注意广告内容。

要约是一种法律行为,它对要约人具有约束力,主要表现在两个方面:一是要约在未到达受要约人之前,要约人方可撤回自己的要约。二是要约可以撤销,撤销要约应当在受要约人发出承诺通知之前,超过规定期限,对方仍未做出承诺,或者撤回要约的通知先于或同时与要约到达,可以视为此要约无效,这时要约人可不受原要约的约束。但合同法规定以下两种情况不许撤销:一是要约人确定了承诺期限或者以其他形式明示要约不可撤回;二是受要约人有理由认为要约是不可撤销的,并已经为履行合同作了准备工作。在合同风险中特别容易出现对方要约后又出尔反尔,为营销带来风险。当然更不应该随意发出或撤回、撤销要约,以造成不守信用的后果，带来商誉损失的风险。

(2)承诺

承诺也是一个法律用语。它是指受要约人同意要约的意思表示。承诺也是一种法律行为，对要约人一经承诺，就认为双方当事人已经协商一致，达成协议，合同也就发生法律效力。因此，当事人一经做出承诺就不能随意改变，必须严守诺言。

承诺必须具备两个条件：第一，承诺的内容应当与要约的内容一致。受要约人在答复中对要约的实质内容或条件做了修改或增加了其它条件和内容，就不是承诺，而是对原要约的拒绝，应视为一个新的要约。对要约内容中的合同标的、数量、质量、价款或者报酬、履行期限、履行地点和方式、违约责任和解决争议方法等的变更，是对要约内容的实质性变更。第二，承诺必须在要约规定的期限内作出，超出了期限答复，应视为一个新的要约。如果要约没有期限，承诺应当依照合同法第二十三条处理。即要约以对话方式作出的，应当即时作出承诺(当事人另有约定除外)，要约以非对话方式作出的，承诺应当在合理的期限内到达。同时承诺一般应当以通知方式作出。

对方承诺必须注意：

A　承诺的方式应与要约所采取的方式相同。对口头要约的承诺一般应即时做出，否则要约人有权拒绝，沉默不能作为承诺的方式。

B　承诺一经做出就不得反悔，除非撤回承诺的通知先于或与承诺同时到达方可。

C　要约和承诺是任何一个销售合同都必须经历的两个阶段。合同的订立过程，实质上就是要约、新要约、再要约直到承诺。

在这一过程中，作为购销双方必须遵守合法、公平、诚实信用的原则。作为营销人员不能作不负责任的承诺。

(3)辅助事宜

在正式签约前后，营销当事人应要求必须办理有关的辅助事宜，以减少合同风险。

A　当事人如果认为有必要，可以请专家参与合同的草拟、审查和修改，并可进行专项资信调查。

B　有些合同要向当地公证机关申办合同公证，预防纠纷，减少诉讼，从而保障合同的顺利履行。

C　合同签订后，如发现有合同法第五十二条情形的，合同属无效合同；有五十三条情形的，合同免责条款无效，因而应及时采取措施。如果因重大误解订立的，或者在订立合同时显失公平的，当事人一方有权请示人民法院或者仲裁机关变更或者撤销。但这一权利应在一年内行使，否则视为放弃。

3. 合同的履行

销售合同的履行以有效的合同为前提和依据，这是合同法律约束力的首要表现。当事人履行与否和履行是否适当，不仅关系到各自的经济利益实现，同时也是合同管理的核心。因而，合同当事人双方在完成合同规定的义务过程中，必须遵守公平原则和诚实信用的原则。履行销售合同的具体步骤如下：

(1)交付合同的标的

根据销售合同规定的数量、质量、期限、地点、方法等具体要求交付销售合同的标的，是履行销售合同的首要步骤和主要环节。为使标的交付顺利，在订立销售合同时，各项条款都应具体、清楚和明确，而不可模棱两可、含混不清。然而，在购销业务实践中，难免会由于当事人的疏忽而造成合同规定不明确,以致不足以指导合同当事人顺利履行,这是合同风险管理的又一个重点。在这种情况下,营销人员应特别注意,防止因此而造成的合同纠纷。出现这种情况一种方式可以协议补充,二是不能达成补充协议的,按照合同有关条款或者交易习惯确定。根据我国司法实践,可按下列办法交付合同标的:

①质量规定不明确的,一般参照同类物资的质量标准履行。凡有国家或行业标准的,按国家和行业标准履行;无国家标准或行业标准的,按通常标准或者符合合同目的特定标准履行。在质量标准合格的前提下,如果等级不明确的,可按中等质量履行;有样品的按封存的样品质量履行;当事人有特殊要求的,由当事人双方协商确定。

②履行期限规定不明确的,当事人任何一方都可以随时向对方履行义务,也可以随时请求对方履行义务,但应当给对方以必要的准备时间。

③履行地点不明确的,一般根据合同的标的来决定。具体方法是:如合同的标的为建筑物,在建筑物所在地履行;标的如果是给付货币,在接受交付一方的所在地履行;其它标的合同,则应在负有义务的一方所在地履行。标的物若需要运输,出卖人应当将标的物交付给第一承运人以运交给买受人。标的物若需要运输,出卖人和买受人订立合同同时知道标的物在某一地点的,出卖人应当在该地点交付标的物;不知道标的物在某一地点的,应当在出卖人订立合同时的营业地交付标的物。

④价款不明确的,按照物价部门规定或同类产品市场价履行。如果在履行过程中遇到国家大的价格调整,执行国家订价的,在合

同交付期限内按交付时的价格计算。逾期交货的,遇价格上涨时,按原价格执行;价格下降时,按新价格执行。逾期提货或者逾期付款的,遇到价格上涨时,按新价格执行;价格下降时,按原价格执行。执行市场价的,则按合同有关条款执行。执行困难的,可参照国家订价的商品处理或双方协商解决。

⑤履行方式不明确的,按照有利于实现合同目的方式履行。

⑥履行费用的负担不明确的,由履行义务的一方负担。

(2)验收

验收是核定销售合同的名称、品种、规格、质量与数量的手段,是履行销售合同的必不可少的重要步骤,也是接受履行一方特定权利和必须执行的义务。对标的验收主要是对标的数量和质量的验收。当事人在进行验收时,必须严格按照合同真凭实据验收方法认真、及时地组织验收,不得马虎了事,对数量的验收通常是贵重产品全部点数过磅。批量大的通用产品采取抽样检斤过磅。验收时,属于需方自提或供方送货交付的,应在交货时当面点清;属于供方代购交付的,应凭托运单所列数量点验,如发现途中数量减少或破损等情况,由需方负责向承运部门追索。需方收到产品后,如发现数量不符,应在约定期限日内通知供方,并附有关单证。如超过期限不向供方提出异议即视为默认。质量验收中,如发现产品的外观、品种、型号、规格、花色、等级等不符合合同的规定,应在到货约定期限天内以书面方式提出异议。产品内在质量不符合合同规定的,可依国家或合同规定的试验或检验期限内提出书面意见,对必须安装运转后才能发现内在质量缺陷的产品,一般应在运转之日起半年内提出要求,超过规定期限而不提异议的,即视为需方默认。双方当事人如发生质量争议,可按《质量法》规定,由产品质量监督机构执行仲裁检验。为防止纠纷发生，销售方应主动要求对方检验。当事人没有约定检验期限的，买受人应当在发现或者应当发现标的物的数量或者质量不符合约定的合理期限内通知出卖人。买受人在合理期限内未通知或者自标的物收到之日起两年内未通知出卖人的，视为标的物的数量或者质量符合约定，但对标有质量保证期的，适用质量保证期，不适用该两年的规定。

(3)结算

价款的结算也是销售合同履行过程中不容忽视的重要环节。当事人在进行结算时，必须按合同规定的银行、账户和户头进行结算，如付款方需要变更结算银行、账号和户头，应于交货前 30 天通知收方及有关银行，否则，发生错误、影响结算，付方应负延期付款的责任。至于结算所采用的具体方式，则取决于买卖的数量、双方当事人的距离、信誉及合同的约定。当事人在履行时根据具体情况采用不同的结算方式。

履行合同是合同当事人的义务，但如果应当先履行债务的当事人，有确切证据证明对方有下列情形之一的，可以终止履行：一是经营状况严重恶化；二是转移财产、抽逃资金，以逃避债务；三是丧失商业信誉；四是有丧失或者可能丧失履行债务能力的其他情形。当事人没有确切证据中止履行的，应当承担违约责任。当然在终止履行时应通知对方。

第二节　销售合同的担保、变更和解除

一、销售合同的担保

1.销售合同担保的法律特征

销售合同的担保,是销售合同双方当事人为了保证销售合同的切实履行,依照法律规定或双方协议采取一定的措施保障债权人实现其债权的法律办法。销售合同的各种担保形式,都是当事人在订约时或履约前所采取的一种对合同权利的保障行为。订立担保合同(或条款),就可以成为促使当事人履行合同的动力和压力,同时也是违反合同后处理的依据。担保的目的,在于运用法律手段保障合同当事人严格遵守合同纪律,在合同义务人出现无法切实履行合同义务时,合同的权力人还能请求履行担保义务,从而避免造成损失,保证其经济利益的实现。

担保本身不能独立存在,它必须以业已签订的销售合同为设立的前提条件,保证义务与所保证的合同履行义务之间的关系,是一种从属关系。保证义务依销售合同的订立而产生,依销售合同的履行而消失。

担保合同的履行(即保证义务的履行)具有条件性。一般而言,只有在被担保一方不履行合同时,对方才有权要求担保合同义务的履行。否则,担保合同的担保人有权拒绝履行义务的要求。

2.担保的形式

常见的担保形式有定金、保证、抵押、质押、留置权五种。对于不同的销售合同,担保的内容和侧重点有所不同,当事人可根据具体情况和合同性质决定采取何种担保形式。

(1)定金。在订立销售合同时,当事人可以约定一方向对方给付定金,作为债权的担保。这是在没有第三方参加的情况下由合同双方自己互为保证的一种方法。定金具有两方面的法律意义和作用:

①证明合同成立。签订合同时,一方担心对方毁约而付给定

金,借以保证和维护合同关系。

②担保合同履行。在使用定金担保的时候,如果当事人违约,则将丧失对定金的所有权。给付定金的一方不履行约定的,无权要求返还定金;收受定金的一方不履行约定的,应双倍返还定金。当事人为了免受不利的法律后果,就必须信守诺言,严格履约。

应当注意的是,如果合同如期履行,定金即可作为货款,当然,也可收回。但它在性质上不同于预付款,定金应当以书面形式约定,定金数额由当事人约定,但不得超过主合同标的20%,作为卖方应慎重选择定金。

(2)保证。保证是指保证人和债权人约定,当债务人不履行债务时,保证人按照约定履行债务或者承担责任的行为。保证有一般保证和连带责任保证两种方式。

当事人在保证合同中约定,债务人不能履行债务时,由保证人承担保证责任的,为一般保证。一般保证的保证人在主合同纠纷未经审判或者仲裁,并就债务人财产依法强制执行仍不能履行债务前,对债权人可以拒绝承担保证责任。

当事人在保证合同中约定保证人与债务人对债务承担连带责任的,为连带责任保证。连带责任保证债务人在主合同规定的债务履行期届满没有履行债务的,债权人可以要求债务人履行债务,也可以要求保证人在其保证范围承担保证责任。当事人对保证没有约定或约定不明确的,按照连带责任保证担保保证责任。因而销售企业在接受客户提供的担保时应特别注意。

保证具有以下特点:

第一,销售合同的保证人可以是法人、其他组织或公民。但国家机关、学校、幼儿园、医院等以社会公益为目的的事业单位、社会团体不得为保证人。企业的分支机构、职能部门也不得为保证人。这是在销售实践中特别注意的。

第二,保证人在被保证当事人不能履行合同时,根据保证的方式负一般保证或负连带保证的责任。

第三,保证人的保证责任只对它愿意承担责任的部分负责。保证人的保证责任可以是全部也可以是部分。如果当事人未经保证人的同意而对合同的内容或保证人进行变更,保证人有权拒绝承担变更后的合同责任。

应当注意的是,在保证人对合同担保时,口头表示愿意保证不具有法律效力,必须以书面形式订立保证书,明确写清保证人在合同中承担一般保证或连带保证。包括代替履行和赔偿损失两项义务。其次,应明确保证人的责任范围,写清是保证合同的全部还是其中的一部分。如果保证的范围没有约定,则推定保证人对全部合同义务负保证责任,但保证责任的范围只等于或小于被保证人的赔偿义务,并且最多以被保证人的财产责任为责任界限。如果保证人是两个以上时,应在合同中明确规定各自应当承担的连带责任和保证范围。保证期限未作约定的,债权人可在主债务履行期满后 6 个月内要求保证人承担保证责任,但保证人对连续发生的债权作保证时,如未作期限约定,保证人可以随时书面通知债权人终止保证合同。这是销售初期中应特别注意的。

(3)抵押。抵押是指债务人或第三人不转移对担保法第三十四条所列财产的占有,将财产作为债权的担保形式。

它表现为一方当事人或第三人用自己的财产为合同对方设定抵押权,即当事人一方不履行合同义务时,对方可以从抵押财产的价款中优先得到赔偿。提供财产的一方叫抵押人,接受财产的一方叫抵押权人。抵押,最根本的法律特征在于,如果抵押人不履行合同义务,抵押权人有权在法律许可的范围内折价、拍卖或变卖抵押物,并从折价、拍卖变卖抵押物的价款中优先得到补偿。采用抵押方式担保合同,必须注意:

第一,抵押物必须是合法的财物。担保法第三十七条规定的财产,接受抵押保证时要审查仔细,都不得作为抵押物。同时,以抵押物清偿债务,还必须符合法定的程序。

第二,当事人以担保法第四十二条规定的财产抵押的,应当办理抵押物登记,抵押合同自登记之日起生效。其他财产可以自愿办理抵押物登记,但如果当事人未办理抵押物登记的,不得对抗第三人。因而作为抵押权人应主动要求抵押物登记,以避免风险。

第三,抵押物可以由抵押权人保管,抵押权人由于保管不善造成抵押物损坏或丢失的,应当承担赔偿责任;抵押物也可以由抵押人自己保管并有条件地使用,但在抵押期限内,抵押人无权擅自处理抵押物。如果抵押人擅自出卖或抵押物被偷窃、遗失而为他人占有时,抵押权人有权向占有者追索。

(4)质押。质押分为动产质押和权利质押。

①动产质押,是指债务人或者第三人将其动产移交债权人占有,将该动产作为债权的担保。债务人不履行债务时,债权人有权依照担保法规定以动产折价或者以拍卖、变卖该动产的价款优先受偿。债务人或者第三人为出质人,债权人为质权人,移交的动产为质物。在接受质物时要注意其保管,否则造成丢失、损坏都由接受方赔偿。质押合同自质押物移交于质权人占有时生效。因而在未得到质押物前,虽签订了质押合同,也不生效,因而应慎重从事。

②权利质押的范围有:

A 汇票、支票、本票、债券、存款单、仓单、提单；

B 依法可以转让的股份、股票；

C 依法可以转让的商标专用权、专利权、著作权；

D 依法可以质押的其他权利。

质押应注意以下几点：

一是以汇票、支票、本票、债券、存款单、仓单、提单出质的，应当在合同约定的期限内将权利凭证交付质权人。质押合同自权利凭证交付之日起生效。

二是以载明兑现或者提货日期的汇票、支票、本票、债券、存款单、仓单、提单出质的，汇票、支票、本票、债券、存款单、仓单、提单兑现或者提货日期先于债务履行期的，质权人可以在债务履行期届满前兑现的价款或者提取的货物用于提前清偿所担保的债权或者向出质人约定的第三人提存。

三是以依法可以转让的股票出质的，出质人与质权人应当订立书面合同，并向证券登记机构办理出质登记。质押合同自登记之日起生效。

股票出质后，不得转让，但经出质人与质权人协商同意的可以转让。出质人转让股票所得的价款应当向质权人提前清偿所担保的债权或者向与质权人约定的第三人提存。

以有限责任公司的股份出质的，适用公司法股份转让的有关规定。质押合同自股份出质记载于股东名册之日起生效。

四是以依法可以转让的商标专用权、专利权、著作权中的财产权出质的，出质人与质权人应当订立书面合同，并向管理部门办理出质登记。质押合同自登记之日起生效。以上这些权利出质后，不经质权人同意，出质人不得转让或者许可他人使用。

由于许多权利有时效性,且有许多权利的价格是变动的,或不好估计的,因而在接受权利质押时应特别注意。

(5)留置。留置又叫扣押权,它是针对因保管合同、运输合同、加工承揽合同发生的债权,债务人不履行债务的,债权人有留置权。在对方不履行合同义务时,依照法律规定扣押对方的财物并在法律许可范围内折价、拍卖或变卖该财产,从价款中优先得到清偿。这是合同当事人一方因合同关系而扣押对方的财物作为担保合同履行的一种方式。在采用留置这种担保方式时必须注意:

第一,留置权的使用范围非常有限。合同法规定,只有在仓储保管合同、加工承揽合同和运输合同中才允许采用这种担保方式。而且,留置权的行使还必须具备一定的条件。如在加工承揽合同中,加工企业接受来料加工在对方不按期或者不如数给付加工费的时候,才有权留置对方的财物。

第二,被留置的财物的所有权仍属于被留置的一方,一旦被留置的一方当事人在处置期限内履行了合同义务,该项财物即返还原主。同时,变卖留置物必须依法定程序,一般留置期为2个月以上,只有超过留置期后对方仍不履行合同义务时,方可变卖。

二、销售合同的变更和解除

1. 销售合同变更和解除的条件

销售合同依法成立,即具有法律的约束力,双方当事人必须恪守信用、严格履行,任何一方不得擅自变更或解除。但是,在当事人履行合同的过程中,由于经济形式的发展和各种主客观条件的变化,难免会遇到许多签约时料想不到的困难而使经济合同难以履行。为了使当事人的生产经营活动更能切合实际需要,减少或避免因合同不能履行而造成浪费和不必要的损失,在此特殊情况下，变更或解除经济合同不仅是必要的，而且是必然的。

销售合同的变更，是指当事人之间对原合同的内容进行增减、修改所达成的新的协议。销售合同的解除，是指当事人之间对提前终止合同的效力所达成的协议。销售合同的变更和解除必须依法进行。合同法对变更合同没有特别要求，只要当事人协商一致，就可以变更合同。当然如果法律、行政法规定变更合同应当办理批准、登记手续的，应依照其规定办理。但如果当事人对合同变更的内容约定不明确的，推定为未变更。因此变更合同时一定要明确具体。

合同法对解除合同规定：当事人协商一致，可以解除合同。当然当事人还可以约定一方解除合同的条件。解除合同的条件成熟时，解除权人可以解除合同。

必须注意的是，当事人一方依据合同法有关条款主张解除合同的，应当通知对方。合同自通知到达对方时才算解除。对方有异议的，可以请求人民法院或仲裁机构确认解除合同的效力，切不可不通知对方便自动解除。特别是法律规定或者当事人约定解除权行使期限的，期限届满，如果当事人没有行使的，该权利消失。

合同法规定有下列情形之一的，当事人可以解除合同：

①因不可抗力致使不能实现合同目的；

②在履行期限届满之前，当事人一方明确表示或者以自己的行为表明不履行债务；

③当事人一方迟延履行主要债务，经催告后在合理期限内仍未履行；

④当事人一方迟延履行债务或者有其他违约行为致使不能实现合同目的；

⑤法律规定的其他情形。

除了变更和解除合同外,债权人可以将合同的权利全部或者部分转让给第三人(合同法规定不许转让的除外)。当然债权人转让权利的,应当通知债务人。未经通知,该转让债务对债务人不发生效力。债权人转让权利的通知未经受让人同意不得撤销。

2. 销售合同变更与解除的规则和后果

变更或解除销售合同的协议,其本身也是一种合同,它们一经成立就会引起原有的销售合同的变更或消失。因此,必须遵循一定的规则。

(1)当事人一方要求变更或解除销售合同时,应及时通知对方,并征得对方当事人的同意。在双方协商一致后,还应签订变更或解除合同的书面协议。在新协议签署之前,原来的合同仍然有效。

(2)变更或解除销售合同的通知或协议,应当采取书面形式(包括文书、电报等)。变更和解除合同的建议和答复,必须在双方协议的期限内提出。如果在约定期限内不作答复,便视为默认。

(3)因变更或解除合同发生纠纷的,依照法律规定进行处理,即任何一方均可向国家规定的合同仲裁机关或人民法院请求确认解除合同的效力。

(4)销售合同变更或解除的法律后果,是指当事人因变更或解除合同所应当承担的经济责任。在合同变更时,被变更后的权利义务关系取代原有合同中的权利义务,当事人应按新的合同内容执行,不再履行原来的合同。合同解除时,原来的合同关系自然消除,不再存在履行的问题。

必须指出的是,销售合同的变更或解除,并不意味着解除了当事人对合同的法律责任。在这种情况下，双方当事人应通力合作，努力避免或挽回损失。但是，如果负有义务的一方不在规定的时间内通知对方，致使对方蒙受经济损失时，则应承担相应的责任。

第三节　合同违约责任及客户投诉索赔处理

一、合同违约责任

合同风险的核心是当事人一方或双方发生违约行为，从而给合同的履行带来困难。作为合同风险管理的重心则是尽量避免违约责任的发生。从而减少合同损失。但实事上要使每一个合同都顺利履行也是十分困难的。并且由于一些客观因素作用，无论是合同的哪一方，发生违约也都是有可能的。因而如何合理避免违约责任的发生，尽量减少违约责任损失是合同风险管理的关键。

1.违约

违约是指合同当事人违反合同约定。在销售活动中，如果合同当事人一方不履行合同义务或者履行合同义务不符合约定的视为违约。违约方应当承担继续履行、采取补救措施或者赔偿损失等违约责任。如果合同当事人一方明确表示或者以自己的行为表明不履行合同义务的，也视为违约，对方可以在履行期限届满之前要求其承担违约责任。

2.承担违约责任的方式

合同法对违约者要求承担违约责任，但对不同的违约情况，应采取不同的承担方式：

(1)当事人一方未支付价款或者报酬的，对方可以要求其支付价款或者报酬。

(2)当事人一方不履行非金钱债务或者履行非金钱债务不符合约定的，对方可以要求履行，但下列三种情况除外：一是法律禁止或者事实上不能履行；二是债务的标的不适于强制履行或者履行费用过高；三是债权人在合理期限内未要求履行。尤其是第三种情况，对于销售实践来说具有更为重要的意义。

(3)质量不符合约定的，应当按照当事人的约定承担违约责任。对违约责任没有约定或者约定不明确的，依照合同法第六十一条的规定仍不能确定的，受损害方根据标的性质以及损失的大小，可以合理选择要求对方承担修理、更换、重做、退货、减少价款或者报酬等违约责任。

3.违约赔偿

(1)当事人一方不履行合同义务或者履行合同义务不符合约定的，在履行义务或者采取补救措施后，对方还有其他损失的，应当赔偿损失。

(2)当事人一方不履行合同义务或履行合同义务不符合约定的，给对方造成损失的，损失赔偿额应当相当于因违约所造成的损失，包括合同履行后可以获得的利益，但不得超过违反合同一方订立合同时预见到或者应当预见到的因违反合同可能造成的损失。法律在这一点的规定具有一定的弹性，实践中多数靠协商解决，协商不成靠人民法院裁决或仲裁机构仲裁。

如果经营者对消费者提供商品或者服务有欺诈行为的，依照《中华人民共和国消费者权益保护法》的规定承担损害赔偿责任。

4.违约责任的处理

(1)违约金与定金的处理

违约金是指合同双方当事人在合同违约责任条款中约定一方

违约时应当根据违约情况向对方支付一定数额的违约金。它与定金是两个不同的概念。它不需要事先支付,只有在发生违约时才需支付,同时双方违约金也可能不是相等的,主要根据双方事先约定的违约金的计算方法而定,违约金不具有担保的作用。

合同双方当事人可以事先约定因违约产生的损失赔偿额的计算方法。约定的违约金低于(或过分高于)造成的损失的,当事人可以请示人民法院或者仲裁机构予以增加(或适当减少)。当事人就延迟履行约定违约金的,违约方支付违约金后,还应当履行债务。

当事人如约定一方向对方给付定金作为债权担保的,违约后按担保法违约定金处理(前已叙述)。如果当事人既约定违约金,又约定定金的,一方违约时,对方可以选择使用违约金或者定金条款。当然受损失的一方会考虑对其最为有利而且便于执行的方式。

(2)因不可抗力造成的违约责任处理

在销售活动过程中,会出现不能预见、不能避免并不能克服的客观情况,这种不可抗力的出现,会影响合同的履行。合同法规定:因不可抗力不能履行合同的,根据不可抗力的影响,部分或者全部免除责任,但法律另有规定的除外。应当注意的是,如果当事人迟延履行后而发生的不可抗力,则不能免除责任。当然,当事人一方因不可抗力不能履行合同的,应当及时通知对方,以减轻可能给对方造成的损失,并应当在合理期限内提供证明。

(3)违约责任处理中对双方的规定

在正常的销售往来中,违约是合同双方都不愿发生的(除少数别有用心者),但由于种种原因的影响,违约又是难以避免的。一且出现违约对双方都有一定的影响。因而应本着诚实守信的原则共同妥善解决。

如发现当事人一方违约后,双方应当采取适当措施防止损失的扩大。这在合同风险管理中是关键中的关键,起到风险控制的目的。合同法规定合同一方应当采取措施而没有采取适当措施致使损失扩大的,不得就扩大的损失要求对方赔偿。同时合同法还规定当事人因防止损失扩大而支出的合理费用,由违约方承担。

如果当事人双方都违反合同的,应当各自承担相应的责任。因而绝不能因为对方违反了约定,我们也跟着违反约定,以求心理上的平衡。

尤其是有由于第三人的原因造成当事人一方违约的,这时不能拿第三人来做借口而不承担违约责任。按照谁违约谁承担相应责任的原则,首先向对方承担责任。致于违约方和第三人之间的纠纷,则依照法律规定或者按照约定另行解决。绝不能绞在一起有意推延违约责任的履行。

因当事人一方的违约行为,侵害对方人身、财产权益的,受害方有权选择依照合同法要求其承担违约责任或者依照其他法律要求其承担侵权责任。

二、客户投诉索赔处理

在销售活动中最好不发生投诉索赔事件,但无论签订合同多么谨慎、销售过程多么小心,也不免会出现客户投诉索赔事件。对销售真正有害的是相同的索赔事件多次出现,这会伤害同客户之间的依赖关系。这种时候也往往是开展工作的良机。因为在处理投诉索赔的过程中与客户接触必然增加,与客户在一起解决问题可以增进双方的相互理解。如果能够圆满处理消费者因产品质量问题而提出的投诉索赔，往往会使消费者更喜欢使用该生产厂家的产品，正如一句俗话说的那样："不满和感谢之间只隔一张纸。"另外，投诉索赔事件可以暴露商品、工作方法等方面的问题，应该说是一剂"良药"，要把处理投诉索赔事件当作一次提高威信的机会。

1.投诉索赔的种类及原因

投诉索赔是由不同的原因造成的，主要有：

(1)因功能、设计及材质低劣造成的质量低劣；

(2)因说明不详、操作不当、产品本身问题等出现故障；

(3)由于填写、装运及验收有误出现数量问题；

(4)由于混淆、检验不严格造成的品种问题；

(5)由于时间和对象安排不当出现的安排失误；

(6)由于生产或运输延误，推销员安排出差错造成的交货问题；

(7)由于接待人员、发货人员、事务部门态度生硬、恶劣引起的问题。

2.客户投诉索赔处理应注意的问题

(1)建立健全各种规章制度。要有专门的制度和人来管理客户投诉问题。另外要做好各种预防工作，使客户投诉防患于未然。因此需要经常不断地提高全体员工的素质和业务能力，树立全心全意为客户服务的思想，加强企业内外部的信息交流。

(2)一旦出现客户投诉索赔，应及时处理。对于客户投诉索赔，各部门应通力合作，迅速作出反应，力争在最短的时间里全面解决问题，给客户一个圆满的结果。否则，拖延或推卸责任会进一步激怒投诉者，使事情进一步复杂化。

(3)处理问题时应分清责任,确保问题的妥善解决。不仅分清造成客户投诉的责任部门和责任人,而且需要明确处理投诉各部门、各类人员具体责任与权限以及客户投诉得不到及时圆满解决的责任。

(4)对每一起客户投诉索赔及其处理都要作出详细的记录,包括投诉内容、处理过程、处理结果、客户满意程度等。通过记录,吸取教训、总结经验,为以后更好地处理好客户投诉索赔提供参考。

3.客户投诉索赔处理流程

客户投诉索赔处理流程一般说来,包括以下几个步骤:

(1)记录投诉索赔内容。利用客户投诉索赔登记表详细地记录客户投诉索赔的全部内容,如投诉人、投诉时间、投诉对象、投诉要求等。

(2)判定投诉索赔是否成立。了解客户投诉索赔的内容后,要判定客户投诉索赔的理由是否充分,投诉索赔要求是否合理。如果投诉索赔不能成立,即应以婉转的方式答复客户,取得客户的谅解,消除误会。

(3)确定投诉索赔处理责任部门。根据客户投诉索赔的内容,确定相关的具体受理单位和受理负责人。如属运输问题,交储运部处理;属质量问题,则交质量管理部处理。

(4)责任部门分析投诉索赔原因。要查明客户投诉索赔具体原因及具体造成客户投诉索赔的责任人。

(5)公平提出处理方案。根据实际情况,参照客户的投诉索赔要求,提出解决投诉索赔的具体方案,如退货、换货、维修、折价、赔偿等。

(6)提交主管领导批示。对于客户投诉索赔问题,领导应予以高度重视，主管领导应对投诉索赔的处理方案一一过目，及时作出批示。根据实际情况，采取一切可能的措施，挽回已经出现的损失。

(7)实施处理方案。处罚直接责任者，通知客户，并尽快地收集客户的反馈意见。对直接责任者和部门主管要按照有关规定进行处罚，依照投诉所造成的损失大小，扣罚责任人一定比例的绩效工资或奖金。同时对不及时处理问题造成延误的责任人也要进行追究。

(8)总结评价。对投诉索赔处理过程进行总结与综合评价，吸取经验教训，提出改善对策，不断完善企业的经营管理和业务运作，以提高客户服务质量和服务水平，降低投诉率。

表 7－1　三星化工集团客户投诉索赔登记表

年　月　日

<table>
<tr><td colspan="2">投诉索赔客户名称：</td><td colspan="2">地址：</td></tr>
<tr><td colspan="2">受理日期：</td><td colspan="2">受理编号：</td></tr>
<tr><td colspan="4">客户要求</td></tr>
<tr><td rowspan="2">受理
单位
意见</td><td>质量管理单位</td><td>受理单位</td><td>运销公司</td></tr>
<tr><td></td><td></td><td></td></tr>
</table>

主管：　　　　科长：　　　　制表：

表 7－2　三星化工集团客户投诉索赔处理通知书

发文号：　　　　　　　　　　发文日：　年　月　日

客户名称		问题发生单位	
订单编号		发货日期	
订购日期		制单号码	
索赔数量		订购数量	
索赔金额		处理期限	
发生原因及调查结果		客户希望 1. 退货 2. 折扣 3. 赔款 4. 其他	
处理及公司对策		销售部观察结果： 公司对策实施要领： 对策实施确认：	

表 7-3　三星化工集团客户投诉索赔处理表

年　月　日

<table>
<tr><td>客户</td><td></td><td>合同编号</td><td></td><td colspan="3">发运日期及编号</td><td colspan="2"></td></tr>
<tr><td colspan="2">品名及规格</td><td colspan="2">单位</td><td colspan="4">发货数量</td><td>发货金额</td></tr>
<tr><td colspan="2"></td><td colspan="2"></td><td colspan="4"></td><td></td></tr>
<tr><td colspan="2"></td><td colspan="2"></td><td colspan="4"></td><td></td></tr>
<tr><td colspan="2"></td><td colspan="2"></td><td colspan="4"></td><td></td></tr>
<tr><td colspan="2"></td><td colspan="2"></td><td colspan="4"></td><td></td></tr>
<tr><td colspan="2">投诉索
赔理由</td><td colspan="7"></td></tr>
<tr><td colspan="2" rowspan="3">客户要求</td><td colspan="2">赔款</td><td>折价</td><td colspan="2">退货</td><td colspan="2" rowspan="3">其他</td></tr>
<tr><td>数量</td><td>金额</td><td>%</td><td>数量</td><td>金额</td></tr>
<tr><td></td><td></td><td></td><td></td><td></td></tr>
<tr><td colspan="2">经办人意见</td><td colspan="7"></td></tr>
<tr><td colspan="2">化肥厂意见</td><td colspan="7"></td></tr>
<tr><td colspan="2">经营部意见</td><td colspan="7"></td></tr>
<tr><td colspan="2">销售公司意见</td><td colspan="7"></td></tr>
<tr><td colspan="2">质检中心意见</td><td colspan="7"></td></tr>
<tr><td colspan="2">财务中心意见</td><td colspan="7"></td></tr>
<tr><td colspan="2">主管领导意见</td><td colspan="7"></td></tr>
<tr><td colspan="2">总经理意见</td><td colspan="7"></td></tr>
</table>

产品购销变更合同

供方：

需方：

合同编号：　　　　　　　　　　签订地点：　　　　　　　　　　签订时间：　　年　月　日

产品名称	牌号商标	规格型号	生产厂家	计量单位	数量	单价	总金额	交(提)货时间及数量											
								1月	2月	3月	4月	5月	6月	7月	8月	9月	10月	11月	12月
合计																			
合计人民币金额(大写)																			

产品购销合同变更条款

合同条款项目	合同条款内容
质量要求技术标准、供方对质量负责的条件和期限	
交(提)货地点、方式	
运输方式及到达站港和费用负担	
合理损耗及计算方法	
包装标准、包装物的供应与回收	
验收标准、方法及提出异议期限	
随机备品、配件工具数量及供应方法	
结算方式及期限	
如需提供担保、另立合同担保书作为本合同附件	
违约责任	
其他事项	
附　加	
合同赊销额度	
合同赊销时间(天)	
合同有效期限	
审查意见	
审查人	

合同违约信息

用户名：　　　　　　　　　　　　　　　　　　　　　　　　年　月　日

产品名称不符○　产品牌号商标不符○　规格型号不符○　数量不符○

单价不符○　金额不符○　交(提)货时间不符○　交(提)货数量不符○

交(提)货地点方式不符○　产品质量不符○　运输方式不符○　运费结算不符○

损耗计算不符○　包装不符○　验收不符○　随机附品不符○　结算不及时○

结算方式不符○　担保不符○　履约期限不符○　违约责任不清楚○

附加条款不符○　合同约首不详○　合同约尾不详○　其他约定不清○

变更解除中的问题○

合同号　　　　　　　　　　　　　　合同经办人

违约原因

责任方

处理意见

违约合同处理通知单

年　月　日

客户						
合同号						
合同金额						
违约原因	1		2		3	
责任方						
经办人						
处理意见						

第四节　合同风险的跟踪排查

合同风险排查重在分析,贵在方法。合同风险主要有两个方面造成:一是本企业不能履行,二是对方不履行合同。由于合同的履行过程,实际上是营销管理的综合过程,因而进行风险排查首先要寻找本企业在营销管理上存在的问题,俗话说:"治病容易诊断难",要真正发现和查出企业在营销管理方面存在的主要问题,并不是一件轻而易举的事,因此必须有一套科学的排查方法。企业自我排查由于主体的自我性,更增加了发现问题的难度,因而更需要强调方法的科学性。企业合同风险排查的基本方法是:看、听、问、查。当然这一方法也可以用来排查客户,以了解其合同履约情况,减少必要的风险。这里以排查本企业风险因素为例介绍。

一、看法

看法是企业风险排查的第一步。通过风险管理人员的视觉,进行企业营销现场观察,熟悉现场管理情况,以初步取得对企业营销管理的总体状况的直观印象。

看的范围很广,也很重要。包括看人、产品、设备、组织机构、厂容厂貌等方面。

1. 看人

人是企业的主体,也是企业营销管理中最积极最活跃的因素。看人包括看职工、看领导。通过对人的观察,了解企业营销人员的素质和表现情况以及对合同的态度。内容包括:

(1)看劳动纪律、出勤情况,营销管理人员有无迟到早退、脱岗、离岗等现象,推销人员外出情况;

(2)看工作热情和工作积极性如何;

(3)看领导的工作情况、工作方式;

(4)看干群关系;

(5)看职能部门管理人员的工作效率。

2.看现场

现场管理是企业管理中的一项基础管理,企业的整体经营状况与现场管理有密切关系。现场管理的混乱,管理制度的不健全,必将引起整个管理状况的混乱、无效。也不可能生产出优质产品并及时满足客户合同的需求。看现场的主要内容包括:

(1)现场的设备运转情况,如设备开动率、人的开工率如何;

(2)产品的生产情况,包括物流是否合理,半成品、在制品以及产成品的情况如何,工序状态如何;

(3)看现场的搬运情况,包括搬运的路线、重量、效率、方法、手段等;

(4)看现场的检测情况,包括检测的手段、方法、废品率等;

(5)看现场管理情况,包括物资堆放、整理整顿、车间卫生、管理图表、执行情况等;

(6)看仓库的保管情况,如出纳制度、原材料的使用、停放和保管情况。

3.看环境

企业环境包括内部环境和外部环境。对外部环境来讲,要看企业是否有良好的经营管理环境、市场环境、资金环境等。从内部讲,主要包括:

(1)看厂容、厂貌、厂内环境情况;

(2)看销售服务情况,包括销售门市部、销售服务部等;

(3)看企业信誉、企业形象和企业文化建设等。

要求风险管理人员绝不能因为排查人员来自本企业就省略了这一步。

在看的时候,要有强烈的问题意识,边看边想边记,在看的过程中动脑子想,在想的过程中把要点记下来,要注意透过现象看本质,以便深入下去发现问题。

常用的排查看法有:

1. 目视观察法(直观印象法)

企业营销管理中的问题是错综复杂的,排查人员要善于在纷纭复杂的情况下,通过认真观察,抓住问题的要害。主要是凭借排查人员的智慧、经验和判断力,通过对现场直接观察发现问题。看的质量如何与排查人员的素质有密切关系,要事先拟定观察提纲,明确观察目的。

2. "04"评分法

在现场观察时,根据观察的要求将参观的单位和参观的项目确定下来,对各个项目进行重要性比较,分成五大类并事先确定评分标准:

得分(X)	0	1	2	3	4
程度	差	一般	较好	好	理想

把观察印象以打分形式记录在"观察记录卡"上,观察完毕,算出每个项目的得分。

观察记录卡如下(见下页表)。

风险管理人员在进行风险排查时不仅要看自身企业履行合同的能力、条件等,切实保障合同履行,而且也要经常对重点客户进行调查访问,以发现客户的风险因素,做到及时预防。

序号	项目	A	单位得分(X)												项目总分
			a	b	c	…	…								
1	A														
2	B														
3	C														

二、听法

指风险排查人员利用各种机会深入到营销一线，采用多种形式亲自听取客户、各有关部门和各方面有关人员对企业营销管理的意见、建议和各种反映，从中认识和发现企业在营销管理中存在问题的一种排查方法。

对综合性的排查，听的内容、范围涉及到营销活动的各个方面，从一开始到结束整个过程都要听。具体讲，包括：

1. 听汇报

企业情况汇报包括对客户基本情况的概括介绍、企业营销管理情况、合同履行情况介绍、市场行情介绍、存在问题的介绍、营销管理者对市场发展的设想与打算等。

2. 听反映

它是指风险管理人员通过听取客户、企业各有关部门和人员对企业营销管理中存在问题的反映。意见反映和情况汇报都是有意识进行的，都是对原始材料进行加工的，只是反映的意见是对原始情况进行的粗加工，跟原始情况更接近些。反映意见的准确程度如何，与反映意见人的心情、心理状态、对问题的认识程度、人际关系等因素有关。

听反映内容包括：员工对企业领导者工作情况的反映；用户和消费者对企业及其产品的反映；客户对企业履行合同情况的反映；

社会各界对企业信誉和社会形象的反映。听反映时要注意克服道听途说,防止偏听偏信。

3. 听议论

议论是指客户之间以及企业有关人员对企业存在问题不自觉地、无意识地发表个人见解,因而反映的内容是没有经过加工,尤其是没有经过深加工的。反映意见的方式可能是随便的,议论的语言可能是不美的,逻辑思维可能是混乱的,场合是不讲究的,但其可贵之处在于反映的内容可能是真实的。而且议论的中心往往是问题的症结所在。这是合同风险排查中尤为重要的。

常用的排查听法有:

会议法——通过召开专门会议听取意见。企业可定期召开会议,听取合同履行情况的汇报或市场情况汇报。由市场部、销售公司、财务部、法律、审计等部门人员参加。

座谈法——召集跟排查课题组有关的人员在一起,以座谈的形式,听取他们的情况介绍、对营销存在问题的看法和意见,以及对风险控制的希望和要求等。

漫谈法——它是不分场合、时机,不讲究方式、方法,没有事先拟定的主题,以漫谈的形式听取议论、意见、建议的一种方法。

风险排查听法的运用贵在灵活。风险管理人员要凭借熟悉的人际关系,全面、认真、仔细地听取各种有用的东西;要边听边整理;在听问题时,不仅要听现象的描述,更要注意听取问题的核心,要尽可能把定性的问题变成定量的描述。尤其要多听客户的反映,在对客户排查时,则要多听与客户常打交道的有关业务人员的反映。

三、问法

指风险排查人员根据在看、听过程中发现的风险问题,进一步以询问的形式,向客户、有关部门、有关人员提出具体的询问,以便能够更深入、更深刻地发现问题。在运用问法时,必须树立强烈的风险意识,只有这样才能主动地、有针对性地进行询问。

不同性质、不同类型的排查,所询问的内容、范围不同。综合排查需要对所有部门、各种情况进行询问,专题排查则仅限于该专题要求。但不管什么排查,从风险问题的要领看,风险问题作为正常状态与异常状态之间的偏差,应该包括以下六个方面的内容:

(1)何人——是谁干的事。

(2)何事——是什么事情,是经常发生的,还是偶然出现的?如某客户拖欠货款,不履行合同。(注意:任何事情的发生都要以事实为依据)

(3)何时——什么时间发生的问题。同样的事情在不同时间发生,性质就会不同,程度也会不同,因为不同时期人们期望达到的目标和要求是不同的。

(4)何处——在什么地方发生的事情。

(5)何故——发生问题的原因是什么。

(6)如何——结果怎么样?影响如何?后果如何?

询问时要注意以下几点:

1. 要有目的地问

在询问前,首先必须明确询问的目的是什么?没有目的的询问,是盲目的杂乱无章的。如有的询问是为了发现风险问题,有的询问是为了分析风险原因,有的询问是为了寻找风险控制的措施和方案。由于问的目的不同,提出询问的对象、询问的内容、问到什么程度就都不一样，只有目的明确，询问才能有的放矢。

2. 要有重点地问

无论是哪种排查，人们很容易发现许许多多各式各样的风险问题。不论任何企业在任何时期都存在风险问题。风险是企业普遍存在的现象，永远不会存在没有风险的时候，因此，企业风险管理人员应当抓住主导风险问题进行询问。所谓主导风险问题，是指带有关键性的本质性的具有广泛影响的风险问题。以这些问题为纲进行询问，就能做到纲举目张。问题的重点也反映了排查的要求，如客户信誉必然与客户的资产、经营、效益、经营者等问题有关。

3. 要具体地问

风险问题具有明显的相对性、客观性、具体性，所以询问时要体现这些特征。即在询问时尽量避免模糊的词汇，如"可能"、"大概"、"差不多"等，这些词汇只能作为外交辞令、作为人际关系的润滑剂，但不能用在风险排查上，风险排查要求一是一、二是二，确切、具体。

常规问的方法有：

采访询问法——事先拟定好询问提纲，以便体现询问的目的性。这种个别询问不容易受人际关系干扰，但必须为被询问者保密。

集体询问法——分两种情况：①众多的人向某一个人询问；②一个诊断人员同时向几位人员询问。采取第一种方式时要注意态度和蔼，采取第二种方法时要尽量避免与被询问者之间相互影响。

"32 问"法——就是连续提出 32 个问题。理论研究表明，不论什么问题均具有八个要素——何人、何事、何时、何处、为何、如何、手段、数量，对这八个要素分别从四个方面——现状如何、原因何在、能否改变、如何改变进行询问，就得到32个问题。该方法又称为5W2H1R法，即Why（为什么）、What（什么）、Who（谁）、When（何时）、Where（何地）、How（怎样）、Howmany（多少）、Result（结果）。

针对合同履行中存在的问题，通过这一系列的询问，问客户、问自己、问他人，基本上可以得出明确的解决处理办法。

四、查法

风险管理人员在看、听、问的基础上进一步查阅有关资料，调查有关情况，发现问题，查明原因，以便加深对问题认识的一种排查方法。

查的内容包括：

1.查活资料

指通过向企业有关人员调查，发现风险因素，追究风险事故原因。企业职工对企业情况应当说是最熟悉的，因而他们掌握有大量的来自第一线的、真实的、动态的资料，尤其是对无法以文字和数据的形式表达的隐患问题调查时要做好思想动员工作，事先拟定好调查提纲，让被调查人有所准备，不要搞突然袭击。这对于更加全面地把握现状，发现企业在营销管理活动中所存在的潜在的动态的风险因素有重要意义。

2.查历史资料

企业的各种资料、数据，是企业营销管理活动的历史记载或历史写照，通过对这些历史资料的查阅，有助于风险排查人员熟悉企业的过去和现在，为探求企业的未来提供依据。具体包括：

(1)查企业的发展变化概况资料，有助于发现企业带有共性的问题。

(2)查企业各个时期的营销管理资料,最好是3—5年的资料。如:逐年各项产品的销售利润、销售额、产品售前售后资料、历年用户对产品的意见、历年合同签订及履约情况、产品品种的构成、产品市场占有率和市场覆盖率、产品的质量等。

(3)企业的经济效益资料。搜集该资料时首先要搞清企业评价经济效益的指标体系是什么,然后再用这个指标体系去衡量。

除了内部资料外,还要查阅有关外部资料,如行业资料、环境资料等。

3.查原因

就已经发现的风险因素进一步查找原因。只有原因找得准,制定的控制措施才能够有针对性,只有查清了原因,也才能对症下药。运用查法一定要注意深、细、准,即调查要深入细致,不能走马观花,所查到的情况、原因必须准确,要有事实依据。

常规查的方法有:

1.员工意见调查法

企业营销管理中的许多问题是不能用简单的数据表明的。经营效率的高低,成果的大小,往往是与管理者和员工的道德心理素质状况有着密切关系的。因此进行员工意见调查既是确定风险问题的群众基础,又是了解风险问题的背景。通过调查可以客观地了解管理者、员工中带有倾向性的看法和意见。有利于抓住问题的实质。为了能真实地反映情况,说明问题,调查要在不受任何干扰的情况下进行。可以通过调查表的方式抽样进行。

2.综合调查法

企业营销是一个系统,也是一个整体,无论是进行综合营销风险排查,还是进行专题合同风险排查,首先进行"企业营销健康检查”是十分必要的。综合调查也就是对企业营销的组织、环境、市场、目标等多个营销活动的领域，进行较全面的调查，从中分析该企业营销的长处和短处；把握营销现状，确定风险控制重点。综合调查也就是对企业营销素质的调查，调查的内容包括：

(1)企业特点、营销环境、市场分布调查；

(2)企业营销方针、目标、计划的调查；

(3)营销部门业绩调查；

(4)企业营销效率和成果调查；

(5)企业经营者、营销管理者、营销员、组织状况调查等。

3. 资料法

根据风险排查的要求，收集、查阅、整理与风险排查目标有关的资料，从中发现问题。应用资料法调查问题，一定要注意资料的真实性，资料数据统计的科学性，否则将会为风险排查带来失误。

资料内容包括：

(1)企业概况资料：人员、资产、产品、组织、历史沿革、所处地位、企业特点等。

(2)企业营销资料：各种财务报表，成本、费用明细表，营销目标、方针、计划，客户分布、合同履约情况等。

以上介绍的四种方法并不是非按顺序进行不可，它们可以同时进行，也可以交叉进行，既可以一种方法，也可以多种方法联合进行，以便更加全面地认识问题、解决问题。各种方法都有定性定量的方法，运用时要注意定性定量相结合，同时要注意吸取现代科技新成就，采用一些新的方法，使风险排查更加完善。

通过风险的排查，既可以查出企业营销管理中的问题，也可能查出合同履行中的风险，并通过一定的控制措施加以防范。

第八章　货款回收的风险控制

销售的结束以货款回收为标志，回收决定着利润，企业销售商品必须按合同付款方式及时结算和回收，以使销售工作能够及时、安全、顺利地进行，保证销售利润的实现。然而，市场销售总是有风险的，其最大的风险就是不良货款的损失，当前许多企业因此而进入困境，窒息活力，这在一定程度上阻碍着企业的发展。但是一个显而易见的难题是：不良货款的损失是由企业的销售信用政策引起的，而企业间信用交易的开展却又势在必行。这似乎是一个经济“悖论”，可见解决“不良货款问题”既迫在眉睫，又任重道远。

第一节　货款结算风险及不良货款的原因

一、货款结算的风险

货款结算是实现商品所有权转移的重要条件。采用何种结算方式，要根据商品销售方式进行。销售方式从交接形式上分，主要有发货制、送货制和提货制。从购销单位所处的地区上分有同城销售，又有异地销售。从购销双方往来关系上分，有一次性销售，又有经常性固定关系的销售。从销售中商品和价款交付时间上分，有先付款后发货的销售，也有先发货后付款的销售，还有赊销等。根据不同的交易方式，目前主要有八种结算方式，即现金结算、电子货币结算以及银行汇兑、商业汇票、银行本票、银行支票、银行汇票、委托银行收款等。

1．现金结算

现金结算就是市场上一方交钱，一方交货，当时钱货两清，从而完成商品所有权的转移和价款的结算。现金结算在金额不大的情况下比较简便。在交易金额很大时则非常麻烦。

现金结算尽管从营销货款管理上看是一种信用度最高的结算。但由于现金的诱惑力也为营销带来很多风险。主要表现在以下几个方面：

①由于现金结算，可能出现收款人员在点钞中出错，或遇假钞，从而带来损失。这种损失由于现场钱货两清，事后很难挽回。同时点钱存款占用大量时间，也有间接损失。

②由于现金可以随时流通，因而增加了营销人员犯罪的可能性，会出现营销收款人员或客户送款人员携款而逃等现象。并容易引起一些强盗的注意，因而大大增加被盗窃抢劫的风险。

③由于现金收入结算，为企业经营管理者随意支配不合法开支提供了方便，如回扣、行贿、乱开支等。

由于现金结算有上述风险因素，因而应控制现金结算的金额，并严格按现金管理条例执行。

2．电子货币结算

随着电子计算机在商业活动中的普及，特别是商业金融信用的发展，电子货币普遍使用，因而在商业活动中，电子货币结算已成为一种新型的结算方式，并有迅猛发展之势。随着网络技术的发展，电子商务在全球逐步推行，因而电子货币结算又开始向网络结算发展。电子货币结算减少了现金结算的一些风险,但也有一些风险因素的存在。如因缺少识别设备或设备出现故障而无法结算,从而带来客户的丢失,由于计算机程序错误或操作人员失误可能带来巨大的损失,这也是电子结算的最大风险。

3. 汇兑结算

汇兑结算是汇款人委托银行将款项汇给外地收款人的结算方式,俗称"汇款"。汇款结算方式的特点是:收、付双方不一定要事先订立合同,也不局限于商品销售款项汇划。款项可由汇入行转入收款人账户,也可以在现金管理规定的范围内向收款人支付现金,手续简便,对单位和个人的各种经济往来都能适用。按照银行传递凭证的方法不同,汇兑结算分为信汇、电汇两种方式。这种结算方式信誉度较高,企业应根据销售合同或协议,妥善发货。

收款人收到其开户银行的汇款"收账通知"后,应立即与发货部门联系,查明货物是否已经发出。如属"先发货,后收款",要及时核销应收账款;如果查明尚未发货时,应督促发货部门立即组织发货。对汇款单位所需货物一时无法供应时,应立即跟客户取得联系,如客户不等,应立即办理退汇手续。对于预收预付的汇款,应办理入账登记手续,一旦备齐汇款人购买的商品,应立即发货,以免长期占用他人资金,丧失信誉。

企业销售在采取汇兑结算方式时,必须在收到开户银行的汇款"收款通知"后才能发货,不得凭购货单位寄来或采购人员持来的信函、复印件、电汇的回单发货,以防冒骗、蒙受损失。因为汇兑结算方式,在汇款没有到达所汇单位账户之前,可以退汇。这种欺骗行为很多,对于没有经验的业务员或业务员过于信任对方最可能出现这种结算的风险。

应说明的是，根据结算制度规定，办理信汇结算可以附寄与汇款有关的必要单证。如不少临时采购单位先汇款，后发货的情况。销售企业在发货后结余零款通过汇款归还，有关货物发票就可同时附去，以便及时清账。因而在退回结余货款时应注明。另外随寄的发票、单证应仔细核对，以防失误造成丢失，给客户带来一定的麻烦，影响与客户的关系。

4. 委托收款结算

委托收款是由收款单位向银行提供收款依据，委托银行向付款单位收取款项的结算方式。

委托收款结算方式，可以适应多种交易方式的需要，有利于促进销售搞活。既便于收款单位主动收取款项，又可以减少商业拖欠，搞活企业资金。

这种结算实际上是一种信用销售方式，即"先货后款"的销售结算方式。因而对销售企业来说，主动委托收款是关键。

委托收款的核心是收款依据，即凭什么让银行替你收款？这也是该结算方式的唯一要求。通常有下列单据：

(1)经济合同、运输部门发运商品的证件和随同商品交易的有关劳务费用单据。如：购销合同、铁路等部门的运单、自提的单据、已收到商品的证明或回电、托运商品的运杂费、包装费等。

(2)商品交易的尾差，旧欠单据。如烟台某商场从双轮集团调进一批酒，划款 100 万元，而实际货款 110 万元，所欠 10 万元尾差，可通过委托银行收款方式进行。

(3)各项劳务费用的收费单据，如水电、邮电、电话等收费凭证。

(4)到期票据，如金融债券、商业承兑汇票等有价证券。

(5)各项代办业务的手续费凭证。

(6)其它。

根据这些依据,收款人可以按照程序收款。但这种收款方式的风险在于可以“拒付”。也就是说,虽然收款依据充分,但对方如果因资金紧张或不讲信用,可以提出别的理由拒付,而无法收得款来。

拒绝付款的理由主要有:

(1)托收的款项不是双方签订经济合同所规定的款项;

(2)未经双方事先达成协议,收款单位逾期交货,付款单位不再需要该货物;

(3)未经双方事先达成协议,收款单位提前交货;

(4)未按合同规定的到货地点发货;

(5)单据上所列货物的品种、质量、规格、数量、价格与合同规定不符;

(6)查验货物与合同规定书或发货清单不符;

(7)款项已经支付或计算有误;

(8)其它。

当收到客户拒绝付款理由书时,应仔细审查拒付理由,分析其理由的可靠性,并与客户进行交涉协商。以防拖欠发生。

尤其是利用委托收款方式进行三方交易直达结算,代办发货托收款、代收货托收款等方式时,应特别注意多方交易的合同或委托协议的审查,防止出现错误。

5.银行汇票

银行汇票是指汇款单位或个人将款项交给当地银行,由银行签发、汇款人带往外地交收款单位或收款人,到兑付银行办理转账或支取现金的票据。

使用银行汇票的特点是：汇款人将银行签发的汇票带往外地，交给收款单位或汇款人自己到汇入行取款。既无需用汇出银行邮寄汇款凭证或拍发电报，也无需汇入银行通知取款。在汇票金额内，可以根据实际需要用款，多余款由银行代为退回，具有方便、灵活的特点，因而，也是销售业务经常使用的结算方式。由于银行汇票具有极高的信用性，因而收款人接受银行汇票时，应审查以下内容：

(1)收款人或背书人是否为本收款人。

(2)银行汇票是否在付款期内，日期、金额填写是否正确无误。

(3)印章是否清晰，是否有压数机压印的金额。

(4)银行汇票和解讫通知是否齐全，缺一不可。

(5)汇款人或背书人的证明或证件无误，背书人证件上的名称与其被背书是否一致。

(6)核对汇票中的银行代码，并可电话或网内查询汇票真伪，防止假汇票。

6. 银行支票

支票是银行的存款人签发给收款人办理结算或委托开户银行将款项支付给收款人的票据。这种结算方式在我国使用已久，是银行各开户单位支取存款和办理同城结算普遍采用的一种方式。

使用支票结算收付简便，收款单位比较主动。不足之处是银行和收款单位无法进行事先监督，可能会发生空头支票现象，因而使用不当，会造成经济损失。

由于支票使用有许多规定，因而收款人在收到付款人的支票后，要仔细审查其真实性、合法性，对不能肯定真实性、合法性的支票,应于银行将款项收妥后再交货。

7. 银行本票

银行本票,是申请人(付款人)将款项交存银行,由银行签发给其凭以办理转账结算或支取现金的票据。银行本票分定额本票和不定额本票。目前,银行本票在中国人民银行总行指定的城市范围内使用。它灵活方便,既便利商品流通和各种经济活动往来,又减少大额现金交易。银行本票信用可靠,在各种票据中其信用度最高。在使用银行本票时,关键是审核其真伪,只要是真本票,可以立即结算。但由于银行本票见票即付,不予挂失。因而要特别注意保管。对于背书的本票则要审核背书人的名称、印签、日期等。

8. 商业汇票的特点

商业汇票是典型的票据。它是收款人或付款人(或承兑申请人)签发,由承兑人承兑,并于到期日向收款人或被背书人支付款项的票据。按其承兑人的不同,分为商业承兑汇票和银行承兑汇票。使用商业汇票必须同时具备两个条件,一是具有法人资格,二是在银行开有账户。

商业承兑汇票是由收款人签发,经付款人承兑或由付款人签发并承兑的票据。

银行承兑汇票是由收款人或承兑申请人签发,由承兑申请人向开户银行申请,经银行审查同意承兑的票据。

商业汇票必须经过承兑才具有法律效力。因而承兑是承兑汇票使用中的一个关键环节。因而接受承兑汇票时,关键要看是谁承兑。

商业承兑汇票的承兑人是本企业,承兑企业于汇票到期日若无款支付，则该票得不到有力的信用保证，因而一般情况下不应接受。

银行承兑汇票的承兑人是银行，因而到期后，银行帮助收款，如汇票到期，承兑申请人无款，银行无条件付款给收款人。因而，对销售企业来说，接受银行承兑汇票要比商业承兑汇票保险。在接受商业汇票时兑现期限不宜过长。

商业汇票是一种商业信用行为，它不仅是一种结算方式，而且也是一种促销行为。在市场竞争日益激烈的情况下，采用信用销售是十分重要的手段。当然应尽量接受银行承兑汇票，并应防止假承兑汇票。

二、不良货款的原因探析

"有的"才能"放矢"，牵牛要牵牛鼻子。要想加强货款回收管理工作，就必须对不良货款产生的原因有清晰的认识。不良货款是企业间进行商品交易，由于种种主客观原因，买方没有按买卖合同规定或其他约定期限按时回款，造成货款的拖欠，严重地形成呆账坏账损失。一般来说，造成不良货款的原因有以下四方面因素，即卖方原因，买方原因，买卖双方原因和宏观环境因素。

1. 卖方原因

(1)缺乏法律凭证，要账讨债无门

由于资金、物资在时间和空间上的不平衡，企业为维持再生产的正常进行相互赊购产品是不可避免的，但是不少企业在进行赊销、寄库代销、委托代销、补偿贸易、先发货后付款等商业信用时，没有严格办理有关手续，因而缺少有法律效力的凭据。这种缺乏信用工具的信用形式，很难保障债权人的权益。债务人因没有强硬凭证和账单，往往会忘记或有意拖欠货款，债权人也因无充足的

凭据难以依法索取欠款。

(2)对客户缺乏资信调查

有些企业当事人在交易中感情义气用事,对客户缺乏理性认识,缺乏资信调查,因此许多华而不实、债台高筑的企业乘虚而入,结果货是顺利地发出去了,而货款却打了水漂。

(3)进入赊销陷阱

有以下几方面的因素:

①市场竞争激烈。随着我国商品逐渐由卖方进入买方市场,生产供大于求,许多企业为了扩大销售额,将赊销作为拉拢客户有效的手段。在这种情况下,资信调查往往处于“悬空”状态。

②企业领导急功近利。有些企业领导人急功近利,好大喜功,下达了不切实际的销售任务,结果往往不得不为赊销大开“绿灯”。

③营销员迫于销售任务的压力。绝大多数公司确定营销员每月必须完成的销售任务,有的还划分为基本、争取和冲刺任务三个等级,营销员不仅为自己的利益而战,而且也是为荣誉而战,哪怕赊销会带来回款的风险也只好豁出去了。

④当事人心太软。有些营销员也深知赊销的麻烦,起初尚能坚持现款现货的交易原则,但经不住客户的软磨硬缠,最后放弃了自己的原则。同样,营销经理面对营销员的说情请求,为了不打击部属的工作积极性,也往往网开一面放行通过。

(4)货款回收制度不健全

由于一些企业货款回收管理滞后、松懈、脱节,对业务员回款缺乏一定的风险责任约束或没有约束,因此在这种现象下容易使业务员滋生以下三种弊端:

①只问耕耘,不问收获。货卖出去了就完事大吉,货款能否收

回则无关痛痒。

②崽卖爷田心不疼。业务人员贪赃枉法,营私舞弊,伙同债务人诈骗货款,然后从中渔利。

③是亲三分向。有许多交易是在亲情友情中撮成的,由于业务员和客户沾亲带故有交情,客户不能还款,有些业务员也就"睁只眼,闭只眼",反正自己不会吃亏。

(5)企业要账违法,"原告"变"被告"

依法要账本是天经地义,然而有些企业因不忍对方不守信用,一不小心做出了过激行为,触犯了法律,结果被客户抓住了把柄,对簿公堂,最后官司打来打去,货款也就不了了之,严重的甚至会"赔了夫人又折兵"。

(6)进入三角债泥潭

企业之间债务关系产生连锁反应,甲不能归还乙的债务,乙不能归还丙的债务,丙则无款支付给丁,货款自然越拖越渺茫。

2. 买方的原因

(1)经营状况不佳

有些客户经营无方,管理不善或用人失当,"内耗"严重,导致企业经营每况愈下,使企业入不敷出,负债累累,自然也就无力还款。

另外值得注意的是还有些企业经营状况不佳由来已久,他的拿手好戏是"瞒天有术"、"拆东墙补西墙",像这样的企业不能还款也就司空见惯了。

(2)资金周转不佳

有些企业在交易前一直稳健经营,颇有资金实力,可是由于某种原因一时在业务或项目上一下子给"卡"住了,弄到马失前蹄,囊中羞涩。

(3)客户遇到了意想不到的事故

客户发生了意想不到或不可抗拒的事故,因此无力偿还货款。

(4)买空卖空,空手道失灵

有些公司本身就不是正儿八经的公司,他的生财之道只是牵线搭桥,买空卖空,玩“空手道”就是他的看家本领。哪知强中更有强中手,他也被“空手道的高手”给套牢了,你向他要款,他可能连人带庙消失得无影无踪。

(5)故意拖欠

有些单位堂而皇之地提出“拖欠货款就是效益”的口号,谁能把货款拖得时间长、拖得住,谁的功劳就大。在这种思想指导下,不拖欠简直就成了“咄咄怪事”。

另外,有的交易只不过是客户一手导演的精妙骗局,交易前他堆笑挤脸、信誓旦旦,为成交挖空心思,不择手段,然而一旦货到得手,就“原形毕露”,翻脸不认账。

3.买卖双方原因

(1)合同纠纷

这种不良货款多都事出有因,有两种情况:一是由于销售人员在业务洽谈或签订合同或协议时不够认真或疏忽大意,造成合同的有关条款在执行中的争议,进而影响了货款的回收;二是由于买卖某一方违反合同规定造成合同纠纷,从而影响了货款回收。

(2)产品滞销

在商言利,由于产品滞销,客户自然不愿痛痛快快地付款。造成产品滞销的原因也是多方面的:①产品快要过时或面临淘汰。②产品包装落后。③产品销售价格缺乏竞争力。④产品缺乏知名度。⑤产品有严重缺陷。⑥客户促销不到位。⑦客户进货量过大,造成积压。⑧同类产品竞争激烈。⑨经济不景气等等。

4. 宏观环境因素

(1)宏观经济管理体制

在过去计划经济体制下,政企不分,吃“大锅饭”现象严重,企业生产经营的好坏与企业自身利益没有利害关系,这是企业间盘根错节的三角债的历史原因,也是今天不良货款的严重隐患。

在今天虽然“转机建制”,但是企业真正建立市场化的运行机制要一个漫长的过程。因此在当前市场机制尚未健全的情况下,企业销售信用政策出现失灵并不奇怪,不良货款依然有它存在的土壤。

(2)经济立法还不完备、健全

由于我国市场经济刚刚起步,市场法制建设还十分薄弱,法治力量还十分微弱,地方保护主义严重,一些债权还得不到法律的切实有效保护。

(3)经济不景气

经济不景气是不良货款的多发原因,也是企业三角债的深深诱因,它易使企业间的债务产生“多米诺骨牌效应”,一家“断炊”了,其它家就跟着挨饿,近几年尤为突出。

从上面的分析可知,造成不良货款的原因是多方面的、复杂的,有主观原因,也有外部因素,但是从中我们也不难发现,除一些不可控的外部因素之外,只要企业制度到位,措施得当,机制健全,则控制不良货款的主导权绝大部分是掌握在供货方企业手中。

第二节　信用政策的制定及其风险防范

信用政策又称为应收账款管理政策，是企业对应收账款进行规划和控制的原则性规定。信用政策的制定及其风险控制是货款回收管理的重要内容。

一、回款工作的四种态度

在一般的观念中，销货和回款应该是同等重要的两个概念，然而在实际的执行中，往往又很难将它们有机地统一起来。有时候销售部门强调销售额，而有时又强调货款回收。这两种不同的态度会带来不同时期销售与回款政策的变化。虽然这种情况可能源于外部因素的制约，但从销售部门管理本身来看，则是基本的营销管理观念问题，缺乏通盘的考虑，这也为销售信用政策的制定带来影响。

我们可以从下面"销货与回款矩阵"看一下这种情况的几种表现。图 8－1 中，纵坐标表示销货的重要性，横坐标表示回款重要性。因而会出现四种类型。

销售重要性 ＼ 回款重要性	小	大
大	销货主导型	战略导向型
小	消极导向型	回款主导型

图 8－1

1. 消极导向型。在某些时候，企业可能基于环境或体制的影响，也可能是销售主管的能力所限，致使销货和回款都难以在销售工作中给予足够的重视。这种行为导向显然并不足取，但企业必须认真分析其中的原因，并寻找解决问题的适宜方式。

2. 销货主导型。这是指在具体的销售政策或销售管理中，重视销售额的提升而轻视回款工作，特别是在企业尽力扩大市场占有率时尤为突出。在面对剧烈的竞争环境时，一些企业甚至把延缓回款时限、降低回款要求作为促销手段，难免对以后的回款工作带来影响。

3. 回款主导型。在某些时候，企业很可能基于外欠款数额过大，或财务上的困难，而不得不把回款工作当作第一要务。而这样做的结果，又很容易导致销售额的急剧下降。

4. 战略导向型。这是一种较为理性化的态度，即在销售管理中把销货与回款看得同等重要，并通盘进行考虑。显然，此种导向有利于企业制定较为稳定的长远战略。

上述四种态度中，战略导向型应被视为最佳的选择，也是企业应当确立的回款工作的基本态度。然而战略型导向的基本实施，要求销售部门的主管必须具备高超的管理艺术。而实际上，对于大多数企业而言，往往易于在销货主导型和回款主导型之间徘徊。导致此种情况的原因固然很多，但由此带来的销售工作的不稳定性，确实值得每一个企业反思。因此，无论战略型导向执行起来多么困难，但欲求企业的健康发展，销售部门的主管都有必要研究其操作的可能性。

二、信用政策制定

市场的竞争要求企业应充分利用信用销售方式促销，而货款风险的加大又要求企业要严格控制货款的回收。这一经济"悖论"的解决，就要求企业在制定信用政策时，充分地给予多因素考虑。主要原因表现在：

一是受宏观环境的制约，使企业的销售信用政策出现失灵，使货款风险加大。例如由于我国产业结构不合理，重复建设严重，这使我国总体市场绩效低下，企业经营效益欠佳，因此在这样的大经济环境下，执行严格的销售信用政策缺乏现实基础。多年的计划经济体制转变为市场经济体制并不是一蹴而就的，必然有一个过程，因此在新体制还不成熟的情况下，一方面过去计划经济体制下的三角债是今天不良货款的严重隐患，另一方面又会产生新的三角债，使不良货款的风险加大。再例如，由于我国市场法制建设较薄弱，债权还得不到比较有效的法律保护，再加上地方保护主义等因素影响，使得销售风险一旦出现，便很难挽回。

二是企业自身因素的制约，使不良货款风险加大。例如不少企业在努力扩大销售的同时，对经济不振给用户造成的影响考虑较少，对客户资信评估不够重视，从而导致货款风险发生率上升。又例如有些企业虽然对货款风险有很深刻的认识，并感受到了加强企业货款风险管理的迫切性，但在制度上、机制上还不到位，这不仅表现在营销风险发生后对有关责任人员缺乏有力的处置手段，而且对销售风险的防范也缺乏有效的措施。

可见，企业要走出"悖论"，一方面有待政府的努力，宏观环境的改善。另一方面更重要的是依赖自身的努力，加强货款回收管理，即企业加强销售信用政策管理，提高企业销售风险管理水平，建立风险管理机制，使得货款风险管理工作制度化、规范化、系统化，通过风险管理来减少和避免损失，信用政策的制定就是要根据企业的实际经营情况和客户不同的信誉情况，制定企业合理的信用政策。

信用政策主要包括信用标准、信用条件和收账政策三部分。

1. 信用标准

信用标准是指企业用来衡量客户是否有资格享受商业信用的最低条件。这是企业向客户提供商业信用的首要前提。

信用标准的高低,也就是企业对客户信用状况的要求严格与否。如果企业的信用标准很严,则企业蒙受坏账损失的可能性就小,机会成本也较低,但也必然会失去信用状况较差的客户,从而相对减少营业收入。如果丧失的利润大于企业所希望避免的坏账损失和机会成本,那么就应考虑放宽信用标准,并权衡因此而增加利润与坏账损失、机会成本的大小。

在实际操作中,可以参考客户资信评价的方法确定信用标准。

信用标准确定后,可以由具体经办人员按规定办理。超标准的要求必须经有关负责人批准。如果客户信用状况符合企业事先确定的信用标准,就可向其提供商业信用;否则应采取稳妥的方法,即款到发货,以免发生不必要的信用风险。

2. 信用条件

信用条件是指企业要求客户支付赊销款项的条件。它包括信用期限和现金折扣两方面。

(1)信用期限

信用期限是指企业允许符合信用标准的客户赊欠账款的最长期限。确定应收账款信用的期限,是企业信用政策最重要的内容。

企业的产品销售量与信用期限之间存在着一定的依存关系。一方面,延长信用期限可望刺激销售增长,增加营业收入;另一方面,延长信用期限会使企业平均收款期延长。这会带来两方面消极影响:①占用在应收账款上的资金相应增多,丧失了潜在投资收益;②增加了发生坏账损失的可能。因此在确定信用期限时,必须权衡收益与费用。这里所说的“收益”指因扩大销售而增加的利润;“费用”指收账费用、坏账损失和机会成本。显然企业应选择“收益”大于“费用”且相差最大的方案。

(2)现金折扣

在赊销量一定的前提下,企业应收账款资金的占用量就取决于信用期限的长短。而在信用期限亦为既定的前提下,企业必须以别的方式促使客户及时偿付货款,从而减少占用在应收账款上的资金数量。通常企业选用现金折扣。

现金折扣是企业为了吸引客户在一定日期内提前支付货款而给予的减额。从提供商业信用的企业来说,为了鼓励客户提前偿付货款而给予现金折扣,一方面可以加速应收账款的周转,减少其财务成本;另一方面可以减少收账费用和坏账损失。这些成本、费用、损失的减少即可视为提供现金折扣所带来的利益。如果这种利益大于现金折扣的金额,那么提供现金折扣即是有利的。

3. 收账政策

收账政策是指信用条件被违反时,企业所采取的收回应收账款的政策。如果企业采用较积极的收账政策,就会减少应收账款和坏账损失,但要增加收账成本;反之则会使应收账款和坏账损失增加。在实际工作中,应参照测算信用标准、信用条件的方法来制定相应的信用政策。

一般来说,收账费用与坏账损失成反比,但两者并非线性关系。通常是:

(1)开始花费一些收账费用,应收账款和坏账损失有小部分降低;

(2)收账费用继续增加,应收账款与坏账损失明显减少;

(3)收账费用达到一定限度后,应收账款与坏账损失的减少就不明显了,这个限度称为饱和点,如图 8-2 中的 P 点。在制定信用政策时,应权衡增加收账费用与减少应收账款机会成本和坏账损失之间的得失。

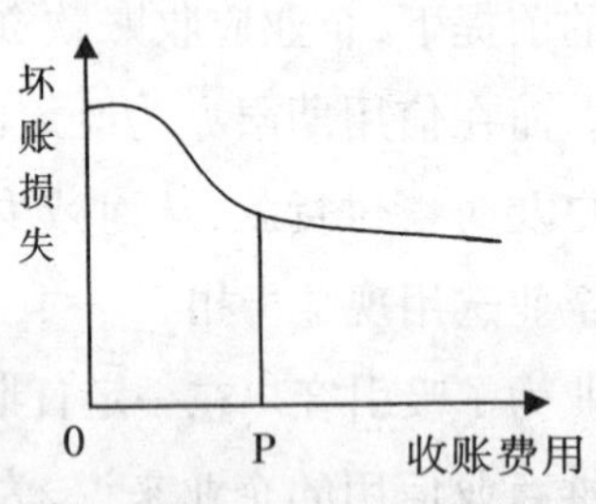

图 8-2

企业的收款方式一般为:对过期较短的客户,不予过多打扰,以免将来失去这一市场;对过期较长的客户可先打电话、写信或派员催收;对过期很长的客户,可在催收时措词严厉,必要时可提请诉讼。不论采用哪种方法,其原则是在尽量不引起顾客反感的前提下尽快收回款项。

4. 综合信用政策

前面分析的是单项信用政策,但要制定最优的信用政策,应把信用标准、信用条件、收账政策结合起来,考虑这三者的综合变化对销售额、应收账款机会成本、坏账成本和收账费用的影响。其决策原则仍是赊销的总收益应大于因赊销而带来的总成本。决策的计算相当复杂,其中的几个变量都是预计的,有相当大的不确定性。因此,信用政策的制定并不能仅靠数量分析,在很大程度上要由管理者的经验来判断决定。

制定综合信用政策时应考虑的基本模式如表 8-1:

表 8-1

信用标准： 预计坏账损失率	信用条件	收账政策
1%以下	从宽(60天)	消极(可拖欠20天)
1%~5%	一般(45天)	一般(可拖欠10天)
5%~20%	从严(30天)	积极(立即催收)
20%以上	不予赊销	

当然，在非常情况下，为达到某种目的，也可以制订特殊的信用政策。例如：在新产品或滞销产品的推销过程中，可以给予更优惠的信用条件；在银根紧缩、客户资金周转困难而本企业资金尚充裕的情况下，可进一步延长信用期限；如果企业的生产是均衡的，但其产品的消费具有季节差异，也可以考虑在不同季节实行不同的信用政策等。

总之，信用政策的制订要以能扩大销售量，增加营业收入为目标。

三、制定回款政策时应把握的几个关键环节

提高回款工作的质量，根本的问题是加强管理，主要是处理好以下几个关键的环节：

1. 回款工作目标化

目标化是回款管理工作的基础。正确地实施目标化，首先要求企业结合销货情况确定不同时期的回款目标，并把它写进每一个时期企业的销售计划中。

回款工作的目标化不仅仅意味着企业回款目标的确立，最关键的步骤是对企业总体的回款目标进行科学地分解，最终细化落实到每个销售员身上。对于企业而言，回款目标的分解应从两个层次展开：一是回款项目分解。通常根据产品的正常与否进行归类，如把外欠款区分为产品正常的欠款、不正常的欠款、已被拆下库存的欠款等。根据这种划分，列出应收的重点款项和非重点款项，并在管理工作中有所区分。回款项目的分解也可以以时间为维度展开，例如对于产品正常的外欠款，又可以区分1997年款、1998年款、1999年款，并据此制定出不同的回款政策。

二是对于归类分解的回款项目，应结合市场划分和合同签约情况进行合理的分配，落实到每个销售人员身上。这项工作非常重要，也是确保回款业务正常开展的前提条件。这要求销售部门在实施目标管理中，不能仅仅把回款任务下达给下属部门，还要责成各下属部门结合销货情况进行分解并逐项落实。只有这样，回款工作的目标化才具有实际的意义。

2. 回款工作激励

回款工作的激励包括奖励和惩罚两个基本的方面。这两个方面对于回款工作顺利的开展都是必要的，但应以奖励为主。为了正确贯彻激励的原则，销售部门必须根据对象的差异作出区分性安排。

一是对销售人员的激励。目前一些企业对销售人员的激励主要依据“预付款项”和“货款回收时限”两个标准进行评估，但企业应该进一步反思有关回款的若干规定，以便力求使之合理化。由于销售工作面临着复杂的情况，为保持一定的灵活性，企业有必要在回款问题上作出一些特别的规定，诸如全款提前到位的奖励问题，预付款与余款的相关性问题、非销售原因而导致的欠款问题、特别客户的回款问题等，均需作出详细的说明。

二是对部门主管的激励问题。在多数情况下，回款工作的督促与落实，主要依靠各级部门主管，因此应在奖罚措施上给予体现。当然,企业可以依据回款性质的不同或数量的差异,而确定不同的奖罚标准。例如对于旧欠款的奖励额度要大些,而对于新款的奖励额度可以相对小些。

三是对客户的激励。回款工作的好坏不完全取决于企业内部的管理工作,还与客户的合作态度密切相关。为了刺激客户付款的积极性,可以在总的价位上作出让步,也可以在零配件供应、工程安装、附加赠品、售后服务等方面提供特别优惠。

3. 评估与指导

对回款工作的评估和指导是确保回款任务能否实现的基本环节,这实际上意味着企业要加强对回款工作的监督与控制。首先,销售部门的领导要确立销售工作的战略导向,把回款工作作为销售工作的基本环节,特别是那些列入重点回款项目的应收款,应责成有关部门加大工作力度。其次,作为基层部门的主管,也要对本部门的回款工作作出通盘考虑,要善于根据每笔外欠款的性质和特点,而指导销售人员搞好回款工作。必要的话,还要求亲自奔赴回款工作第一线,配合销售人员完成艰难的催款任务。

第三节　应收账款的管理与控制

在工商企业的全部债权中,应收账款占有最为重要的位置。首先,应收账款所占的比重最大,而且近几年来,随着市场经济的发展,商业信用的推行,大多数企业的应收账款的数额明显增加,在企业的债权中,甚至在企业的全部流动资产中的比重急剧上升,已成为企业最为重要的债权和最为重要的流动资产之一。其次,应收账款的风险最大。在工商企业的债权中,应收票据的风险较小,特别是银行承兑汇票,基本上没有风险;预付账款需要对方用商品和劳务来偿还,因而其风险也相对较小;而应收账款则不同,由于付款方资金周转困难或者有意拖欠,很容易造成应收账款长期收不回来,甚至成为坏账。因此加强对应收账款的管理是企业债权管理的重点,也是营销风险管理的核心。

一、应收账款的功能与成本

企业提供商业信用,采取赊销、分期付款等销售方式,可以扩大销售,增加利润,与此同时也造成资金成本、坏账损失等费用的增加。应收账款管理的基本目标就是在充分发挥应收账款功能的基础上,降低应收账款的成本,使得提供商业信用、扩大销售所增加的收益大于有关的各项费用之和。

1. 应收账款的功能

应收账款的功能是指它在生产经营中的作用。应收账款的功能主要有以下两个方面:

(1)增加销售。在市场竞争较激烈时,赊销是促进销售的一种重要方式。它实际上向顾客提供了两项交易:①销售产品;②在一定时期内提供资金。有了赊销,购买方既能立即取得其生产经营所需的材料物资和劳务,又无需立即支付货物和劳务的价款,可以缓解资金周转的困难,也可用这笔资金进行其他方面投资,为企业创造更多的效益,因而购买方总是乐于接受赊销。在银根紧缩、市场疲软、资金匮乏的情况下,赊销的促销作用十分明显。

(2)减少存货。如果不采用赊销,企业销售量就会减少,相应的存货就会增加。企业对存货要追加管理费、仓储费和保险费等开支;而持有应收账款,则无需上述支出。因而许多企业更愿意采用赊销,把存货转化为应收账款,以减少存货,节约开支。

2. 应收账款的成本

持有应收账款也要付出一定的代价。应收账款成本有以下三个方面:

(1)机会成本。企业采用信用政策,意味着它不能及时收回货款,而要长期为客户垫付一笔资金。这笔资金丧失了盈利机会,便产生了应收账款的机会成本,它一般按有价证券的利息率来计算。

(2)管理费用。主要包括:调查客户信誉情况的费用,收集信息的费用,收账费用,账簿记录和保管费用等。

(3)坏账成本。应收账款因故不能收回而发生的成本称为坏账成本。它包括本金和利息。此项成本一般与应收账款的规模相一致。

二、货款回收管理

1. 建立货款回收风险处理机制

加强货款回收的风险管理首先应严格按企业的有关规定区分“未收款”、“拖欠款”和“呆坏账”。

未收款的处理:当月货款未能于规定期限内回收者,财务部应将明细列表交销售公司核准;销售公司经理应在未收款回收期限内负责催收。

拖欠款的处理:未收款未能如期收回而转为拖欠款者,销售公司经理应在未收款转为拖欠款后几日内将未能回收的原因及对策,以书面形式提交公司分管经理核示;货款列为拖欠款后,营销管理部门应于30日内监督有关部门解决,并将执行情况向公司分管经理汇报。

呆坏账的处理:呆坏账的处理主要由销售部负责,对需要采取法律程序处理的由公司另以专案研究处理;进入法律程序处理之前，应按照呆坏账处理，处理后未能有结果，且认为有依法处理的必要，再移送公司依法处理。

呆坏账移送公司后，应对造成呆坏账的原因，责任人等应承担的责任调查清楚，提交公司营销决策层研究。

在回收货款过程中，若发现收款异样或即将出现呆坏账时，必须迅速作出收款异样报告，通知公司有关法律人员处理，若有“知情不报”或“故意蒙骗”的情况，应当追究当事人的责任。尤其应该强调的是业务员离职或调职，必须办理移交手续，其中结账清单要由有关部门共同会签，直属主管应负责实地监交，若移交不清，接交人可拒绝承受“呆账”（须于交接日期起规定日期内提出书面报告）。否则就应承担移交后的责任。

2. 创造回款实现的良好条件

搞好回款工作，除了加强回款工作的管理以外，还要善于创造回款实现的良好条件，即通过自我的努力而达到回款环境的改善，从而促进回款工作的开展。创造回款实现的良好条件，主要体现在以下几个方面：

（1）提高销货与服务质量

实践证明，企业所面临的许多回款难题，与其销货与服务水平密切相关。产品性能不稳定，质量不过关，或售后服务落后，均会导致客户的不满，从而使回款的任务难以实现。企业必须努力改变这种局面，关键是把现代营销的基本理念贯穿到销售工作的各个环节，彻底摒弃传统销售观念的影响。在具体的销售工作中，要努力向客户提供一流的产品，一流的服务，公平交易，诚实无欺，只有这样，才能赢得客户的尊重，为回款工作打下良好的基础。

（2）重视客户资信调查

市场交易并非不存在风险，为了尽量降低交易的风险，要求销售人员有必要先对客户的资信状况作出评估。市场上有一类客户，虽然购货的能力很有限，却又故意装出很有钱的样子，向他供货的销售人员一不小心，便会落入买卖圈套，到最后就会面对一个“要钱没有，要命有一条”的尴尬处境。对客户实施资信评估，一方面能自觉回避一些信用不佳的客户，另一方面，也便于为一些客户设定一个“信用限度”，从而确保货款的安全回收。

(3)加强回款技能培训

回款是一项技术性很强的工作，不少营销人员是推销有术，要款无方，既便是一些经验丰富的销售人员，也难免会在回款工作中表现出某种程度的怯弱。为了推动回款工作的开展，企业要加强对销售人员的回款技能培训。首先是回款信心的培养。要让每一个销售人员明白，回款是正当的商业行为，没有必要在回款时心存歉意。其次，要培养各种催款技巧，诸如用情催款、以利催款、意志催款、关系催款等。当然，在选择各种催款方式时，要善于结合时间、地点和环境条件，并作出灵活的安排。

(4)回款工作制度化

为了确保回款工作的正常开展，企业应努力实现回款工作制度化，所谓回款工作制度化就是企业要对回款工作的各个环节，诸如目标设定、激励制度、评估和指导、回款技能培训、回款工作配合等方面作出明确的规定，以便使回款工作有章可依，有规可循。显然，回款工作制度化，是创设良好回款气候的可靠保证。

三、货款回收控制方法

如何及早收回货款和防止坏账，是企业关注的大事。销售量多是企业追求的主要目标，但是这是以能及时收回货款为前提的，收不回货款的销售,不是真正的销售。回收货款的控制对市场营销部门来说是十分重要的,有效的回收货款的控制是有效的营销风险管理不可缺少的一部分。但是许多公司没有适当的控制程序,他们无法分析退货的原因,不注重营销中的货款回收控制,以至造成应收账款高举不下,坏账不断增加,企业负债严重,甚至亏损的情况。这些应引起我们充分的重视。应收账款高引起坏账的两个现象:一是退货问题,二是调货问题,其中某一环节出现问题,都会引起拖欠甚至坏账。同时在应收账款时还存在收款进账不及时、不提供发票号,无法确认客户代码、凭证重复擅自扣款、不按规定办托收等。以上几点产生后果是造成延误收款,账目混乱,以致公司债权受损。

以上两种现象处理不当便会引起拖欠货款甚至坏账。

1. 建立客户货款回收管理台账

目前许多企业货款回收是依财务应收账款往来为依据的,营销部门对每一客户的每笔货款情况缺乏明细的台账。一旦发生疑问,便要去财务核对。企业可以通过营销与财务往来账的联网,建立货款回收明细台账,并详细记录货款回收的有关内容。

表 8-2 双轮集团客户货款回收管理表

客户	等级	信用限度	交款日期	交款单送达日期	付款日期	付款操作				付款人	问题要点
						现金	票据期限	转账	其他		
××商号	B	50万	20日	21日	下旬5日	30日	60日	90日	20万以上90日	经理	尚无

2. 滚动清欠方法

采用滚动清欠方法以保持应收账款的时效性，避免坏账。国际上对应收账款二年以上视作完全坏账，一年以上以 50%计算为坏账。在中国的实际情况下，"三角债"困扰，较难做到。但我国法律也规定欠款有两年的追索权，因而必须加强回收，以防账龄老化造成呆账。此外，由于货物在运输中破损、缺少、调货、退货、质量问题等不及时处理，账面不平衡易造成坏账。对有大量老欠账的企业，可加大力度催讨，并采取下顶上的滚动清算法，以减短账龄。即拿现款先顶老账，然后开票提货记新账，但新欠款要有一定保证。双轮集团近几年来成功地运用这一方法，有效地控制了呆坏账。

对一般企业来说，应收账款总额相当于 3 个月的销售，最差 4 个月，更应重视抓好应收账款的控制，特别要注意控制应收账款的账龄。要将应收账款的资金账龄控制在 3 个月之内，对资金紧张状况，企业应将账龄控制在更短的时限内，如酒厂可控制 1 个月。资金是发现企业管理薄弱环节，提高管理水平的主线，企业的动作最终反映企业的经济运作状况，要提高企业的经济运行质量，就应抓好资金的流入流出——资金流量，它涉及到业务运作的所有相关部门。具体实施办法：

(1)组织实施，成立领导小组。

(2)摸清状况，制定政策。对继续业务往来的客户弄清其应收款构成；对中断业务的分年列出明细账，采取对策，成立专门清理队伍，制定应收账款清理办法，明确政策和责任。

(3)全员发动、统一思想、集中部署、分头实施。

与所有的业务往来单位签订协议，运用以法律上认可的滚动清欠的账务核清办法。对业务人员进行财务知识培训,转变业务人员的观点,不仅在于做好合同、催款等工作,而且在于高质量的经营过程控制。财务人员不再是在办公室内记录凭证,而是走出门去,上半个月对账,下半个月记账和做准备。

3. 利用账龄分析监督应收款的回收

企业为尽快收回款项,减少坏账损失,在日常应收款的管理中还应按账龄长短编制账龄分析表,随时掌握账款的回收情况,便于企业对回收款项的监督。

账龄分析表是一张能显示应收账款在外天数(账龄)长短的报告表,其格式如表 8-3。

表 8-3 账龄分析表

1999 年 12 月 31 日

应收账款账龄	客户数量	金额(千元)	百分率(%)
信用期内	200	800	40
超过信用期 1~20 天	100	400	20
超过信用期 21~40 天	50	200	10
超过信用期 41~60 天	30	200	10
超过信用期 61~80 天	20	200	10
超过信用期 81~100 天	15	100	5
超过信用期 100 天以上	5	100	5
应收账款总额		2000	100

通过账龄分析可以了解到以下情况:

(1)有多少欠款尚在信用期内。如上表,有 80 万元应收账款处在信用期内,占全部应收账款的 40%。这些款项还未到偿付期,欠款是正常的;但到期后能否收回,要待时再定,故及时的监督仍是必要的。

(2)有多少欠款过了信用期,超过时间长短的款项各占多大比例,有多少欠款可能成为坏账。上表显示,有120万元的应收账款已超过了信用期,占全部应收账款的60%。其中拖欠时间较短的(20天内)有40万元,占应收账款的20%,这部分欠款收回的可能性很大;拖欠时间较长的(21天~100天)有70万元,占35%,这部分欠款的回收有一定难度;拖欠时间很长的(100天以上)有10万元,占5%,这部分欠款有很大可能成为坏账。

表8-4 全部客户账龄分析预警信息

年 月 日 单位: 元

客户名称	赊销金额	赊销天数	账龄时间	欠款金额	超出赊销金额	超出赊销天数
合 计						

复核员: 录入员:

客户账龄分析预警信息

客户名称: 年 月 日 单位: 元

赊销金额	赊销天数	账龄时间	欠款金额	超出赊销金额	超出赊销天数
欠款原因分析					
经营不佳○ 资金周转不佳○ 强行推销积压○ 过多采购积压○ 故意拖欠○ 公司责任合同纠纷○ 客户责任合同纠纷○ 遇到意外事故○ 要款不力○ 其他○					

复核员: 录入员:

账龄综合分析

年 月 日 单位:万元

应收账款天数查询条件	欠款客户数量	欠款金额	应收账款总额	占应收账款总额的百分比

复核员: 录入员:

4. 对违约客户进行预报

企业营销管理人员，应经常走访客户，及时发现危险征兆，对有危险征兆的客户，应及时预警报告。对违约客户更要加强跟踪，及时做出预警处理，防止货款严重拖欠。

表 8-5 危险征兆

客户名称：

支付迟缓○	躲债○	资产变卖○	经办人意外事故○	领导层变动○
账号冻结○	高息举债○	有意拖欠○	进货量大变动○	重组解散破产○

违约客户预警分析报告通知单

年　月　日　　　　单位：　元

客户名称	超出赊销金额	超出赊销天数	欠款原因	欠款总额	采取措施
合计					

复核员：　　　　　　录入员：

危险客户预警报告通知单

年　月　日　　　　单位：　元

客户名称	进货金额	已付金额	欠款总额	规定还款时间	危险征兆	采取措施
合计						

复核员：　　　　　　录入员：

5. 可通过图表进行货款回收的控制管理。常用的有双曲线图，如图 8-3。

四、应收账款办法

1. 常用的收款办法

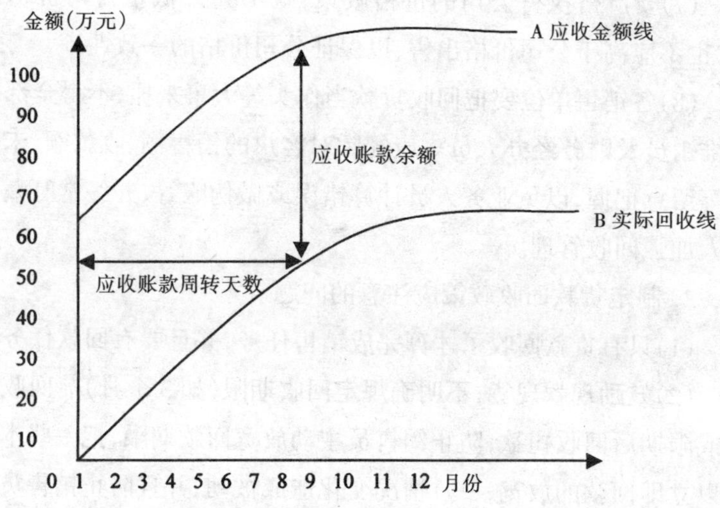

图 8-3

(1)对固定大客户的货款,沉淀资金不应超过公司规定的最高限额和最长时限,一旦达到规定的资信限额和最长时限,应尽快收款,否则应停止发货;

(2)应充分利用公司在回款方面的优惠政策,鼓励用户及时回款;

(3)对用户和经销单位,可根据回款时间的长短,按公司政策给予一定比例的回款折让;

(4)对没有资信保证的一般客户,本着现款现货的原则,在资金没有保证的前提下不得采用赊销;

(5)各销售单位在销售中收取的货款不论是现金、现汇,还是银行承兑汇票应及时汇往公司货款中心,不得挪作他用。

(6)各销售片区、分公司及业务员收取的货款应足额入账,不得隐瞒;

(7)要严格执行公司的价格政策，既不允许低于公司价格出售，也不应高于公司价格出售，以保证公司价格的一致性；

(8)各销售单位要把回收货款当作头等大事来抓，不得全部推给推销员及财务经办人员。应经常对客户的销售额、收款额、未收额等留意把握，以免业务人员计算错误或做伪账等，并经常叮嘱经办人加强回收管理。

2. 制定货款回收政策应注意的问题

(1)只有货款回收了才算完成销售任务，并且要有回款任务；

(2)鼓励现款现货，不明确规定回收期限(如3个月)前回收奖励或限期后回收罚款，防止销售员主动放宽回款期限，把一些本来可以立即回款的放宽，一旦情况变化造成被动，并且防止销售员接近期限再讨款，甚至宁愿认罚息，而挪用货款；

(3)应统一价格政策，一般不应设浮动部分让业务员自行谈判，造成价格不一致。可以在统一价格的基础上，给销售员提取业务费用和奖励；

(4)应制定回款优惠政策，鼓励用户及时回款；

(5)能讨回现款的，绝不能放宽口子要承兑汇票，以减少贴息损失；

(6)不到万不得已的情况，不用转抹账的方式回款，这种方式损失太大，也容易养成客户有款不愿给，能抹则抹，更容易养成业务员的懒惰，能抹账回收就不努力要现款；

(7)公司应把回款管理作为销售管理的重点，并应建立起货款回收调度制度。

第四节　拖欠货款的催讨清收

从销售的角度讲，呆账是大敌，但由于销售活动中人为的或不可避免的因素影响，出现呆账又是常有的，对于拖欠货款必须及时催讨，才可减少利润的损失，要想有效地催讨拖欠货款，除要分析造成拖欠的原因之外，还必须仔细分析对方拒付或拖延付款的理由，只有把这两方面结合起来分析，才能弄清拖欠货款的真实性，从而采取有效的对策。

一、拖欠货款的清收手段

简单地说，拖欠货款的清收手段有四种："情"、"理"、"利"、"法"，即动之以情、晓之以理、辅之以利、诉之以法，但运用之妙，存乎一心。

动之以情：生意场上留下的不仅是一笔笔交易，更重要的是多年积淀的交情，"老朋友"总不能一下子翻脸，只要说到伤心为难处，对方不会不有所考虑。

晓之以理：在清收拖欠货款时，仅"以情动人"有时未必能奏效，如果在情中寓之以理，晓之以利害，以理服人，以事实服人，则对方考虑回款会更深入一层。

辅之以利：当客户正在难处的，家里正"穷"，跟他磨了半天的"嘴皮子"，客户也领情明理，就是付不出款，在这时若实事求是给客户一定程度的让利，如削减一定程度上的债款，或许能激起客户有效回款的积极性，打破回款僵局。这在实际操作中是很有效的方法，而且会使客户关系更加牢固。

诉之以法：有时要账时用情、理、利三种手段皆告失败，人家就是一副铁石心肠,或变着法子跟你耗着,还款迟迟不见动静,这时对债权方来说已仁至义尽,除了诉之以法,对簿公堂,别无选择。

二、拖欠货款清收对策

兵无定法,水无常形。要想有效地清收拖欠货款,对客户绝不能搞"一刀切",要具体问题具体分析,审时度势,对症下药。否则,讨账可能事倍功半,得不偿失,两败俱伤。不过话又说回来,拖欠货款虽无理,但有时也很无奈,做事不能得理不饶人。生意场上需要滚滚财源,但更需要的是"和气",因此清讨货款作为善后事宜处理,要讲究策略,把握分寸,留有余地,只有这样才会"不打不相识","化干戈为玉帛","化腐朽为神奇"。

下面就拖欠货款常见的七种类型进行简单探讨:

1. 要款不力类

这种拖欠的货款主要是由销售人员对回收货款认识不够,或货物发出后不主动回款,而对方又不主动付款造成的。这种拖欠一般只要去电、去函或去人催要,很快就可回笼入账。

2. 合同纠纷类

若由于销售人员在业务洽谈或在签订合同或协议时不够注意或疏忽大意,造成合同有关条款在执行中的争议,进而影响了货款的回收,则销售人员应主动找用户协商,本着实事求是的原则对原来的疏忽给予纠正,一般会得到用户的同意而追回货款。

若是由于购销某一方违反合同规定造成合同纠纷从而影响货款回收,则应根据事实,假如是由本公司执行销售合同中违反规定,应主动向用户赔礼道歉,征得用户的谅解,并按合同有关违约条款承担一定责任,对用户造成的损失给予赔偿后,追回货款。若是由于用户违反合同,则应主动与其交涉,尽量通过协商的方式解决,若双方协商不成,可以按合同规定的纠纷处理办法进行公证或法律调解,最后追回拖欠货款。

3. 货物积压类

这种拖欠往往不是用户故意想拖欠货款,而是由于销售方大量推销或用户经营决策失误大量进货造成。这种情况可以把多余货物调剂给别的用户或帮助用户加强销售等办法处理,从而尽快收回拖欠货款。

4. 经营不佳类

对这种拖欠货款,若真是暂时无力偿还,也拿他无法,这要分步进行,采取分批催付,拿回多少算多少的办法,既不能因同情对方而不要,也不能向对方强行逼债,若能设法帮助用户搞活经营,不仅可以追回货款,而且还会获得用户感激而建立更稳定的关系。

5. 资金周转不佳类

这类拖欠客户并不是没有偿还能力,也不是不愿支付货款,而是由于资金周转不灵,运作不佳一时难以支付货款。这类客户也要分别对待,如果对方确因资金暂时困难而又有诚意还款,本着长期合作的原则,应该体谅其难处,暂时缓讨,但双方应达成协议,一旦对方资金稍有缓和,应该主动偿还货款。如果对方资金周转是人为造成的资金紧张,没有妥善用好资金,这时可以采取一些公关等措施追回货款。

6. 故意拖欠类

有些用户不讲商业信誉,故意拖欠货款,这种现象目前已不是少数,由于其故意拖欠,因此对前来催款的人,一是不让与其经办人见面,故意推拖;二是采取给催要者个人好处,如上等招待、送礼物等手段,使催要者拉不开情面强行追讨,对于这类用户,只要采取强硬的手段，即不要收对方礼品，更不能拉不开情面，要一针见血指出对方的故意拖欠行为，使对方不得不偿还货款。若对方有意拖欠，也不妨来个软磨硬缠，以其人之道还治其人之身，往往很见成效。对个别一点信用不讲的，可以通过法律的形式追索。

7. 客户遇到了意想不到的事故

这类拖欠货款往往不是因客户主观因素造成，而是由于意想不到的事故，使客户造成重大经济损失或其他影响，致使无法偿还货款，对此应区分不同的情况进行不同的处理。首先对客户出现的意想不到的事故表示同情和慰问，然后根据对方事故的情况可以暂缓催要，或部分追回，或是保留追索权等，对确实无法追回的，可以作坏账处理。

三、清收拖欠货款注意事项

1. 在采取行动前，先弄清造成拖欠的原因。是疏忽，还是对产品不满，是资金紧张，还是故意，应针对不同的情况采取不同的收款策略。

2. 不要怕催款而失去客户。到期付款，理所当然。害怕催款而引起客户不快，或失去客户，只会使客户得寸进尺，助长这种不良的习惯。其实，只要技巧运用得当，完全可以将收款作为与客户沟通的机会。当然客户坚持不付款，失去该客户又有何足惜？

3. 当机立断，及时中止供货，特别是针对客户“不供货就不再付款”的威胁，否则只会越陷越深。

4. 收款时间至关重要。时间拖得越长，就越难收回，国外专门负责收款的机构的研究表明，收款的难易程度取决于账龄而不是账款金额，2 年以上的欠账只有 20%能够收回，而 1 年以内的欠账 80%能够收回。

5. 采取渐进的收款程序。当赊销款在正常的赊销期过后仍不能收回的情况下，企业就应转入收款程序。为了减少收款费用，通常先发一封催款信或打一个电话；如果上述方法不能奏效，则应派出收款员专门收款，最后的程序是诉诸法律。

6. 不能因对方欠货款，便有理占三分，拿出一副逼债的姿势。因为造成拖欠有买卖双方的责任，即使都是客户的责任，但为保持长期的友好合作，应体谅客户的实际困难，友好协商解决。

7. 不能客户一诉苦就心软。有些清债人员缺乏催讨欠款经验，人家一诉苦便打动他的菩萨心肠，处处为对方着想。清债人员既要考虑客户的实际困难，更要考虑本公司的经济利益，决不能因对方一片诉苦之言，便放弃催要。

8. 清债人员在催讨欠款时发挥"缠"功。对有些故意拖欠款，催要时又故意推拖者，必须发挥"缠"的功夫，盯住关键人物软缠硬磨。当然，这绝非不讲人格，也不是去侵犯人权，而是对付这种推拖的方法。

9. 不能收受对方礼物或吃请。俗话说吃人的嘴短，拿人的手短。收了人家礼物，吃了人家的请，人家便堵住了你的嘴。这样便会因小失大，自己占了小便宜，而给公司造成大的损失。

10. 能够协商解决的不要动用法律。尽管在购销合同上写明违反合同可以通过法律解决，但在实际业务中应尽量避免动用法律，一方面由于拖欠货款是多方因素造成的，只要把拖欠的真正原因找出来，经过双方充分协商往往能够得到解决。凡是购销双方能够协商解决的，就不要打扰经济法律部门。另一方面，一旦动用经济法律，购销双方便成了被告和原告的关系，往日建立的友好协作关系便会遭到破坏，即使被告在法律的威严下归还了拖欠的货款,在现实观念中往往也会认为丢了情面而不愿再与本公司打交道。这样便失去了一个客户,同时对其他客户也有影响。

四、学会依法讨债

市场经济也是法治经济。企业家迈向市场经济要学法、懂法,更重要的是依靠法律保护自己,万万不要想当然,更不要把一切都想得很好,这样才能防患未然。

一般来说,债权人运用法律方式保护自身合法权益有以下五种手段:

1. 选择管辖的法院

我国《民事诉讼法》第 24 条规定:"合同的双方当事人可以在书面合同中协议选择被告住所地、合同履行地、合同签订地、标的物所在地人民法院管辖"。这就是说,当事人可以根据这些原则,采取对自己有利的法院管辖有争议的案件,所以在发生债务纠纷后的协商调解过程中,就应采取签订补充协议,并规定法院管辖地,以利在协议执行无效后,能向对自己有利的法院提出诉讼。

2. 申请财产保全

《民事诉讼法》第 92 条规定:"人民法院对于当事人一方的行为或者其他原因,使判决不能执行或者难以执行的案件,可以根据对方当事人的申请,作出财产保全的裁定"。第 93 条规定:"利害关系人因情况紧急,不立即申请财产保全将会使其合法权益受到难以弥补的损害的,可以在起诉前向人民法院申请采取财产保全措施"。在现实经济生活中,有的债务人明知自己应承担的债务,但拒不偿还,即使公证机关作出裁决或人民法院作出判决,也往往难以执行;有的债务人实质上是在进行经济诈骗活动,遇到这种情况,债权人可根据上述规定,在提出债务诉讼的同时,向人民法院递交一份财产保全申请书，并提供有关债务人的财产情况，以便人民法院采取查封、扣押、冻结银行账户或法律规定的其他方法，保证判决顺利进行。

3. 申请支付令

《民事诉讼法》第188条规定："债权人请求债务人给付金钱，有价证券，符合下列条件的，可以向有管辖权的基层人民法院申请支付令：(1)债权人与债务人没有其他债务纠纷的；(2)支付令能送达债务人的。为了保证支付令的执行，第191条规定："债务人应当自收到支付令之日起到十五日内清偿债务，或向人民法院提出书面异议"。"债务人在前款规定的时间没提出异议而又不履行支付令的，债权人可向人民法院申请执行"。

为了使申请支付令能起到应有的作用，债权人在向人民法院提出申请之前，要做好以下准备工作：(1)理顺债权债务关系，提出书面债权文书(协议书)；(2)没有债据的，要债务人出具表明拖欠金钱或有价证券数额的书面凭证；(3)核实清楚债务人名称，所在地等基本情况，以便支付令能够到达。

4. 申请法院执行

《民事诉讼法》第216条规定："发生法律效力的民事判决，裁定当事人必须履行，一方拒绝履行的，对方当事人可以向人民法院申请执行"。第221条、第222条、第223条中还规定：被执行人未按通知履行法律文书确定的义务，人民法院有权冻结、划拨被执行人的存款；有权扣留、提取被执行人应当履行义务部分的收入；有权查封、扣押、冻结、拍卖、变卖被执行人应当履行义务部分财产。为了使申请法院执行能及时得到批准和顺利执行，债权人应积极搜集债务人有关存款、收入、财产的证据，为法院提出执行措施提供可靠的依据。

5. 办理债权文书公证

《民事诉讼法》第218条规定:"对公证机关依法赋予强制执行效力的债权文书,一方当事人不履行的,对方当事人可以向有管辖权的人民法院申请执行,受申请的人民法院应当执行"。

在现实经济生活中,债权文书常以双方协议形式出现,这种协议不具备法律效力,所以,债权人在与双方协商还债的过程中,应先争取办理债权文书公证,并在公证的文书中,写明所欠债务总额,偿还债务时限,抵押担保的财物或担保人,计息办法等,这样到期时对方当事人如不履行义务,可直接向法院提出申请执行,不必再经过诉讼程序。

6. 责任延伸

(1)债务人为分公司时,分公司无力偿还的,所欠债务应由母公司承担;

(2)所欠债务的单位若被其上级撤消,其所欠债务应由宣布撤消的上级单位负责。

依法讨债中注意事项:

(1)要明确主体。确定被告是依法讨债的前提,一般说来,在债务合同纠纷中,被告是确定的,但在实际中,因企业的关停并转,可以引起诉讼主体的变化,企业在诉讼前,一定要依据有关法律规定,弄清谁是民事法律关系主体,否则会因主体的要素不具备,可能中途被迫撤诉,使债务悬空。

(2)要重视时效。我国法律规定,民事诉讼时效为2年,否则诉讼时效一过就得不到法律的保护,因此债权人千万不可有"你欠我的,黑字写在白纸上,官司打到天边输不了"的想法。在催讨不成时，要一张还款承诺的纸条也是有用的，证明你去催过，从而延长催讨时效。

(3)要收集证据。民事诉讼不同于刑事诉讼，它有一个重要原则，就是“谁主张，谁举证”，如果取证工作马马虎虎，在法庭上辩护时，就会一问三不知，或被对方驳得张口结舌，由主动变被动，甚至败诉。

(4)要善于调解。打官司和协商调解都是手段，目的是收回债务，因此要分清债务人的情况，如果确有还债之意，又有具体困难，就应该主动配合法庭调解；如果债务人一心逃债，就要果断采用措施。

第九章　营销决策风险防范

营销风险来自市场的变化，市场的变化主要表现在：消费者需求的变化和竞争对手力量的对比变化。如果说两者的变化是企业生存与发展面临的主要风险的话，那么前者则是根据消费者需求决定产业和市场选择的风险，后者则是根据市场格局决定市场进入与竞争的风险。为此，在营销过程中，必须以消费者需求为中心，主动研究市场，合理选择目标市场，不断开发新的产品，并制定适宜的营销战略和策略，从而发现市场机会，避开市场风险。

第一节　目标市场选择的风险防范

现代企业营销，面对的是一个十分复杂的市场。在这个市场上，存在着各种不同的需求和爱好，任何一个企业，要想满足所有需求与爱好，那是不可能办到的，只有选择其中一部分需求与爱好加以满足。那么"为谁的需要服务"便成为企业的一种营销抉择，这种抉择就是选择目标市场。由于企业的一切营销活动都是围绕目标市场进行的，因而是营销决策的首要内容和基本出发点。然而目标市场选择的过程受许多不确定因素的影响，因而存在许多风险。为了准确地选择目标市场，克服目标市场选择过程的风险，市场细分是选择目标市场的基础和前提。

一、市场细分对目标市场风险的防范

1. 市场细分的含义

市场细分,就是根据消费者的需要、购买动机和习惯爱好的差异,把市场划分为不同类型的消费者群,每个消费者群就是一个细分的小市场,然后企业根据每一个细分的小市场,生产适合所选定的目标市场的产品。

企业生产产品的最终目的是满足消费者的需求;反之,消费者的需求是企业所要求的市场。消费者的需求具有多样性、差异性和多变性。这种需求特点决定了一个企业,无论其规模有多大,经济实力有多雄厚,都不可能使其产品满足所有消费者的各种要求,更不能占领整个市场,不可能与对手展开全面竞争,而只能满足其中一部分消费者的某种需求。有的企业产品滞销积压,原因是多方面的,但企业忽视市场细分,不善于正确选择目标市场是一个重要的原因。企业在确定自己的产品时,如果正确运用市场细分策略,就能做到超前防范风险。

2. 市场细分的作用

市场细分是市场营销的一项重大原则,是市场营销中新的观点。它不是产生于产品上的求新,而是源于不同消费者团体的区别,即将一个市场按照消费者之间的明显差别再细分成一些子市场,而每一个子市场都可被视为一个市场目标,以一个明显的营销组合来服务。

市场细分的目的是为了找出购买者之间的差别,使得在选择他们或将他们作为经销对象时能产生最具有决定性的效果。其主要表现在:

(1)市场细分有利于企业分析,发掘新的市场机会,形成新的富有吸引力的目标市场。通过市场细分,企业可以有效地分析和了解各个消费者群的需要满足程度和市场上的竞争状况,发现哪类消费需求已经满足,哪类满足不够,哪类尚无适销的产品去满足;发现哪些细分市场竞争激烈,哪些较少竞争,哪些尚待开发。从而根据企业自身条件,慎重选择,抓住机会。

(2)市场细分有利于提高企业的竞争能力,取得投入较少,产出较高的良好经济效益。这是因为:其一,市场细分能够增强企业的适应能力和应变能力,在较小的细分市场上开展营销活动,增强了市场调研的针对性,对市场信息反馈较快,企业易于掌握消费需求的特点及其变化,这就有利于及时、正确地规划和调整产品结构、产品价格、销售渠道和促销活动,使产品保持适销对路,并迅速送达目标市场,扩大销售;其二,建立在市场细分化基础上的企业营销,避免了在整体市场上分散使用力量,企业有限的人力、财力、物力资源能够集中使用于一个或几个细分市场,扬长避短,有的放矢地开展针对性营销,不仅费用低,竞争能力也会因此而得到提高;其三,进行市场细分,易于看清楚每一个细分市场上各个竞争者的优势和弱点,有利于企业避实就虚地确立自己的目标市场,这也有利于增强竞争能力,提高经济效益。

(3)市场细分有利于满足不断变化的、千差万别的社会消费的需要。如果众多的企业奉行市场细分化策略,尚未满足的消费需求就会逐一成为不同企业的一个又一个的市场机会、目标市场,这样,新产品就会层出不穷,同类产品的花色品种就会丰富繁多,消费者或用户也就有可能在市场上购买到各自称心如意的商品。

如高炉酒厂在白酒市场竞争较为激烈的80年代末,通过市场调查研究,认为随着1988年名酒的大幅提价,市场上酒质优良,价格中档的白酒需求相对增大，这时名酒厂尚不敢或不愿降价，而众多一般酒厂普遍是低档酒。高炉酒厂通过这一市场细分，按照消费者对白酒需求的心理，研制开发了“双轮发醇，矿泉酿造”的双轮池酒，一炮打响，很快又推出了双轮系列白酒，以优良的品质和中档及中档偏上的价格找到自己的目标市场。仅 1993 ~ 1999 年便实现利税 11 亿多元。

市场细分策略从经营一开始就考虑了风险问题。寻找目标市场，实质上就是为了避免将来发生销售风险。通过市场细分，企业可以深入了解各个细分市场顾客的不同需求，并根据对每个细分市场购买潜力的分析，研究购买者需求满足程度及该市场的竞争状况，开发新产品，开拓新市场。市场细分作为一种策略，不是满足于在整体市场上好歹占一席之地，而是追求在较小的细分市场上占有较大的市场份额。这样一种价值取向，不仅对大、中企业开发市场具有重要意义，对小型企业的生存与发展也尤为重要。

二、不同的目标市场策略对目标市场风险防范

企业在进行目标市场策略选择时，可以根据自身的特点及外部环境选择以下三种不同的市场策略，以防范目标市场风险。

1. 无差异市场策略与目标市场风险。无差异市场策略是以一种产品去满足不同市场的需求，视市场为一个整体，认为所有消费者对这一产品有着相同的需求，视市场为一个整体，认为所有消费者对这一产品有着相同的需要，因而希望凭借大众化的销售渠道、大量的广告媒介来推销大众化的产品。无差异市场策略要求产品必须有较强的适应性，人们需求的共同性因素居主导地位，如生产资料中的化工原料、燃料等。采用无差异市场策略在于节约成本，但风险较大。一种产品要长期被所有消费者接受是非常不易的，如果产品本身质量、价格等又不占据竞争优势，企业会逐渐失去市场，而对于有技术优势的专业化公司采用这种市场策略，往往可以造成难以与之抗衡的市场优势，如美国可口可乐公司长期采用这种策略，产品销往世界各地，备受欢迎，其销量位居世界前列，但对于众多消费品企业来说，消费者需求差异较大，无差异策略很难满足不同的消费需求。

2. 差异市场策略与目标市场风险。差异市场策略是指企业在市场细分化的基础上选择若干目标市场，根据各个市场的不同需求，分别设计和生产不同性能和质量的产品，以满足不同消费者的需要。

差异市场策略是科学技术发展的结果，也是市场激烈竞争的产物。随着生产的发展，人民生活水平的提高，消费者的需求愈来愈多样化，为了充分满足各方面的需求，同时也为了提高企业的市场竞争力，扩大销售量，企业越来越多地倾向采用差异性策略。

但是应该注意的是采用差异市场策略，由于企业产品多样化，企业资源将被分散用于细分市场，从而增加了生产和销售成本，所以并非所有产品都可以通用。

3. 密集性市场策略与目标市场风险。差异性和无差异性市场策略都是以整个市场作为目标市场的选择对象，而密集性市场策略则是从整个市场中选定一个特定的市场面，集中自己的优势，实行专业化生产和销售。一般中小企业可以采用这种策略，中小企业资源有限，不可能追求太大的市场面，如果能在部分市场上拥有较高的占有率，远远胜过所有市场中只占有微不足道的份额。国外许多大企业的成功都是在中小企业时用密集性策略而逐渐发展壮大起来。但这种策略本身风险较大，企业未来的一切都集中于一个或少数几个细分市场上，一旦市场变化，企业就可能陷入困境，尤其对时尚产品，更新换代频繁，运用不好，会适得其反。

三、市场细分化需注意的问题

首先，此市场划分有充分的销售条件；其次，此市场划分有更进一步成长的可能；再次，此市场划分未被现存的竞争者所“拥有”或独占；此外，此市场划分有本企业能良好服务的某些潜在机会。因此，市场细分化，不一定按照各种依据一一全部细分。细分时一定要依据市场种类并结合市场目标。一个企业不能追求它所有的目标，因为这些目标的某部分和其他部分也许会相互矛盾，单个企业永远不会有足够的资源来追求所有的机会，而所有的机会并非具有相等的吸引力，所以企业必须从本企业的实力特点出发，扬长避短，确定有利的目标。无论是工业企业或商业企业，也无论是轻工业企业或是重工业企业，为搞好市场营销，都必须研究消费者的需要与爱好，因为只有消费品市场才是商品的最终归宿，其他如工业生产企业、批发商业或零售商业都是中间环节。虽然这些环节所购买的商品总数量可能超过最终消费者，但他们购买的目的仍然是为最终消费者服务，最受最终消费者的需要和爱好所制约。因此，一个现代企业希望取得成就与发展，必须彻底认识、了解消费者的市场，做到以消费者为中心。

第二节　新产品开发的风险防范

新产品开发是企业在激烈的市场竞争中保持强劲竞争优势、立于不败之地的重要手段之一。新产品开发是一项高风险活动，正因为新产品开发存在高风险，因而使得企业在新产品开发中或望而却步、或半途而废、或以失败而告终。深入研究新产品开发风险的形成与防范措施可以使企业对新产品开发风险有一个科学的认识,进而正视风险、把握风险、控制风险。

一、新产品的含义与新产品开发的风险

1. 新产品的含义

营销学对新产品的定义与一般概念不同,它包含六种不同意义的新产品:(1)新问世的产品,即开创了一个全新市场的产品。(2)现有产品线外新增加的产品,即公司补充现有产品线的产品,占新产品的大多数,如双轮集团生产的碘矿泉。(3)现有产品的改良或更新,即提供改善了功能或较大感知价值并且替换现有产品的新产品,如超薄电视机的开发生产。(4)新产品线,使公司首次进入一个现有市场的产品,(5)重新定位的产品,即以新的市场或细分市场为目标市场的现有产品。(6)成本降低的产品,即提供同样功能但成本较低的新产品。

2. 新产品开发的风险

从营销学角度来看,一个企业新产品开发的主要风险在于资金投入的回收预期和市场销售的不确定性,也就是说资金的投入和收益之间是否对称是不易预测的。例如,决策人员对产品抱有较大信心,投入了大量的资金而且时限较长,相反,市场反应却并未像决策人员预计的那样,或者销售量增长缓慢,产品极容易被对手所模仿;或者产品销售的整个市场前景平平。这种情况如果处于增加科研技术投入和彻底放弃新产品开发的两难之间,形势就更加严峻。一般地说,开发费用占企业总投资的比例,随着产品的性质和行业的特征而变化,特别是医药产品行业、从事技术型开发的企业,开发费用的投入比例更高。对于像酒类这种消费品,由于

消费者习惯的影响,花很大精力开发的新产品往往在市场得不到较好的反应。因此,如此大的投入在量和时间上都会给企业带来严重的负担,延长投资回收期,加大新产品开发风险。总之,新产品开发的风险在于开发过程的两个重要因素,一是投资收益期限不容易确定,二是新产品为市场所接纳的前景不明确。

新产品开发风险不仅会给企业造成人、财、物的浪费,延误企业利用新产品占领新市场的战机,而且还会给企业新产品开发构成心理障碍:

(1)企业技术开发经费本来就很微薄,因而企业不愿意用这点钱来冒很大的风险,而注重于开发风险小(当然收益也小)、见效快的小项目,形成企业新产品开发时的战术式(而非战略式)开发倾向。

(2)频繁的失败使一些企业对新产品开发望而生畏,例如,某酒业集团致力于进行新产品结构调整和新药产品开发,但由于项目选择不当而屡屡失败,药厂建了多年,但一个新药品种也未生产,从而陷入一筹莫展的逆境。有些企业甚至在购买科研单位的现成技术时也对技术的可靠性、可行性持不信任态度。

(3)新产品开发的高风险使得一些企业的决策者对新产品开发项目的立项不敢拍板,因而延误了机会。

二、新产品开发的风险因素分析

新产品开发风险分析的主要目的是找出新产品开发的各种风险因素,并对这些因素进行分析,以便控制、消除和回避这些风险因素。

1. 新产品开发的风险因素

分析风险因素,必须根据新产品开发本身的特点及其面临的

具体问题进行具体分析。一般地说,新产品开发的风险因素主要包括以下几个方面:

(1)市场调研信息失准,项目决策方法不科学。

(2)新产品的技术可行性存在问题:项目存在近期内不可克服的技术问题;项目在技术上根本不可行;项目在技术上并不先进。

(3)新产品研制中的问题:完成该项目的研究试验需要过多的超过预期设想的人、财、物;项目技术路线或方案有误;项目组织不合理或项目之间存在冲突;该项目别人早已开发或发生专利抵触;项目达不到预期技术指标或标准;项目中试失败。

(4)新产品正式生产时发现的问题:产品设计不合理;易遭他人仿制或扩散;生产该产品的设备不适应,设备调整费用过高,需要大量添置新设备,或需要重新生产新的设备;批量生产质量低;因生产该产品而影响其他产品的生产;缺乏用于生产该新产品的原材料或零部件。

(5)新产品市场试销时遇到的问题:大批量生产费用过高;产品寿命周期过短;利润少或难以在寿命周期内回收全部费用;市场需求不足或需求变化;竞争对手过多;新市场开拓困难或开拓费用过高;因销售新产品而丧失原有的销售渠道和协作关系;新产品不符合国家产业政策;发生法律抵触;受到进口冲击;市场面窄或季节性太强。

2. 新产品开发的风险因素分析

每一个风险因素的分析内容可以从以下几个方面考虑:

(1)风险因素出现的可能性。可采用专家评分法或主观要领进行计算分析;

(2)风险因素之间的相互影响。如一个因素之发生是否导致另一个因素的发生；

(3)风险因素对新产品开发的影响。如是否导致新产品开发项目中止、撤销、延期、变换方案或技术经济指标低下；

(4)风险因素的性质。如是否属于内部因素或外部因素，是动态因素还是相对静态因素，是随机因素还是突变因素，是可控因素还是不可控因素，产生的影响是持续性的还是即时性的等等；

(5)风险因素的演变规律；

(6)风险因素的排序与重要度分析。

三、新产品开发失败的营销原因分析

新产品从创意开始到成品投放市场，取得既定方针的目标收益，要经历构思产生、构思筛选、要领的形成和测试、营销策略的制定、商业分析、产品研制、市场营销和正式上市八个阶段。在这八个阶段中，只要在任何一个环节上出现问题，整个新产品开发工作就可能陷于停顿。经营意义上的新产品开发失败指成本无法回收和既定目标未实现。在商业实践中，市场状况发生的变化，许多是无法预测的。这加大了新产品开发失败的可能性。

新产品开发著名研究者 Buzzell 和 Nourse 在发表的《食品工业产品革新》论文中认为，至少有 22%的新食品在试销阶段就被认为不合宜并停止开发，在投入市场的新产品中又有 17%被迅速撤除。

M.Crawford(1979)的统计资料概括了不少学者的研究成果，得出的结论是，工业品开发大约 25%不成功，而消费品开发失败率则在 30%~40%之间。随着人们消费需求的不断变化，现在的失败率将更大。

尽管上面资料的统计口径可能不一，并且立足说明的问题同

开发的过程可能也不一样,但是,从资料显示的平均状况来看,新产品开发的失败率之高不可否认。导致新产品开发失败的原因很多,归结起来主要有两类:一是技术原因,即在新产品开发过程中,试制产品的功能和技术要求难以达到市场要求的程度;二是新产品开发过程的营销管理失败。我们主要从营销原因上作以分析。

美国全国工业会议的分析表明,导致新产品失败的因素所占比例如表9-1所示。

表9-1 新产品失败原因表

项目 因素	失败因素	所占比例(%)
营销原因	①市场分析不恰当	32
	②投放时间不当	10
	③销售阻碍	8
	④销售力量、分销和促销组织的不好	13
	小计	63
技术因素	⑤成本超出预期值	14
	⑥产品本身不好	23
	小计	37

从上面资料可以看出,完全属于市场营销所涉及的内容,占总失败原因的63%,可见新产品开发的成功并非是一个涉及纯技术的问题,正好相反,大部分的原因是那些看似细微的隐形营销问题。因此可以说,新产品开发的成功与否,在很大程度上要看能否有效地运用市场营销观念、策略、组织设计和实施技巧。同时,Buzzell和Nourse最后的研究结论也认为,在进入市场之前新产品有80%的错误出在营销方面。

Kotler教授认为新产品开发的失败主要原因有:(1)高层管理

者对自己欣赏的设想不顾一切地投入力量开发;(2)不善于对开发新产品过程进行组织和实施有机的管理;(3)没有对新产品市场的规模进行认真的调研和预测;(4)缺乏有效的产品计划(如市场细分不够、开发预算不足、新产品定价过高);(5)新产品与同类产品有差别,但很小,且产品本身所包括的利益不大;(6)设计未达到开发目标的要求;(7)新产品制造成本太高;(8)对新产品市场竞争的激烈程度估计不足。从这些原因来看,只有(6)、(7)两项是涉及到技术运用和科研管理方面的问题,其余全是市场营销的问题:(1)是营销观念方面的问题;(2)是营销组织和实施过程管理的问题;(3)中的调研预测是市场营销研究的首要问题;(8)是关于竞争对手分析的问题。以上说明营销管理的不慎确实是导致新产品开发失败的重要原因。

四、新产品开发的风险防范

新产品开发是一项高风险活动,对新产品开发风险进行有效地防范,是提高新产品开发成功率、避免新产品开发陷入逆境的必然要求。企业的新产品开发要取得成功并形成较大的经济效益和市场优势,必须具有三个条件:(1)要有正确的风险意识,即敢于冒险但又不一味冒险;(2)要有抵抗风险的能力,包括资金承受能力、研究开发能力和市场进攻与防御能力;(3)要正确进行风险决策,进行风险与利益的权衡,选择风险相对小、利益相对大的新产品开发项目。

1. 新产品开发风险的防范意识

进行新产品开发的风险防范,必然首先深入了解新产品开发风险的特性,方能对症下药,因势利导。具体来说,应具备如下认识:

(1)新产品开发决策的实质是决策者对风险与机会的权衡过程。

由于风险是新产品开发活动的重要特性,因而新产品开发决策并不是一个简单的利润比较和利润最大化的过程,而是决策者对风险中的危险与机会进行权衡的过程。决策者希望选择风险小、机会大的新产品开发项目,而实际上这种项目极少存在。现实中所谓"好"的项目,是指机会与危险比较意义下的"好"的项目,而不是绝对的。因此,决策者在选择新产品开发项目时,不要只看到项目的"机会"便匆匆拍板,因无视风险而导致风险损失。

(2)不开发新产品意味着更大的风险。

开发新产品要冒风险,但企业若不开发新产品,则意味着要冒被市场所淘汰的更大的风险。不开发新产品,将不仅使企业失去发展的机会,而且也将使企业丧失生存能力。目前,市场竞争实际上是新产品的竞争,因而大力开发新产品是企业生存与发展的必然选择。调研资料表明,决策者因畏惧风险所造成的机会损失远远超过因冒风险所造成的风险损失。

(3)决策者要充分预计所面临的困难。

由于风险的存在,使得新产品开发的实际过程要比预先估计的情况复杂,所遇到的困难要比预先估计的多,所得到的结果要比预先估计的差,具体表现为:①开发中的技术难点的难度要高于预先的估计;②开发中所遇到的相关技术难题要多于预先的估计;③研究开发周期要超过预期计划;④研究开发实际投资要超过预算;⑤实际市场容量要小于预计的市场潜力;⑥新产品推销难度要比预先估计的复杂;⑦一般来说,不存在无漏洞的产品开发方案。新产品开发方案是相对确定的,而外部环境则是不确定的,这就决定了新产品开发方案或多或少存在或大或小的漏洞。

有许多决策者在制定新产品开发的决策方案与计划时,对未来不确定因素估计不足,对乐观的方面考虑得较多,对不利的方面考虑得较少。因此,进行新产品开发的风险防范,首先应充分了解和分析与该新产品有关的内外信息,然后对有利因素和不利因素进行综合的推断分析,以尽量减少新产品开发中的不确定性。

(4)现在畅销的产品未来不一定畅销。

新产品开发风险与决策者所掌握的信息量以及信息的可靠性有关。现实中大多数新产品开发决策是建立在目前信息以及历史信息的基础上的,然而目前畅销的产品在未来却不一定畅销,因而导致新产品开发决策失误。出现这种情况的原因有三方面:①消费者需求在未来发生变动,从而使现在畅销的产品在未来不畅销;②替代产品的出现,取代了目前畅销的产品;③过多的生产者生产该产品而导致供给过量。因此,企业新产品开发决策应建立在对未来信息进行充分预测的基础上,即以未来状况作为新产品开发决策的依据。

(5)当一个企业要开发某种新产品时,必须确认是否还有其他企业也在开发同样的产品。

当一个企业在进行某新产品开发决策时,可能出现以下几种情况:①该产品只有本企业在独家开发;②有许多企业也准备开发;③有的企业已着手开发;④有的企业正在开发更新的产品。

在实际过程中,后三者情况极易出现,而且很多企业一般易于忽视这一点,结果,当企业开发认为是“独一无二”的产品时,便面临激烈的市场竞争,处在了骑虎难下的被动局面。因此,企业开发新产品,应当以一只眼睛盯着别人,一旦发现潜在或显现的竞争对手，便应采取相应措施，这些措施包括：退出开发、开发转向、合作开发、缩短开发周期抢在前头、开发多样性产品、提高新产品质量等等。

(6)应采取精益开发的并联式开发，缩短开发周期。

随着知识经济的到来，知识到技术，技术到产品的时间越来越短。反应在产品的价值上，独占性技术构成了产品的主要价值，而一项技术的独占期也越来越短，一般产品只有2-3年的时间，因此，只有不断地抓住机遇，快速开发新产品，才能获得高额利润，在多变的市场环境中求得生存和发展。因而从开发方式上应采用精益开发方式，变过去“接力棒”式的“串联”开发为“并联”开发，采用“同时工程”，加强开发小组的高度沟通，以提高开发的成功率和缩短开发周期，减少研究开发风险。

(7)新产品入市的时机应恰当。

新产品早一点进入市场，对企业获取市场优势十分必要，但要注意过早进入市场的弊端是：①新产品在其质量尚未过关时即进入市场，将给消费者留下不好的第一印象而给未来的销售构成障碍。②带有缺陷的新产品，若过早入市，则有可能被竞争对手加以改进，从而不利竞争。③新产品过早进入市场需要投入大量促销费用，以使消费者了解这种新产品的特征、功能，并激起消费者的购买欲望，而后来的模仿者则可坐享其成。因此，新产品入市时机要恰当，要进行消费者分析和竞争对手分析。

1.新产品开发风险防范的方法。

新产品开发风险防范的方法有许多种，可以根据实际情况灵活运用，或同时利用多种防范方法以构成风险保护屏障。

(1)新产品开发的风险回避。

新产品开发的风险回避,是指避开高风险的项目或避开新产品开发中的某些风险因素。风险回避有两种主要方式:

①回退式回避。回退式回避即在新产品开发过程中,遇到高风险或无力控制的风险即行撤退。例如,对于某些风险极大,企业本身又没有控制风险的把握及承受风险的能力的项目,企业可以不开发,转而从事一些风险和利润适中,企业又有较大把握控制风险及有能力承担此风险的项目开发。回退式风险回避方法有时并不是一种好的风险防范方法,因为过分回退会使企业失去发展的机会,也难以培育企业的技术领先优势。

②绕道式回避。绕道式回避即设法绕开风险屏障,并达到开发成功的目的。新产品开发的风险不仅与新产品本身有关,而且与所设计的开发方法有关。开发同一种新产品,方案不同,则风险也可能不同,因此,当一个新产品开发方案遇到较大风险时,可以改变原有方案或改用另一种方案而绕过风险因素,以确保新产品开发能够成功。

(2)产品开发的风险转移。

风险转移是指企业把某项活动的风险进行分解和分散,让更多的主体来承担风险,从而使本企业所承担的风险相对减少。其途径主要有三种:

①进行风险投保。一谈风险,便会联想到保险,新产品开发存在风险,因而也可以采用技术开发保险来分散风险。但目前许多国内企业都未这样去做,有些保险公司也不愿接受这类投保。

②进行项目组合。在新产品开发中,可以采用项目组合的方法来分散风险,但是,新产品开发项目组合不像一般投资组合的项目之间可以有相对独立性。在新产品开发项目组合中,项目之间

有时可具有人、财、物资源的共享或部分共享性,项目之间有时也存在利用人、财、物的争执性以及相互之间的依赖性(如一个项目的成功依赖于另一个项目的成功),从而使新产品开发项目组合为一种虽然有效但又难以把握的一种风险转移方式。

③进行横向联合。横向联合在转移风险中的作用不仅表现在它能增加承担风险的主体个数而实现风险分摊,而且表现在它能提高新产品开发的成功率,使得总体风险减少,从而进一步减少新产品开发的风险损失。

这里的横向联合是广义的,包括合作研究、资金入股、技术入股、合作生产以及各种科技先导型的企业集团等。所有涉及新产品开发的合作行为。

(3)新产品开发的风险削减。

风险削减是指在风险因素不可回避,又不可转移的情况下,尽量设法减少风险损失。主要包括以下几个方面:

①当新产品开发在技术阶段所遇到风险而又不得不中断或撤消时,应尽量利用技术阶段所取得的中间成果或阶段成果。例如,将这些中间成果或阶段成果用于对一般产品的改进,或者用于开发一些小的新产品,或者立足于中间成果并吸取经验教训,确立新的开发方向。

②当新产品开发在生产阶段失败时,可将技术卖给有能力生产该产品的企业。如果新产品市场容量大,而企业又因生产能力有限而难以扩大规模时,可以进行联合生产,或进行专业技术转让。

③当新产品在市场阶段遇到风险时,可针对不同的情况采取相应的对策。例如,当出现竞争对手时,可改变市场区域、改变销

售方式以保证一部分市场占有率等等。

另外,企业可以利用企业内部风险基金减缓新产品开发的风险。当新产品开发失败后应尽快地进行妥善处理,一旦发生风险,应积极主动地分析风险发生的原因,以便积累经验,为以后有效地应付风险提供参考。

(4)新产品开发的风险控制。

风险控制是指将风险因素予以消除,或尽量减少风险因素出现的可能性,从而达到消除新产品开发中的主要障碍的目的,风险控制具有主动性、超前性和预防性。

在新产品开发中,并非所有的风险控制都是有效的。风险控制的有效性与风险因素的可控制度以及企业的风险控制能力有关。例如,有的企业在开发新产品时,把风险控制的重点放在市场风险和技术风险上,结果,最后失败的原因却出现在零部件得不到配套供应上;有的企业花很大精力组织新产品技术攻关,待新产品开发完成后,却发现这种产品在国外早已有之,因缺乏先进性而不能获得专利权,同时也潜伏着极大的市场风险。

实践表明,新产品开发最大的风险在于营销组织和规划的不力,因此降低新产品开发风险的有效途径是强化营销管理中的组织和规划。当然新产品开发风险不可能降低到零,但根据理论推断和国内外成功的经验和案例,可以得出一些相对有效的开发组织和规划原则:即坚持以市场营销为导向的技术开发,重视开发过程的组织、规划和管理;提前做好多个甚至系列项目开发的准备,扩大新产品项目的实验室储存量,以便适应不同市场需求时机并根据竞争者的市场策略,推出不同产品。

第三节　市场战略实施的风险防范

市场战略是企业营销成功的关键，目前常用的市场战略有市场渗透战略、市场发展战略、产品发展战略、市场转移战略和多角化经营战略。

一、市场渗透战略

1. 市场渗透战略的优势与风险

实施市场渗透战略其优势是：首先企业能实行生产专业化，提高生产效率；其次企业能在某个市场部分取得较大的占有率，具有较强的市场地位。再次有单纯的销售渠道，可以节省产品销售成本。但实行这种战略也有其不利的一面即产品的目标市场比较狭窄，如果遇到强大的行业侵入者，或用户转移购买，企业就可能有较大的风险。

2. 市场渗透战略实施中风险产生的原因

市场渗透战略希望通过对现有产品进行小的改进，从现有市场上赢得更多的顾客，对使用渗透战略的企业最致命的打击是市场衰竭。市场渗透战略表面看起来是风险最小的一种发展战略，但实际上也存在许多风险，表现为：第一，除非该企业在市场上处于绝对优势地位，否则必然会出现许多强有力的竞争对手；第二，企业管理者只愿把精力放在现有事务处理上，因而可能错过了更好的投资机会；第三，顾客兴趣的改变容易导致企业现有目标市场的衰竭；第四，一项大的技术突破甚至可能会使产品在一夜之间成为一堆废物。

3、合理实施市场渗透战略，以防范风险

市场渗透战略是由企业现有产品和现有市场组织而产生的战略。企业战略研究人员应该有系统地考虑市场、产品及营销组合的策略以促进市场渗透。在市场方面应如何扩大现有产品的销售量呢？因为销售量＝产品使用人的数量×每个人使用的使用频率,所以一个企业要增加其产品的销售量取决于两个因素,即:增加产品使用人的数量和每个使用人的使用频率。

(1)扩大产品使用人的数量

①转变非使用人。企业能通过努力把非使用人转变成为本企业产品的使用人。例如宣传适量饮葡萄酒有益身心健康的养生之道,说服不饮用葡萄酒者饮用。

②努力发掘潜在的顾客,把产品卖给从未使用过本企业产品的用户,如高炉酒厂的白酒本以中低档消费者为对象,后开发的海马回春酒,极具保健价值,已成功地推销给高档消费者。

③把竞争者的顾客吸引过来,使之购买本企业的现有产品。例如双轮集团近年通过开发双轮池系列优质酒,市场销量迅速扩大,吸引了众多新的消费对象,其中必然有众多原来是竞争对手的消费者。

(2)扩大产品使用人的使用频率

①增加使用次数。企业可以努力使顾客更频繁地使用本企业的产品。双轮集团宣传其双轮池酒时,用“双轮发酵,矿泉酿造”广告语介绍其酒的品质,让消费者喜爱上这一品牌,建立品牌偏好。

②增加使用量。企业努力使用户在每次使用时增加该产品的使用量。例如牙膏的广告中每次挤出满满一牙刷,暗示消费者多用。

③增加产品的新用途。企业应努力发现本企业产品的各种新

作用,并且要使人们相信它有更多的用途。

(3)改进产品特性

改进产品特性实质仍是其能吸引新用户和增加原有用户的使用量,其具体方法有:

①提高产品质量(即增加产品的功能特性),通常这种办法确实能压倒竞争对手。

②增加产品的特点,使产品具有更多的功能,提高其使用的安全性、便利性。如荣声冰箱双开门,大大方便了消费者。

③改进产品的式样,例如酒类包装都不断变换,以招徕顾客。

④在营销组合方面,企业应努力在销售价格、销售渠道、促销手段(广告、公关、销售促进、人员推销)、服务等方面加以改进,以扩大现有产品的销售量。

二、市场发展战略

1. 实施市场发展战略的风险

市场发展战略比市场渗透战略风险性大,这种战略迫使管理人员放开眼界,拓宽视野,重新确定营销组合,但此战略仍是一个短期战略,它仍然不能降低因客户减少或技术上落后而导致的风险性。

2. 合理实施市场发展战略以防范风险

在市场开发方面:

(1)开发新市场

市场开发是将本企业原有产品打入别的企业市场上去,市场开发有区域性市场开发、国内市场开发和国际市场开发等三种形式,例如双轮集团在80年代市场主要集中在安徽省内市场,自90年代以来,以刘俊卿、马锦华为核心的决策者,采取"开发一个,占领一个,巩固一个”的市场开发战略,开发了山东、江苏、河南、浙江、上海、福建、东北、北京、内蒙古、两湖、两广等大市场,形成了全国市场布局。

(2)要在新市场寻找潜在的用户

在新市场上,存在许多潜在的用户。企业应了解其需求特点,努力满足他们的需求。如双轮集团黑博饮品公司开发的“黑汉”酒饮料,适应了现代交际的需要,填补了我国酒类市场的一大空白,很受众多高层人士和女士的青睐。

(3)企业可以考虑增加新的销售渠道

例如多数酒厂原来只有通过中间商才最终到达消费者手中,现在为了增加销售量,有的酒厂自己开设经销店,直接将产品卖给消费者,同时企业还与各大城市的大饭店、旅馆挂钩,直接将酒卖给这些单位,并派促销人员到酒店促销,扩大销售量。

三、产品发展战略

产品发展战略是指对企业现有市场投入新产品或利用新技术增加产品的种类,以扩大市场占有率和增加销售额的企业发展战略。

1. 产品发展战略的风险

实施这种战略可能会束缚自己,企业的潜能仅仅被用来在原有市场的顾客群中寻找新的投资机会,这可能会因为没有寻找到其他市场而导致较大的机会成本损失,因为其他市场,尤其是正在成长的新市场可能会比企业现有市场更加有利可图。

2. 实施产品发展战略的风险防范手段

要防范产生巨大机会成本损失的风险,首先要具有敏锐的洞察力,能预见即将产生新突破的技术领域,企业要对它原有顾客有透彻的了解,能够洞察顾客需要的其他产品;其次要具有良好的科学技术素质,企业要有一定程度的开创性,积极从事新产品的开发,提高企业对技术进步的适应能力。技术是企业参与全球竞争的一个强有力的武器,尤其是当技术能帮助企业向市场推出新一代产品时,其威力更加强大。

四、市场转移战略

1. 市场转移战略的风险

这种战略要求企业发明别的企业从未生产过的新产品,并进入到别的企业已成熟的市场,因而它具有创新开拓精神,这种战略体现了创新开拓型战略高风险——高收益的特征。当企业向一个其他企业已经形成的市场推出自己第一代新产品时,企业的风险来自两个方面:一是新产品不一定正好适合该市场顾客的需要;二是企业对新市场缺乏第一手资料和实践经验。当企业从事这种风险投资时,它可以说是在运用全方位创新战略,因此必须审慎,否则会给企业带来巨大的损失。

2. 防范风险的手段

要防范市场转移战略实施中的风险,首先要具有超前意识;其次要有良好的科学技术责任;此外还要充分认识到新产品及新市场的价值。

很多成功的企业正是成功地运用了市场转移战略。例如:经历了130多年历史的诺基亚集团,从北欧寒冷的芬兰走向世界,当初它仅是一家木柴公司,经过几十年的努力,从生产多种工业品及消费品的公司发展成今天的电信集团,在移动电话和全套电信系统解决方案领域中居于世界领先地位。其产品畅销130多个国家和地区,在全球移动电话市场上占有20%以上市场份额,是欧洲第一、世界第二大移动电话制造商、全球数字移动和固定网络提供商,1997 年净销售额达 98 亿美元。诺基亚今天的发展得益于 10 年前做出的向通信领域发展的战略转移。诺基亚从 80 年代开始调整产品结构,出让纸浆、橡胶和电缆等业务,集中财力和智力开发移动电话和通信网络设备,在国际上抢占这一高新产业市场,形成了独特的市场优势。有人曾把诺基亚的成功归结为超前意识,但当时的战略决策有着很大风险,因而更需要勇气,因为当时没有人能够预测今天的市场需求会如此惊人。

五、多角化经营战略

多角化经营战略即以多产业领域来防御对付单一领域失败的可能。目前,多角化经营战略已成为大中型企业适应新形势,开拓新市场的一种选择。据有关资料统计,1970 年美国最大的 5000 家工业公司中有 94%是从事多角化经营的公司。我国的长虹、海尔等大型企业都是在实行多角化经营战略。多角化经营战略本质是一种简单的风险防范式战略,但是运用不当反而会给企业带来更大的风险,这方面的惨痛教训数不胜数。

1. 多角化经营战略的风险

(1)资源配置过于分散。任何一个企业,哪怕是巨型企业,其拥有的资源总是有限的。多元化发展必定导致企业将有限的资源分散于每一个发展的产业领域,从而使每个意欲发展的领域都难以得到充足的资源支持,有时甚至无法维持在某一领域中的最低投资规模要求和最低竞争维持要求,结果在与相应的一元化经营的竞争对手竞争中失去优势。从这个意义上说,多元化战略不仅没有能规避风险,做到“东方不亮西方亮”,而且很可能导致“东方西方全不亮”,加大企业失败的风险。如巨人集团的失败就说明了这一点。

(2)运作费用过大。企业由一元化经营转向多元化经营,涉及众多陌生的产业领域,必将使企业的多元化经营费用上升。这表现在:其一,多元化发展的学习费用较高,即企业从一个熟悉的经营领域到另一个陌生的领域发展,从新成立一个企业至企业产出效益,需要一个学习的过程,在这个过程中由不熟悉导致的低效率,必然使企业遭受损失,付出较高的"学习"费用。学费付出后受各种原因影响甚至会"成绩"不佳——即企业无效益。其二,多元化发展使顾客认识企业新领域成本加大,即当企业新的领域有了产出品时需要消费者认知,虽然此时可借用原有领域的品牌,进行品牌延伸,但要在新领域中改变消费者原来的认识态度不下点大投入是不行的。如海尔集团虽然名气很大,但其采力药业多年来却一直没有打开市场。

(3)产业选择误导。采用多元化发展战略的企业之所以采用多元化战略,往往是受到该领域预测投资收益率的诱惑,且非常自信地认为可以做好陌生领域中的事。预期的投资收益率是产业选择的一个因素,但不是唯一的因素,关键是要看其产业本身的前景,以及本企业能否在这一领域中形成自己的核心专长。这方面自信心固然需要,但更重要的是对自己实力的客观评价,任何一个产业在不同的经济发展阶段,不同的地区,其生存条件都会有不同的要求,就好像知识产业很难在一些很落后的国家生存发展一样。

(4)人才难以支撑。企业竞争归根结底是人才的竞争,企业成功依赖于优秀的人才。然而每个人才都只有自己的专长,专业对口是人才发挥效用的基础。所以企业在进行多元化发展时,必须有多元化领域内相应经营管理和技术等方面专业人才的支撑,多元化发展才能成功,反之则可能受阻。理论上说,社会上是存在企业多元化所需人才的,问题是这些人才原先已在他人企业中。引进人才固然可以,但费用也不菲。

(5)时机选择难以把握。企业从单领域进入多元领域有一个时机把握的问题,只有当自己的单领域地位非常稳固,已具备良好核心专长,并有剩余资源寻求更大投资收益时才应予以考虑。然而现实中的企业,往往在企业原来产业尚有潜力充分发展,市场也尚可进一步拓展时,为其他领域的高预期收益所吸引,于是便抽出资金投入新产业,结果势必削弱原产业的发展势头,而原产业可能恰恰是企业最具有竞争优势的领域。因此,此时的多元化发展可能是新产业未发展好,原有的产业领域又被竞争对手抢了先,结果是得不偿失。

2. 多元化经营风险产生的原因

并不是每个企业都应当实行多元化经营战略,或者说实行了多角化经营战略必然能提高经济效益。在实际经营中,多角化经营失败的事例也不少见,分析其失败的原因有:

(1)对新进入的经营领域预测有错误。本来这一经营领域已经进入成熟期,不会有太大的市场机会了,决策者却将其预测成该领域尚处于发展期,误认为市场前景远大,造成多角化经营的失败。如前几年全国许多地方纷纷上马 VCD 生产线,结果,许多厂家产品刚上市,市场便降温,损失惨重。

(2)盲目自信本企业的能力,多角化程度过高。某些企业盲目自信本企业所具有的经营能力和资源,足以应付新的经营业务的需要,但当企业一旦打入新的经营领域,发现事情远非原先预想的那么简单,新的经营领域所需要的经营能力及水平和经营资源远高于本企业，感到力不从心，或根本不能应付，因而宣告失败。扬子集团曾是家电行业的佼佼者，但企业后来盲目地发展到200多个产品系列，结果由于经营能力和资源有限，公司陷入困境。

3. 多元经营风险防范的手段

(1)企业必须建立强有力的信息中心

企业必须建立强有力的信息中心，因为企业要向一个完全陌生的行业投资，如果信息不灵，一旦决策失误，就会遭受巨大损失，因此要求企业的市场信息准确灵通、传递迅速。

(2)处理好原有产品生产与多元化经营关系

正确处理原有产品的生产与多元化经营的关系，在原有产品仍能取得较好经济效益的情况下，仍应在组织好原有产品生产的基础上开展好多元化经营，两者应是相辅相成的关系。当企业规模较小而产品及市场都在不断增长的情况下，不宜采用多角化经营战略。

(3)提高企业领导人员的素质

提高企业领导人的素质是实现非相关产品经营战略的关键，多元化经营要求企业经营决策者眼界开阔、思维敏捷、有开拓精神，因此必须重视提高企业领导人的思想素质、技术素质和经营管理素质。企业领导必须深入研究对本企业到底应当采用哪种类型的多元化经营战略，应当多元化到什么程度才能最大限度地发挥企业潜力，并使资源达到最充分的运用。多元化程度低，管理比较简单；多元化程度愈高，管理愈复杂，超过一定限度，企业便无法控制，好事就会变成坏事。企业领导者要研究为了达到本企业经营目标，所需的最小程度的多元化是什么？企业能够控制的最大的多元化程度又是什么？作为企业领导者要高瞻远瞩，坚决抵制某些经营领域的诱惑。如古井集团进入80年代后期发展十分迅速，但其决策者王效金始终以酒业为主，没有跨越太多的行业，集团公司的几个产业都是相关度较高的行业，因而都得到较好发展。相反的例子如马胜利是我国第一个将承包引入国有企业的人，其所组建的马胜利造纸企业集团诞生的轰轰烈烈，也为中国当时的企业改革做出了贡献。然而尽管老马马不停蹄地四处奔走，非但没有实现养育100个“儿子”的目标，反而，其承包的石家庄造纸厂，因资不抵债而申请破产。

(4)处理好多元化经营与专业化生产的关系

一般大型企业集团大多都是采用多元化经营战略，这种多元化经营是从企业集团整体来看，它同时生产经营着多种产品，活动于多个领域，但企业集团中的每一个成员应都有一定的专业分工，从事专业化生产，这样，把企业集团的多元化经营与各成员企业的专业化生产有机地结合起来，既能使整个企业集团减少经营风险，提高市场适应能力和竞争能力，又能使整个企业集团及各成员企业提高生产效率和技术水平，改进产品质量，扩大生产规模，降低产品成本。

第四节　营销组合策略实施的风险防范

营销组合是企业针对选定的目标市场综合运用各种可能的市场营销策略和手段，组合成一个系统化的整体策略，以达到企业的经营目标，并取得最佳的经济效益。营销组合策略主要包括产品策略、价格策略、渠道策略和促销组合策略。如何使这些基本策略协调一致，互相补充，已成为防范营销风险的重要课题。

一个企业的成功往往取决于许多关联的因素，如果企业不重视或不善于运用营销因素组合，即使生产了优质产品，选择了正确的目标市场，也不能保证企业稳操胜券，避免风险。

营销风险并非来自某一个因素，它是营销因素组合不佳的综合反映，并会发生连锁效应。如某企业产品遇到了市场上新推出的同功能但价格较低的产品的竞争，销售量下降，发生了销售风险，这时企业不得不降低产品价格以促销。当降到成本线以下时，发生亏损，又得承担价格风险，最后如果企业无力开发新产品，还有可能导致企业倒闭。从这个意义上讲，防范风险不仅应该从某一个因素入手，而且，往往风险的发生是由多因素造成的，只不过有些因素在背后发生作用，因此市场营销因素组合是综合防范经营风险的最有效的办法。运用这种方法，可以使企业清除风险隐患，只要其中某一因素发生变动，企业就会针对这种变化以灵活性、盈利性和竞争性为原则进行新的最佳组合，防止给企业造成损失。

一、产品策略的风险防范

产品是企业经营状况的标志，是企业经营效益的主要来源。产品适销对路，就能保证企业成功；反之，产品策略失败会给企业造成损失。有人曾在研究中发现，70%以上的产品进入市场一年就失败了。还有人对50个失败产品进行分析，发现由于产品或包装不当而导致产品失败的占67%，可见产品对于企业成功与否起着重要作用。

产品策略主要包括产品组合策略、产品生命周期策略、新产品开发以及产品包装、品牌策略等。企业产品在生命期内经历不同的阶段，各个时期都具有相应特点，企业应针对产品各个时期的差异制定不同的产品策略。企业开发新产品主要是为了提高企业的适应能力和竞争能力，避免企业因产品老化而产生的风险。产品品牌与包装是产品策略的重要组成部分，好的品牌与商标可以提高企业在市场中的声誉，有利于产品销售。这里着重谈品牌策略的风险防范。

品牌是用来识别卖主的产品的某一名词、辞句、符号、设计或它们的组合。它的基本功能是区分不同企业之间的同类商品，但它目前已成为企业广告促销、控制市场的武器，既有助于产品推销，也便于建立顾客偏好，提高产品质量，同时注册商标也能保护企业权益不受侵犯。品牌在营销中的作用越来越重要，好的品牌是企业一笔巨大的无形资产，可以抵抗众多风险，但如果品牌决策失误，也会给企业带来灭顶之灾。

1. 品牌延伸的诱惑与风险

一类产品多种品牌策略指的是企业对同类产品使用两个或两个以上的品牌，简称"一品多牌"，如P&G公司的洗发水有"潘婷"、"飘柔"、"海飞丝"、"沙宣"等品牌。如今，消费需求日趋多样化、差异化，由大众消费时代进入公众时代。企业若能在深入、科学的市场调查基础上，发展出多个品牌，每个品牌都能针对某一细分群众（公众）的那部分消费者的特殊需要，自然能获取这一群体的依赖和品牌忠诚，比面向大众消费群泛泛而谈没有特色的品牌更有竞争力。对于企业采用一品多牌策略的原因，一般来说有以下几个方面：

(1)多占货架面积。多个品牌就可以取得更多的货架面积，增加了本企业产品被选中的几率。

(2)给低品牌忠诚者提供更多的选择。低品牌忠诚者或无品牌忠诚者常发生品牌转移。截获品牌转移者的唯一方法是提供多个品牌。

(3)降低企业风险。不将企业的美誉维系在一个品牌的成败上。

(4)鼓励内部合理竞争、激扬士气。同类产品的不同品牌管理者之间适当竞争,能提高士气和工作效率。

(5)各品牌具有不同的个性和利益点,能吸引不同的消费者。

可见,品牌延伸有一定优越性,然而,品牌延伸并非完美无缺。如果运用不当,会给企业带来很大的风险。

第一,损害原品牌的商品形象。如果把高档品牌使用在低档产品上,就可能堕入这种陷阱。早年,美国的"派克"钢笔质优价贵,是身份和体面的标志,许多社会上层人物都以带一支派克笔为荣。然而1982年新总经理詹姆斯·彼特森上任后,盲目延伸品牌,把派克品牌用于每支售价3美元的低档笔,由此毁坏了派克在消费者心目中的高贵形象,而其竞争对手则趁机侵入高档笔市场。结果,派克公司非但没有顺利打入低档笔市场,反而更新换代了一部分高档笔的市场。

第二,品牌淡化。如高炉酒厂曾推出高炉陈酿,并在市场上占据一定市场,后推出双轮池酒后,原高炉陈酿受到淡化。

第三,心理冲突。美国SCOTT公司生产一种舒洁牌卫生纸。舒洁本来是卫生纸市场的头号品牌,但随着舒洁餐巾纸的出现,消费者的心理发生了微妙的变化。正如美国广告学专家艾·里斯在介绍这一案例时所做的幽默评论:"舒洁餐巾纸与舒洁卫生纸,究竟哪个品牌才是为鼻子策划的?"结果舒洁卫生纸的头牌位置很快被宝洁公司的CHARMIN牌卫生纸所取代。

无独有偶,江中制药厂曾因江中草珊瑚含片而闻名国内,动画片阿凡提做的草珊瑚含片的广告家喻户晓。然而1996年该厂又推出了治痔疮的药,并在中央电视台做较长的广告,结果痔疮药没卖好,反而影响了其草珊瑚的市场。

第四,跷跷板效应。在美国,HEINZ原本是腌菜的品牌且它占最大的市场份额。后来,公司又用HEINZ代表蕃茄酱,做得也十分成功,使HEINZ成为蕃茄酱品牌的第一位。然而,与此同时,HEINZ丧失了腌菜市场上的头把交椅,由VIASIC取代。这就是艾·里斯所说的跷跷板效应:一个名称不能同时代表两个完全不同的产品,当一种上来时,另一种就要下去。当然,更为可悲的是,堡垒从内部攻破了。竞争对手费尽心机也没能够把HEINZ从腌菜第一品牌的位置上挤掉,HEINZ却把自己搞掉了。

2. 品牌延伸风险的防范

增加产品大类策略取得成功的必要条件是:第一要确切了解市场需要。增加产品大类,首先要了解社会供需状况,要把资金投向产品供不应求的部门。第二要考虑企业的资源能力。企业增加产品大类,必须具备与之相适应的资产能力,其中包括作为劳动手段的固定资产和作为劳动对象的各种物资,还要一支训练有素的劳动者和相应管理能力的管理者。第三增加产品大类要突出重点,量力而行。如娃哈哈集团运用品牌延伸在饮料类产品中取得了令人称叹的成功。但娃哈哈在西服市场中的延伸却不尽如意,甚至让人感到好笑。

3. 品牌的保护与发展策略

品牌是一种具有使用价值与交换价值的特殊商品,一个好的品牌具有很高的价值,所以企业家应该以战略眼光看待品牌,保护和发展品牌。在品牌保护和发展方面,企业应采取的策略是:第一,品牌一经确立,就要申请登记注册,这个道理十分简单,但有的企业因疏忽或不重视,结果吃了大亏。例如,烟台三环锁是中国驰名品牌,在世界上也有很高的知名度,但由于过去没有出口权,因而国外商标注册被山东省外贸进出口公司注册,因而出现"三环"国内、国外两个"婆婆"。第二,应注册保护商标,企业在使用商标时,可以注册保护商标,以防止相类似的商品出现同一商标或类似商标。如"娃哈哈"注册保护商标"哈哈娃"等。第三,要保持品牌标识的稳定性。企业品牌标识应具有长期性和稳定性。不要轻易对品牌标识随意变动修改。现在有的企业为了使品牌标识漂亮就任意修改商标图案,这样就会冲淡消费者对商标的印象,降低商标的显著性,甚至使商标专用权丧失。第四,利用名牌效应,提高本企业商标的知名度。

二、定价策略的风险防范

1.定价策略的风险

有人说:产品的价值对顾客而言等于质量加价格。由于人们对价格十分敏感,所以作为产品营销组合一部分的价格策略往往令营销管理者头疼:怎样使产品价格有竞争力呢?

产品的定价与产品的质量、定位等因素有很大关系。按照质量与价格的搭配,产品的定价策略有九种:优质优价、优质中价、优质低价、中质高价、中质中价、中质低价、低质高价、低质中价、低质低价。除了一次性产品可采用低质低价策略以外,一般来说,顾客总希望所购的商品物有所值或物超所值,而对名牌产品来说,人们的要求是:质量满足、价格合理。企业在竞争中为挤垮对手、占领更多的市场份额或者设法打进某一市场时,常常采取优质低价这一竞争力强的价格策略。

但优质优价不一定能战无不胜，如中国的贵州茅台酒被誉为“国酒”，是一种高档产品。人们购买茅台酒，绝对不仅仅为了买一瓶酒，而是为了买一种形象、体面、气派，这是高档次的茅台酒畅销市场的支撑点。90年代面对白酒竞争激烈的局面，贵州茅台酒厂不是巩固和发展自己在国酒中的市场强项——高档白酒，而去生产XO等洋酒，结果高档白酒的市场被五粮液抢去甚多，中国第一酒的价格也被酒鬼酒抢去。茅台酒因此失去不少高档消费者。

2. 订价的影响因素

价格是决定产品销售的重要因素之一，一种产品价格是否适当，往往决定产品能否为市场接受，直接影响到这种产品在市场中的竞争地位和市场占有率，关系着企业的兴衰和成败。可以说价格决策是企业经营中最重要的决策之一，但也是最难制定的决策之一。正因为价格决策的重要性和复杂性，对企业经营者提出了很高的要求，所以企业制定产品价格既要遵循价值规律，又要根据具体的产品、市场及竞争情况，全面考虑产品的渠道、促销等其他组合因素。

形成企业价格风险的因素很多，把握这些因素，对于企业制定合理的价格，防范价格风险具有重要的意义。影响价格决策的主要因素有：

(1)成本因素。产品定价的主要依据是成本。当企业原材料价格上涨，工人工资及管理费用支出增加时，产品成本增加，当增加幅度较大时，企业为了免遭亏损，不得不提高价格，但提价的后果有可能使销量减少，利润下降。但企业必须彻底改变过去按照自己的成本标准定价的思想，将成本加法改为价格减法，即将“成本＋目标利润＝价格”改为“价格－成本＝目标利润”的方式。即企业的价格最终是由市场上的消费者决定的，企业要实现目标利润就应努力控制成本。

(2)需求因素。产品的价格在某种程度上取决于市场的供求状况，如果市场上某一时期对该产品需求程度较高，价格可定得高一些；反之，市场需求量减少，价格就要定得低一些。但如果市场长期出现供过于求的现象，企业的产品就会出现滞销，有时为了促销，也需要调整价格。

(3)竞争因素。产品竞争的激烈程度不同，对定价的影响也不同，竞争越强烈，对价格的影响愈大，在完全竞争的市场，企业几乎没有定价的主动权，如果产品在质量、包装、服务等方面不能占有优势，就可能在价格上被对手击败。

企业在定价时，要根据影响价格变动的因素，采取各种灵活的策略和技巧，这样既能有效地防范风险，又能顺利地实现企业的目标。

3.定价策略风险的防范

企业防止定价策略风险的手段是根据不同情况灵活选用定价策略，可供企业选择的定价策略有以下几种：

(1)新产品定价策略

新产品定价策略有两种方法：一是撇脂法，是指那些初次投放市场尚未形成竞争的新产品以高价销售，以保证初期高额获利，随着市场销量提高，竞争加剧而逐步降价的方法，又叫先高后低策略。如湖南湘泉酒厂90年代推出“酒鬼酒”，以超过茅台酒的价格稍稍打入市场，并获得了较好的市场，该厂也以这一成功的订价不仅获取了高额利润，而且也提高了知名度。

二是渗透法,是指以较低价格为新产品开拓市场,争取顾客,赢得竞争优势后再逐步提价的方法,随着生产经验的积累,工艺技术的熟练,流水作业线的形成,产量增加,成本下降,即使价格不提高,利润也会逐步上升,如高炉酒厂推出双轮池酒时,就是选择了渗透订价的方法,先以中档偏低的酒价打入市场,很快渗透了较大的市场,之后又推出五味双轮王、双轮霸、双轮头锅等中、高价位的酒。总之撇脂法着眼于短期收益,渗透法着眼于长期利益,各有利弊,企业应根据自身情况及市场情况灵活选用。

(2)系列产品定价策略

系列产品即可以指包装规格不同的产品,又可以指配套使用的产品(如化妆品系列)。对前者可采用差别定价。有些商品小包装销路好,有些商品大包装销路好。对这些销路好的产品可适当提价。对于成套使用的商品可规定两组价格,成套价格和单件价格,前者一般应低于后者之和,可促成一次成交。

(3)心理定价策略

心理定价策略包括以下几种形式:①尾数定价法,多用于中低档商品的定价,这种价格又叫诱人的价格。如一个电饭煲,标价149.90,比标价150元销路好,但像酒、烟等享受用品,即使是中、低档产品,最好不以尾数订价;②整数定价法,对高档商品,若按整数价出售,可提高商品的身价,刺激购买欲望,如2000元一套的高档西服,不应标价为1999.98元,否则会影响这种商品的声誉;③对比定价法,对于亟待出售需降价处理的商品,可将削价前后价格同时列出,促使顾客通过对比积极购买。也可以将功能与同类逐一对比,从而让消费者理解后购买。

(4)声望定价策略

一家商店经过多年经营，在消费者心目中有了声望。这家商店出售的商品，价格就可以较一般商店的高。如两家商店出售同样的女式皮大衣，一家商店声望高，虽然价格稍高，顾客也愿意购买，因为他们认为高级店、高价货代表质量好。比如一个品牌的商品成为名牌，消费者对它产生了信任感，售价也可以较高。茅台酒针对的是少数高收入者，其产品品牌象征着一定的社会地位，其价位与产品相配合也保持相当高的水准。

三、营销渠道选择的风险防范

绝大部分生产企业生产制造出来的商品都是经过一系列中间组织和个人的配合协调活动，最终送到消费者手里的。这种活动的总和，在市场上称作销售渠道。选择好的销售渠道，是营销工作中最重要的决策之一。有了符合消费者的商品，如果没有适当的销售渠道，就不能及时有效地把商品输送到潜在顾客需要购买的地方，产品的价格就不能实现。一旦选择了错误的渠道，就可能使企业蒙受巨大的损失，并且浪费人力、物力、财力，所以销售渠道选择是企业经营活动中重要的一个内容。

销售渠道有两种基本类型：直接销售和间接销售。直接销售是指生产企业直接将产品销售给消费者；间接销售是指生产企业通过流通领域的中间环节，把商品销售给消费者。直接销售可以迅速而具体地了解消费者或用户的需求、产品使用情况、市场情况，有利于提高产品质量及其适应性，增强竞争力，也可以缩短商品流通时间，节约流通费用，但直接销售占用人力多，销售面比较广，并且风险较大。随着生产力的发展，社会分工和社会化生产愈发达，间接销售愈成为商品流通的主要渠道，它可以使生产企业减少或避免商品积压，并且分担生产企业的风险。

1. 销售渠道选择的影响因素

销售渠道的选择,是一个较复杂的问题,选择用何种销售方式受许多因素的影响,企业必须对影响销售渠道的多种因素,如产品因素、市场因素、企业内部条件等进行综合分析,选择最有利于产品的销售渠道。影响产品销售渠道选择的主要因素有:

(1)产品因素。产品不同,选择销售渠道也应有所区别,产品的价格、性能、体积、重量、耐久性及销售数量对于销售渠道的选择,都有影响。一般来说,对于价值大和笨重的产品应尽量缩短销售途径,而价值小和轻便产品,销售途径可长一些,由批发商转零售商,再售给消费者;对于一些通用性产品应尽量通过中间商销售,而对专用性产品,多数是用户直接向生产企业订货;对于技术服务、售后服务要求高的产品企业可以直接向用户推销。此外,新产品上市,一般没有固定的供销关系,消费者不了解产品性能,生产企业可直接销售。

(2)市场因素。主要考虑目标市场的各种情况,如潜在客户数量和销售量大小、市场地区分布情况、消费者的购买习惯以及市场竞争情况。市场范围大,销售渠道要长;市场较集中,可选择短销售渠道。对于日用品,宜选择长销售渠道,争取更多的销售网点;耐用消费品,销售网点要适当。

(3)企业内在因素。选择销售渠道,应权衡企业本身的人力、物力及财力,根据企业规模大小、资源条件、经营能力,以及可提供的服务选择适合本企业产品的销售渠道。企业声誉良好,资金实力雄厚,选择销售渠道的自由度就大一些,甚至可以设立自己的销售系统,直接向用户推销;反之,企业规模小,产品市场占有率低,一般应依靠中间商销售其产品。

(4)客户因素。客户的集中程度、客户要求的性质、客户的需求量等都影响渠道的选择,如客户比较集中,可以采用直接渠道,客户比较分散,可以选择间接渠道等。中外有些产品还应考虑政策因素。政府对各类产品所采用的购销政策,对销售渠道的选择也有重要的影响。有些商品,政府实行专卖政策,就会形成纵向的封闭的窄渠道,如烟草等。

有时,还有一些如效益、费用等方面的因素,对于销售渠道的选择也具有一定的影响。由于这些因素的影响,使渠道选择复杂化,因而也就增加了风险。

2. 选择分销渠道的策略及风险防范

企业根据以上因素选择了销售渠道,如果是采用间接销售,就应适时做出分销渠道的决策,在分销渠道的选择上,有以下三种策略:

(1)密集分销策略。采用这种策略的生产者在所有销售渠道中不加选择,任何中间商都可以销售自己的产品,经销网点越多越好,使产品在更大的市场上广泛推销,消费者可随时随地买到商品。这种分销方式通常用于日常消费品和工业品中通用程度较高的供应品,如通用件、小件工具等,对这类商品,消费者不太重视商标厂牌,但希望供应及时方便。但这种策略要增加生产者的流通费用,一般要由生产者负担产品全部广告与宣传费用。如果销路不畅,可能被较高的营销费用拖垮。

(2)选择性分销渠道策略。生产者在一个目标市场上仅选择一部分中间商来销售自己的产品。这种分销方式适用于某些消费品中的选购品、特殊品和工业品中的零件等,这是由于消费者常对某种品牌产品偏爱,有些新产品刚投入市场,多半采用密集的分销渠道，经过一段实践后，逐步淘汰一些效益差、信用低的渠道，增加有效的销售渠道。但可能由于选择中间商不当，使市场陷入困境。

(3)独家分销策略。一定时期内，企业只选择一个中间商推销本企业产品，通常双方订有书面签约，在特定的区域内，中间商不得再转给其他中间商销售自己的产品，也不允许再经营其他企业生产的竞争产品。这种方式，适用于对销售前和销售后服务要求较高的商品。采取独家经销策略，易于控制市场，决定零售价格，同时排斥了竞争者对此渠道的利用和竞争。但独家的分销策略由于生产厂家只依赖一家经销，一方面可能因推销力量不足而失去一部分顾客，另一方面中间商一旦经营不善，有失去整个市场的可能性，承担较大的风险。

四、促销组合策略的风险防范

促销是企业整体市场营销活动的组成部分。在瞬息万变的国际国内市场中，在竞争日益激烈的环境下，生产者与消费者或用户之间的信息沟通对于企业的生存与发展日益显示出关键性作用。促销活动成为企业营销活动的重要组成部分，促销组合决策成为企业营销决策的重要内容，其主要方式与手段包括广告、人员推销、销售促进与公共关系。

促销决策中富有挑战性的问题是确定最佳促销组合。即将四种主要促销方式有目的、有计划地组合起来，形成完整的促销决策，并与其他基本营销策略相配合，共同完成企业的经营目标。其主要风险一是促销费用较大，决策失误可能造成较大的促销费用损失，更为重要的是企业可能会因为促销的失败而带来市场的丢失或失去有利的市场机会。秦池酒既因夺得中央电视台 1996 年度黄金广告时段而名震一时，也因以天价夺得 1997 年度黄金广告时段而一败涂地。因而作好促销预算和准确把握影响促销组合的因素是促销组合策略风险防范的关键。

1. 促销预算

促销预算是企业促销决策的支撑点，它关系促销活动的实施及促销效果的大小。促销预算受企业内部与外部诸多因素的制约与影响，如目标市场大小及其潜力，潜在市场规模与地域分散程度、目标市场销售份额、消费者对企业产品的认识程度、竞争企业动向及其促销策略、促销费用规模、企业承受能力等。

目前企业普遍采用传统的预算方法。这是由一般经验而来的预算方法，或是迫于竞争而抉择的对策。其中一些虽缺乏严密的科学性，但在实际业务中因方便简单而普遍采用，主要有量入为出法、销售百分比法、竞争对策法和目标任务法四种。

(1)量入为出法是根据企业财务的承受能力确定促销预算的方法。在经济繁荣时期，利用该方法从事大规模的销售活动，有利于充分利用市场机会，扩展产品市场。然而，这种方法忽视了促销对销售量的影响，从而导致年度促销预算的不确定性，给制定长期市场计划带来困难。

(2)销售百分比法。是以一定期间的销售额(销售量)或单位产品售价的一定比率确定促销费用数额，这种方法可因企业财务承受能力的差异而变动，也可以从销售成本、产品售价和销售利润的关系去考虑企业的经营问题。但是该方法没考虑竞争因素，因而往往随着竞争条件的变化而造成促销费用的不足或浪费。

(3)竞争对等法。是以竞争对手的促销费用支出为基准，确定与其抗衡的支出额。但往往因不清楚竞争对手的真实预算而造成预算失误，或因实力不及对手而败北。

(4)目标任务法。是根据营销计划决定的企业特定目标，确定达到这一目标必须完成的任务以及估计为完成这些任务所需要的费用，来决定促销预算。这一方法在逻辑程度上具有较强的科学性，因而被西方企业广泛采用。但由于国内不少企业制定营销计划的随意性或估计成份太多，因而据此做出的促销预算就不可能准确。

有些企业还利用数学模型作为确定预算的方法，但这需要搜集大量准确的基础资料，否则在虚假资料数据基础上建立起来的模型只会得出不准确的结果，造成预算的偏差，而且由于环境的变化也会造成很大影响。即使有了准确数据，但计算十分复杂，一般企业，很难实施。

因而企业在作促销预算时可以多种方法做出几种初步预算，然后综合参照，最后制定一个预算，并随着市场环境的变化适时调整，以达到事半功倍的促销效果。

2. 影响促销组合决策的风险因素及防范

促销组合的影响因素包括产品种类、促销目标、促销策略、产品生命周期阶段等。如果对这些影响因素考虑不周，可能会给企业的促销决策带来不利影响，从而带来促销的风险。

(1)产品种类因素。不同的促销方式对不同的产品种类会产生不同的效果。如对于酒类这种消费品来说，最重要的促销方式是广告，其次是销售促进，然后是人员推销，最后是公关宣传。而工业品促销，首先应是人员推销，其次是销售促进，然后是公关宣传，最后才是广告。如不根据企业自身产品的特点，盲目做促销，很可能花了大钱而起不到应有的促销效果。结果因大量促销广告费给拖垮。

(2)促销目标因素。企业在不同时期及不同市场环境下所执行的特定促销活动都有特定的促销目标。促销目标对促销方式会产生直接影响,因而会间接地影响促销效果。所以在预算之前首先要明确促销目标,促销目标既不可盲目,但也不应太保守,盲目可能造成投资损失,而保守可能带来机会损失。但从实践来看,多数企业都是过于盲目,因而造成较大的风险。如秦池酒的广告目标显然就是过于盲目造成。

(3)促销策略因素。促销策略对促销方式的选择有直接的影响。企业根据营销战略的要求,可以采取"拉引"策略,也可以采取"推动"策略,因而做好促销的谋划,尤其重要。一个好的促销策划方案可能使企业带来新的生机,一个糟糕的策划方案可能在市场上没有反应,甚至造成负面的作用,所以现在许多企业在促销之前事先谋划,达到即节约资金,又起到促销效果的目的。

(4)产品生命周期阶段因素。产品所处的生命周期阶段对于促销组合决策会产生影响,因为,对处于生命周期不同阶段的产品,促销侧重的目标不同,所采用的促销方式亦有不同。如产品处于导入期时,需要提高知名度,着重介绍产品的功能等;成长期则应着重宣传产品特色,树立品牌形象;成熟期由于竞争激烈,一般要削减广告而加大销售促进的力度;衰退期则应把促销规模降到最低限度,以保证能够有利可图。如果不针对产品在市场上的生命周期采取相应的促销组合,也会产生较大风险,很可能因为导入期的促销失败而丧失一个好产品,也可能会因为对一个进入成熟末期甚至衰退期的产品大量投入促销费用而得不偿失,反而加速产品的衰退,从而将企业带入困境。这里仅以广告促销加以重点分析。

值得注意的是,在促销组合中,广告促销是最有效的促销手段,同时也具有最大的风险。因而应特别注意广告促销的风险防范。例如,安徽阜南焦陂酒厂,在80年代可以说是安徽名酒,素有“北有古井,南有焦陂”的美誉,宋代散文家欧阳修、苏轼在颍州做太守时都曾有过对焦陂美酒的赞誉,当时在中央人民广播电台,安徽人民广播电台及电视台都做过大量广告,可谓红极一时。进入90年代后,由于战略调整,欲打农村市场,因而撤掉了过去在电台、电视台的广告,转而在农村墙头上做标语广告,有的甚至写到了路边的厕所墙上,强烈的广告反差,不仅失去中高档的消费者,而且农村市场也没打开,结果90年代中期经营进入十分困难的状态。1999年4月该县调整了领导班子,孙厂长一上任便做出重塑焦陂形象,提高广告品位的决策。

由上述酒厂的经验和教训可以看出,在市场经济条件下,一个产品不管你曾经多么显赫,假如你忽视了对它的再宣传,纵使质量再好,也会被无情的市场所淘汰。相反,如果注重品牌塑造和广告宣传,则可以获得长足的发展。

但是广告要支付一定的费用,企业必须慎重。在做广告之前经营者首先要仔细考虑自己的产品特性,它的市场定位在哪里?以什么样的广告形式出现?怎样做广告才能以最少的广告费投入,获得最佳的经济效果?这些都必须审慎而行,否则可能会适得其反。

第十章　营销人员道德和心理风险防范

营销风险绝大部分是人为因素的风险，因而加强营销人员道德和心理风险防范是营销风险管理的重要方面。通过加强对营销人员的考核、激励，推行优良市场营销规范及建立健全营销风险责任制，可以有效地防范营销人员的道德和心理风险，从而提高营销风险管理水平。

第一节　营销人员道德和心理风险

一、营销人员道德风险

1.营销人员道德风险的含义

营销人员道德风险是指在营销业务过程中，由于营销人员的恶意行为或不良企图等道德问题，故意使营销风险事故发生或损失扩大，从而发生的营销风险。如营销人员贪赃枉法、营私舞弊，将用于开展业务的费用装入个人腰包，接受用户贿赂，与用户合伙在业务活动中做手脚，把本公司的客户让给对手或利用职务之便为其它企业作业务从中捞取好处，给企业造成损失等。

2.营销人员道德风险的表现

营销活动过程中的风险有一大部分是人为风险，其中由于营销人员的道德问题而发生的风险占很大一部分,而且给企业造成的损失巨大。营销道德风险可分为职业道德风险和社会道德风险。

(1)职业道德风险。是指营销人员职业道德水平低,不认真履行职责或玩忽职守,使一些可以避免的风险得以发生。主要表现为:

①瞧不起营销工作。许多营销人员因为对营销一知半解,认为干营销身无一技之长,加之社会上对营销人员的轻视,因而许多营销人员在心理上瞧不起自己所从事的营销工作。因而也就不可能热爱自己的工作,投入极大的热情给顾客,也不钻研销售技术,责任心不强,结果在业务实践中得不到顾客的喜爱,工作中也易出现失误,给企业造成损失。

②认为营销很容易。不少营销人员把营销看得很容易,这是一种错误的观念。实际上营销是一门深奥的学问,任何行业的营销家与医生、律师、工程师比较一下,有过之而无不及,非但必须经过长期的专业训练,而且必须精通心理学、营销学、表演学、口才学、人际关系沟通以及资讯管理等等,绝非泛泛之辈就能胜任,他要求营销员应有工程师的手、科学家的脑、艺术家的心和劳动者的脚,是一个具有良好素质的人才能为之。由于营销业务人员过于低估营销活动,因而在许多业务中难以履行职责,以致在与客户谈判中失利、在与竞争对手的较量中败北等等,从而给企业造成巨大损失。

③对企业不忠诚。有些营销人员个人私欲太重,一旦企业遇到困难,或别的企业给的职位或薪水高,便立即跳槽。这不仅是失去了一个人才的损失,而且还会造成一块市场及企业营销机密的

损失。

(2)社会道德风险。是指营销人员社会道德素质较差,具有恶意行为或不良企图,如贪赃枉法,徇私舞弊,从而给企业造成风险损失。

①贪污营销费用不努力开拓市场。

企业在开拓市场,进行促销活动中,有一笔营销费用。有些营销人员借此之便或利用企业在管理上的漏洞,该花的钱不花,或少花钱多报账,以肥自己的腰包。一方面侵占了公司的营销费用,给企业带来损失,另一方面,由于资金被侵吞,在市场上必然降低开拓力度和促销效果,给企业造成市场损失。特别是有些营销人员借此可以不劳而获,从而其开展工作的积极性下降,把精力用于钻企业的空子上,这将给企业带来巨大的无形损失。

②接受客户回扣,不顾公司的利益。

有些营销人员在业务活动中接受客户的回扣,因而在业务中便把公司的利益放在后面,有意识地为客户提供商业秘密、放宽信用限制等,结果给本公司造成不必要的损失。

③帮助竞争对手工作,从中获取好处。

由于现代市场竞争十分激烈,因而许多企业通过收买对手中的营销人员的方式而达到其目的。有些营销人员接受竞争对手公司的贿赂,向对手提供信息或把自己的客户让给对方。这往往会给本公司造成灾难性的风险。

④利用职务之便,谋取个人私利。

有些营销人员利用给公司从事工作之便,做自己的买卖,不仅侵占公司营销费用,而且还会影响公司的商誉或形象,带来无形的损失。

另外还有一些营销人员由于法律意识淡薄,有违法乱纪行为,给社会造成危害,也给企业带来不利影响。

3. 营销人员道德风险的防范主要从两个方面:一是加强营销人员道德素质的培养和提高,二是加强企业营销的管理,防止出现漏洞。这将在后面专题论述。

二、营销人员心理风险

1. 营销人员心理风险的含义

营销人员心理风险是指由于营销人员主观上的疏忽与过失,导致增加营销风险事故发生机会或扩大损失程度,从而为企业营销活动带来损失的风险。如由于营销人员经验不足,造成货款被骗,由于合同审核不细,造成客户资信问题而使货款拖欠,由于营销人员说话不慎而伤害了客户,造成客户离开的风险等。

2. 营销人员心理风险的表现

(1)营销人员业务素质差,造成营销业务中的失误。在不少企业选拔营销人员时忽视了业务素质的考核,甚至有一些是关系网,加之缺乏系统的业务培训,因而对业务活动过程中的许多业务技术不熟悉,从而造成工作失误或被骗等,给企业造成巨大损失,这些损失虽然不是营销人员有意所为,但给企业造成的损失往往很大,因而应作为营销风险防范的重点。

(2)营销人员心理素质差,造成营销业务中的机会损失,在众多的营销队伍中,普遍存在着一些营销人员心理素质较差的问题。体现在业务中为走访恐惧症,害怕被人拒绝或失败。因而失去许多主动营销的机会,给企业带来机会损失。

3. 营销人员心理风险的防范

营销人员心理风险主要从业务素质培训和心理素质培养入

手，提高业务技术素质，增强心理素质，克服营销活动中的疏忽或工作中的麻痹情况，减少营销活动的风险损失。

三、营销人才风险防范

1. 企业主管频繁更替的营销风险

改革开放以来，神州大地上出现过不少昙花一现的企业。这些企业之所以如流星一般一闪而过，有很大一部分是由于企业首脑的频繁更替。

某个企业由于首脑才能卓越，将企业搞得红红火火。这个首脑自然受人瞩目，应当予以提拔。在计划经济下，好的企业首脑往往被上调至政府部门，由经济领域转向了政治领域，刚刚红火的企业由于失去了指路灯而一下子找不到思绪了。再者，由于企业初时红火，效益好，在不少人的眼里看来，俨然是个肥缺，大家都想往里钻，而首脑一职，更是令人垂涎欲滴。有时，真正有才能的人难以填补领导空缺，填补这一空缺的人，并不能带领企业继续走向辉煌，于是，刚才还十分红火的企业眨眼之间就不怎么景气了。

当企业的领导更替后，对营销的冲击很大，一是，其变化带来营销人事的变更；二是对营销战略的调整，这两者都会严重影响企业的营销活动。如企业领导更替，前任领导对企业的营销战略部署便告以终结，后任领导对企业开始了新的战略部署。且不论后任领导的才能如何，是否确能够把企业进一步搞好，单单实施其战略计划，就需要一定时间，若是后任领导很快就又更替了，那么企业的战略计划又告结束。如此反反复复，企业的首脑频繁更替，则企业根本上谈不上有什么战略经营。这就好比是一个球队，频繁的更替主教练一职，则球队根本无法形成自己鲜明的特色，无法形成自己的打法。对企业的外部而言，企业首脑的频繁更替给人带来的印象也是该企业动荡不定，根本没有时间和精力去为顾客服务，这样一来，企业的外界形象也会因此而受到影响。同时对营销和管理来说，如果频繁更替，则刚刚建立起来的客户关系可能就此断了线，造成很大的损失。

2.企业营销人才培育的背反困境

企业在人力资源上的一个莫大的风险就是人才流失。因此，不少企业在营销人才培育方面存在着疑惑与担忧：万一自己辛辛苦苦培育起来的营销人才，突然之间就跳槽到竞争对手那里怎么办？即使不到竞争对手那里，也是巨大的损失。好比一个俱乐部发掘出了一个有潜质的球员，将他培养成大牌球星，但还没等这名球星为自己俱乐部效力，签约的合同已到期，该球星拍拍屁股走人了，远走高飞到一个大牌俱乐部去了，而原来的俱乐部不仅失去了一名大将，使竞争对手获得一名球星，而且自己一分钱转会费都没有赚到，可谓是“赔了夫人又折兵”，多年的辛苦是“竹篮打水一场空”。

企业营销人才也与俱乐部培养球星是一个道理。要将一个生手培育为精通业务、熟练能干的营销人才是要付出许多代价的，因为一个人由生到熟的过程中都是难免要出现差错的。而一旦成才后，如果流失走以后，就留下一片真空了。

但是，退一步讲，如果人人都想做不劳而获者，则人人都做不了。短视化的行为只会使大家都成为最终的受害者。企业营销人才的培育是有风险的，但是不可因噎废食。企业若不培育营销人才，同样有极大的风险，因为企业找不到营销人才，自己又没有培育营销人才，企业的产品销售则很难畅通，那么内忧外患，处境会十分不妙。

要留住营销人才，除了采取一些措施以吸引全体员工，激励他们热情工作外，对人才的使用也要遵循一定的原则，最重要的一条即“用人不疑，疑人不用”。信任是激励人们奋发向上的发动机，是净化人们心灵的清洁剂，是开采人们潜力的掘进机。人们都有自己独立的人格，对人不信任莫过于对别人人格的最大的污辱。只有对人才诚心诚意地信用，才能使他们尽心尽力地发挥自己的特长为企业服务。

3.对营销人才风险的规避

在人、才、物这些经营资源中，第一提到的是人，人是最重要的经营资源，所以唯有尊重人，才是企业活力的源泉。而人才开发当中，首要的一条就是“确保具有优秀素质的人才”。在日本，很早以前就有“事业就是人”这句名言，目前有许多企业都将这一名言作为经营信条，并且致力于培养人才。通过对优秀企业的分析来看，越是优秀的企业，人才就越多。

确保具有优秀素质的人才，绝非是一件易事。多数成功的企业主要是采取录用新毕业生，然后进行长期培养的方针。决不是采取从其他公司拉人的方法。即使那些经验丰富的人事干部，也很难判断每一个人是否符合公司的风格和企业文化、入厂以后是否能有较大的发展。同时，也很难在较短的时间里发现其潜在的能力。因此在招聘营销人员时，首先是录用那些符合本企业风格的优秀人才。在录用新毕业生时，与其说是重视大学成绩，不如说是更重视人的品质。但这并不等于说只要人品好就行，而是要选拔那些具有全心致力于工作并积极进取的人才，此外，还应注意选拔那些具有统帅能力、协调能力、积极性等在企业中能发挥巨大作用的人才。

如果企业外部的人,认为该企业最高领导有关于企业未来的庞大的设想,并且具有使其逐步实现的实力,那么,这个企业就能成功地保留更多的优秀人才。为了进行人才开发,需要事先投入较多的时间和费用,如果再加上营销人员脱离日常业务活动专门进修培训,人才开发所需要的费用就更大。如果最高领导对人才开发缺乏热情,那么人才开发计划就会半途而废。因而一定要贯彻“只有人才才是企业最大财产”的思想。成功企业培养人才的方针是“培养人才主要靠自我启发,培养人才的90%要通过日常工作来实现”。

第二节　建立和完善营销考核与激励机制

激励有正激励与负激励之分,正激励催人上进,负激励可以对职工产生必要的约束,遏止职工的消极行为,使其不至于玩忽职守,给企业造成不必要的损失。因此,建立严格的责任制度,将其落实到具体的岗位和个人,在实践中严格按责任制的要求进行考核并实施奖惩,是企业有效的激励机制所不可缺少的内容,也是营销人员风险防范的重要手段。

一、建立营销考核体系的意义

建立有效的营销考核体系是及时、准确地掌握各部门运行状况和职工工作情况,发现问题及时处理,不断改进工作所必不可少的。没有有效的营销考核体系就不可能有强有力的约束机制,也就不能对公司营销体制的运行状况及营销人员的工作情况进行有效的监控,公司的营销工作也就没有保证。具体来讲,建立有效的营销考核体系具有以下作用:

1. 准确把握营销人员素质、能力与适应工作的状况以及工作绩效；

2. 准确把握各部门履行职责、完成任务指标及工作创新(包括技术创新和管理创新)的情况；

3. 为工作安排和员工培训提供依据，促进人才培养和合理使用；

4. 为工资发放、晋升和奖惩提供依据；

5. 形成各级领导及员工的自我约束、自我激励机制；

6. 对营销部门的日常工作情况进行有效监控，对出现的各种风险进行及时处理；

7. 发现营销组织及人员使用中存在的问题，寻求企业营销组织优化与绩效改进的方法。

二、考核体系结构与考核内容

公司营销考核体系由三个层次构成：一是公司对营销部、销售经理进行的考核；二是营销部对所属各销售区域和有关部门进行的考核；三是各销售区域和各职能部门对本单位职工进行的考核。其中前两个层次的考核既是对被考核单位整体绩效水平的考核，同时也是对被考核单位主要负责人的考核，但这里考核的只是业绩。对各单位负责人其它方面的考核应通过别的方式进行。后一个层次的考核直接针对个人，是对营销员的全面考核。

公司对营销部主要考核销售计划完成程度、利润指标完成程度、回款率及平均回款周期、经营损失率(包括呆、坏账损失、转抹账损失、拖欠款损失、商务纠纷所造成的损失等)以及销售成本指标完成程度。对负责人主要考核是否严格执行有关规定。

营销部对各销售区域主要考核销售计划完成程度、成本指标完成程度、回款率及平均回款周期、经营损失率、新市场开拓率及销售服务与市场管理等内容。

营销部对各职能部门主要考核职责履行、工作创新及有关指标的完成情况。由于各职能管理部门职责不同,所承担的任务指标也不同。例如营销部的工作好坏主要反映在销售计划完成程度、完成的均衡程度。而办公室的工作好坏就难以用指标来衡量,因此对各职能部门应视其工作性质分别进行考核。对发运货这类工作结果可以用指标衡量的部门以指标考核为主,对办公室这类工作结果难以用指标衡量的部门以对其职责履行、工作创新情况的考核为主。

各销售区域及各职能部门对本单位员工主要考核职责履行、工作适应性、工作能力、工作态度和任务指标完成情况五个方面。各销售区域对业务员的考核以任务指标完成情况为主;各职能部门对本单位员工的考核则应侧重于前四个方面,任务指标完成情况所占权重因不同员工工作的性质不同而不同。

三、考核的原则及主要措施

为了使考核结果准确反映被考核部门及被考核者的实际情况,考核必须自始自终坚持以下原则:

1. 公平原则。对每一被考核者(部门)应一视同仁,不带任何主观倾向性。为此,必须做到以下三点:

(1)考核标准客观、统一,让每一位被考核者(部门)接受相同的考核评价;

(2)考核要素全面且相互独立,保证每一位被考核者(部门)都能受到全面的考核,避免以偏概全;

(3)考核时间与方式统一,保证考核实施过程公平。

2. 公正原则。考核结果应不受考核者的个人兴趣爱好、专业特长、价值取向及感情倾向的影响。为此，必须做到以下六点：

(1)综合运用多种考核方法，以避免单一方法存在的误差累积放大效应；

(2)由不同层次的考核者共同进行考核，保证考核结果具有充分的代表性；

(3)自我考核与他人考核相结合，根据不同考核内容的特点决定采用自我考核与他人考核或二者同时使用；

(4)考核要素与各要素量表分开，保证考核者只根据各要素的考核要点做出评价，不受评价结果的影响；

(5)采用科学方法对考核结果进行整理分析，剔除各种异常值，保证考核结果的准确性；

(6)考核活动与考核结果的使用分开，考核体系独立运作，保证考核活动只对被考核者(部门)按考核内容做出客观的评价。

3. 公开原则。考核活动应有足够的透明度，并接受被考核者(部门)及职工的监督，保证考核过程严格遵循公平、公正原则。为此，必须做到以下四点：

(1)考核标准公开，让每一位被考核者(部门)知道用什么标准对其进行考核；

(2)考核方法公开，让每一位被考核者(部门)知道是被如何考核的；

(3)考核结果公开，并让被考核者(部门)鉴定认可；

(4)建立考核档案，并允许被考核者(部门)核查。

四、考核实施程序

1. 对各部门进行考核的程序

(1)被考核部门每月对本部门当月职责履行、指标完成及工作创新情况进行总结，上报上级考核部门；

(2)上级考核部门对各部门上报材料进行审定，并对各部门工作情况进行综合评价；

(3)将考核结果抄送有关部门并存档。

2. 对个人进行考核的程序

(1)被考核者每日填写工作日清表，经主管领导审查签字后返给被考核者，月末报办公室，办公室对其进行审查、确立考核成绩、计算机登录，并加以汇总；

(2)被考核者每月(年)末应填写当月(年)工作总结表并签名，主管领导进行审查，并写出评语后报办公室，办公室对其进行审查、计算机登录，并汇总出当月(年)考核成绩报送有关部门并存档。员工绩效考核组织实施流程如图 10－1 所示。

五、销售公司员工考核系统设计

1. 设计思路

考核的目的不仅是准确把握职工从事现行工作的绩效水平，而且要通过考核确定职工对现行工作的适应性、工作努力程度、能力状况以及培训需求，发现劳动组织及人员使用方面的问题，实现对企业员工劳动过程以及企业营销过程的有效监控，防止风险发生。而不同员工的工作绩效都与其所从事的具体工作的性质、特点、要求等有关。因此所设计的考核体系既要有足够的适应性，又必须具有动态性和全面性。

(1)整个考核体系由个人工作日清、个人工作月度总结、个人工作年度总结、上级主管评价意见、相关部门意见构成，采用事实记录法如实进行考核。

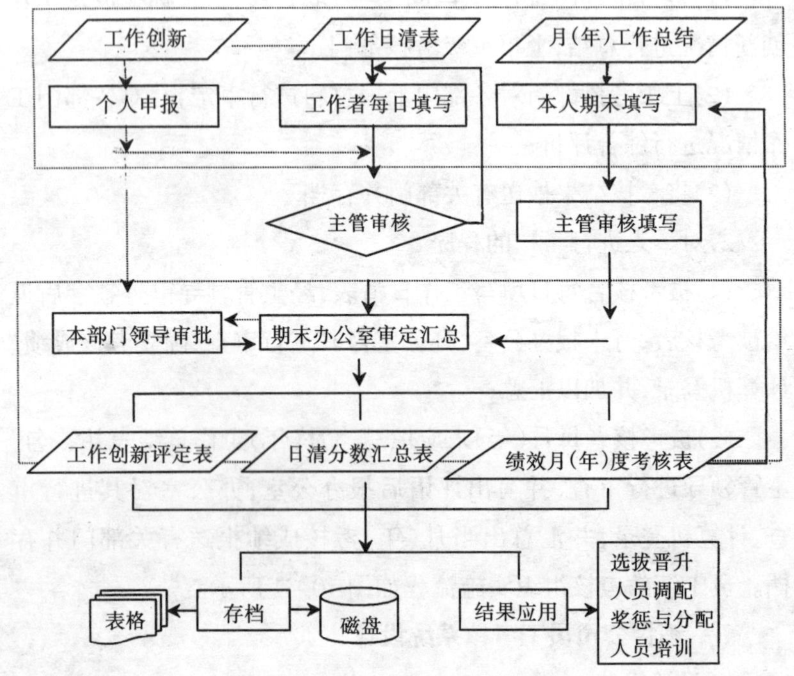

图 10-1 营销考核程序图

(2)考核内容包括:职责履行、功过、指标完成、工作态度、工作适应性和工作能力六部分。

(3)职责履行和功过考核实行加减分制,每人每月基本分为100分,工作中有突出表现给以加分,出现问题或犯错误给以减分,以此确定绩效水平。日积月累,月积年累,构成每月、每年的考核成绩。

(4)对于有明确考核指标的人员,可根据其工作努力程度与指标完成水平的相关程度,确定工作状况、考核成绩与考核指标各自所占权重,综合计算考核成绩。

2. 考核项目设计

根据上述思路，对销售公司员工考核项目设计如下：

考核项目	考核要点	考核指标
职责履行	工作内容与要求	完成情况 未完成及原因
功过	突出贡献	项数与等级
	过失	未完成 责任事故
任务指标	完成程度	
工作态度	工作努力程度	事业心、责任心 协作性、纪律性
工作适应性	适应现职工作的程度	适应程度、体能状况 希望受到的训练
工作能力	工作中所表现出来的能力	

3. 考核表

(1)工作日清表

设置工作日清表的基本目的在于及时准确地掌握员工在日常工作中的职责履行情况、所做出的突出成绩及失误，为绩效考核奠定良好的基础。同时，也是优化组织设计，改进组织与员工绩效的重要依据(工作日清表格式见后)。

(2)工作日清分数汇总表

销售公司办公室根据工作日清表反映的内容及相应评分标准计算员工的考核分数，在月末进行汇总。企业难以按日考核的，可以根据企业情况，实行周、旬、半月甚至月一次的考核。

(3)绩效月度考核表

每月末员工对本月工作情况及个人表现做出综合评价，并如实填写所做出的成绩、出现的主要问题及各项考核指标的完成情况，并由直接上级对个人填写的内容进行审查，对其做出综合评价,并提出相应建议或处理意见(表格见后)。

(4)绩效考核年度汇总表

基本填写要求同月度考核表,其中“工作态度”与“工作适应性”分数为本年度各月的平均数(表格见后)。

4. 考核依据与标准

个人职责履行情况以岗位职责、任务计划及其工作要求为考核依据,以实际完成情况作为考核标准。功过以被考核者实际做出的突出贡献和工作中存在的问题与失误为考核依据,其考核标准则应根据公司需要单独制订。任务指标以被考核者实际承担的任务指标及完成程度为考核依据,其考核标准应根据具体岗位工作性质、指标数等确定。工作态度以被考核者的工作努力程度,即责任心、事业心、协作性、纪律性为考核依据,工作适应性以被考核者适应现职工作的程度为考核依据,工作能力以被考核者在实际工作中表现出来的能力为依据。上述三方面的考核标准由考核者(被考核者直接上级)掌握。

5. 各指标权重设置

个人绩效考核虽有六项内容,但其中的工作态度、工作适应性、工作能力考核成绩主要用于分析公司劳动组织及人员使用方面存在的问题,确立培训要求,因此一般不用于计算绩效考核成绩。职责履行与功过的考核成绩是合在一起的,因此个人绩效考核指标权重的设置主要是确定工作日清分数和指标考核分数的权重。对工作的最终结果主要表现为经济指标完成水平的人员,指标考核分数的权重应较大;对于工作结果不直接表现为企业经济指标的人员,工作日清分数的权重应较大。具体权重的设置应在该原则下,在对销售公司岗位工作进行分类的基础上进行。

6. 考核结果整理分析

员工绩效具体体现在每日的工作之中,绩效考核必须以每日工作状况为对象,通过对一定时期内工作状况的综合分析,才能反映出被考核者对工作的适应性、工作态度、工作能力以及履行职责、突出成绩、存在的问题的状况。因此,绩效考核结果的整理分析就是对日常工作状况的综合分析。

(1)定量考核部分

定量考核主要为员工的奖惩提供依据。员工每月绩效定量考核成绩由职责履行得分、考核指标完成情况得分两部分组成。

①将工作日清表中的加分项目和减分项目逐一记入日清汇总表;

②根据有关的考核办法赋予各项目分值;

③月末将各加分项目(含工作创新加分)和减分项目得分进行汇总,计算当月考核成绩:

某人当月得分 =(基本分 + 加分总计 - 减分总计)× 系数 1 + 指标考核得分 × 系数 2;

④各月得分之和即为年度定量考核得分。

(2)定性考核部分

定性考核主要为人员的培训、选拔、调配提供依据。对员工绩效的定性考核在期末根据员工自我评价及直接主管对其工作业绩、工作态度与工作适应性的定性评价进行。其中,工作态度与工作适应性指标可根据相应等级计算出得分。

<table>
<tr><td>姓名</td><td></td><td colspan="6" rowspan="4">枣庄矿业集团公司
营销工作日清表</td><td colspan="2">明日工作计划</td></tr>
<tr><td>部门</td><td></td><td colspan="2"></td></tr>
<tr><td>岗位</td><td></td><td colspan="2"></td></tr>
<tr><td>日期</td><td>年 月 日</td><td colspan="2"></td></tr>
<tr><td colspan="2">主要控制项目</td><td rowspan="2">完成</td><td>序号</td><td colspan="2">工作内容及标准要求</td><td colspan="2">实际完成情况</td><td>自评</td><td>复审</td></tr>
<tr><td colspan="2">(1)
(2)
(3)
(4)</td><td></td><td colspan="2"></td><td colspan="2"></td><td></td><td></td></tr>
<tr><td colspan="2" rowspan="3">问题与建议：</td><td rowspan="2">未完成</td><td>序号</td><td>项目</td><td>问题</td><td>处理结果</td><td>纠偏措施</td><td>自评</td><td>复审</td></tr>
<tr><td></td><td></td><td></td><td></td><td></td><td></td><td></td></tr>
<tr><td colspan="8">审核意见：

年 月 日</td></tr>
</table>

枣庄矿业集团公司营销绩效月度考核表(　　年　月)

<table>
<tr><td>姓名</td><td></td><td>单位</td><td></td><td>部门</td><td></td><td>岗位</td><td></td><td>评分</td></tr>
<tr><td colspan="3">考核内容</td><td colspan="2">个人评价</td><td colspan="2">直接上级意见</td><td>建议措施与说明</td><td></td></tr>
<tr><td rowspan="5">工作业绩</td><td colspan="2">综述</td><td colspan="2"></td><td colspan="2"></td><td></td><td></td></tr>
<tr><td colspan="2">突出成绩</td><td colspan="2"></td><td colspan="2"></td><td></td><td></td></tr>
<tr><td colspan="2">事故与问题</td><td colspan="2"></td><td colspan="2"></td><td></td><td></td></tr>
<tr><td colspan="2" rowspan="2">考核指标
1.
2.
3.
4.</td><td>完成情况</td><td>计划</td><td colspan="2" rowspan="2"></td><td rowspan="2"></td><td rowspan="2"></td></tr>
<tr><td></td><td></td></tr>
<tr><td rowspan="4">工作态度</td><td colspan="2">责任心</td><td colspan="2"></td><td colspan="2">A B C D E</td><td></td><td></td></tr>
<tr><td colspan="2">事业心</td><td colspan="2"></td><td colspan="2">A B C D E</td><td></td><td></td></tr>
<tr><td colspan="2">协作性</td><td colspan="2"></td><td colspan="2">A B C D E</td><td></td><td></td></tr>
<tr><td colspan="2">纪律性</td><td colspan="2"></td><td colspan="2">A B C D E</td><td></td><td></td></tr>
<tr><td rowspan="3">工作适应性</td><td colspan="2">目前工作适应程度</td><td colspan="2"></td><td colspan="2">A B C D E</td><td></td><td></td></tr>
<tr><td colspan="2">体能状况</td><td colspan="2"></td><td colspan="2">A B C D E</td><td></td><td></td></tr>
<tr><td colspan="2">希望受到的训练</td><td colspan="6"></td></tr>
<tr><td colspan="3">考　勤</td><td colspan="2">病假:____天
事假:____天
迟到:____次
早退:____次
旷工:____天</td><td colspan="2"></td><td></td><td></td></tr>
<tr><td colspan="3">考核部门意见</td><td colspan="6">

年　月　日</td></tr>
</table>

枣庄矿业集团公司营销绩效考核____年度汇总表

<table>
<tr><td>姓名</td><td></td><td>单位</td><td colspan="3"></td><td>部门</td><td colspan="3"></td><td>岗位</td><td colspan="3"></td></tr>
<tr><td colspan="2">考核内容</td><td colspan="5">个人评价</td><td colspan="4">直接上级意见</td><td colspan="3">建议、说明</td><td>评分</td></tr>
<tr><td rowspan="5">工作业绩</td><td>综述</td><td colspan="5"></td><td colspan="4"></td><td colspan="3"></td><td></td></tr>
<tr><td>突出成绩</td><td colspan="5"></td><td colspan="4"></td><td colspan="3"></td><td></td></tr>
<tr><td>事故与问题</td><td colspan="5"></td><td colspan="4"></td><td colspan="3"></td><td></td></tr>
<tr><td>考核指标</td><td colspan="3">完成情况</td><td colspan="2">计划</td><td colspan="4" rowspan="2"></td><td colspan="3" rowspan="2"></td><td rowspan="2"></td></tr>
<tr><td>1.
2.
3.
4.</td><td colspan="3"></td><td colspan="2"></td></tr>
<tr><td></td><td>月份</td><td>1</td><td>2</td><td>3</td><td>4</td><td>5</td><td>6</td><td>7</td><td>8</td><td>9</td><td>10</td><td>11</td><td>12</td><td>平均</td></tr>
<tr><td rowspan="4">工作态度</td><td>责任心</td><td></td><td></td><td></td><td></td><td></td><td></td><td></td><td></td><td></td><td></td><td></td><td></td><td></td></tr>
<tr><td>事业心</td><td></td><td></td><td></td><td></td><td></td><td></td><td></td><td></td><td></td><td></td><td></td><td></td><td></td></tr>
<tr><td>协作性</td><td></td><td></td><td></td><td></td><td></td><td></td><td></td><td></td><td></td><td></td><td></td><td></td><td></td></tr>
<tr><td>纪律性</td><td></td><td></td><td></td><td></td><td></td><td></td><td></td><td></td><td></td><td></td><td></td><td></td><td></td></tr>
<tr><td rowspan="3">工作适应性</td><td>目前工作适应程度</td><td></td><td></td><td></td><td></td><td></td><td></td><td></td><td></td><td></td><td></td><td></td><td></td><td></td></tr>
<tr><td>体能状况</td><td></td><td></td><td></td><td></td><td></td><td></td><td></td><td></td><td></td><td></td><td></td><td></td><td></td></tr>
<tr><td>希望受到的训练</td><td></td><td></td><td></td><td></td><td></td><td></td><td></td><td></td><td></td><td></td><td></td><td></td><td></td></tr>
<tr><td colspan="2">考　勤</td><td colspan="12">病假:______天
事假:______天
迟到:______次
早退:______次
旷工:______天</td><td></td></tr>
<tr><td colspan="2">考核部门意见</td><td colspan="13"></td></tr>
</table>

六、所需基础工作及应注意的问题

1.明确各岗位工作职责和要求,建立考核标准

这是对员工进行考核的基本依据。如果各岗位工作职责和要求不清楚,考核标准不明确,就无法进行考核。具体来讲需要做好以下几项工作:

(1)明确各部门岗位设置;

(2)制定各岗位工作职责、各项职责履行标准与要求;

(3)根据考核项目,制定有关的考核标准。考核标准包括两部分内容:

一是对员工履行工作职责、完成考核指标等的程度进行划分,并明确相应的衡量标准;

二是确定各项考核内容的不同分值标准和权重。

2.考核工作是一项复杂而又细致的系统工程

考核虽然是营销管理最基本的日常工作,但却是最复杂、最难做的一项工程。对此许多企业领导和职工均缺乏充分的认识,因此在实践中营销考核工作常常流于形式,达不到预期目的。这是许多企业营销管理难以走出经验管理泥潭的重要根源。要使考核体系真正发挥作用,首先从领导到员工都必须将考核当作自己的一项基本职责,不能怕麻烦,或者因日常工作平淡无奇而不重视日常性的考核。其次应采用现代化的手段。考核流于形式的重要原因就是手段落后,统计分析量大,管理复杂,在人员众多的情况下,凭手工做根本不可能,因而不得不减少考核次数、简化考核内容和指标,结果流于形式。为了避免这种现象,就必须利用计算机网络进行考核资料的整理分析和管理工作。

七、建立健全考核结果应用制度

考核只是搜集员工工作及各部门运行情况信息、按一定标准进行综合评价并监督营销人员行为风险的一个过程。仅仅这一过程本身对被考核者所能产生的影响是十分有限的。考核的意义在于考核结果可以为营销风险管理提供依据。考核的效果如何取决于考核结果将被怎样应用,这包含两层意思:一是用于干什么?二是怎样用,用的方式如何及具体起多大作用。完整的考核体系应当包括考核结果应用的内容,这方面内容具体就表现为企业的有关制度。只有将考核结果的应用制度化,考核体系才真正是有效的;否则,再科学、再完善的考核体系,也不会有什么作用。考核的结果除用于日常工资、奖金发放、营销风险防范外,还主要用于对营销人员的激励。

激励的方式多种多样,公司及营销部应在建立竞争性用人机制和分配制度的同时,综合采用多种激励手段,如在福利分配、职务(或职称)晋升等方面,向销售一线有突出贡献人员倾斜,授予荣誉称号、通报表扬、脱产培训等等。同时,公司领导应注意了解员工的工作情况和所思所想,关心和帮助员工。对于不能很好地履行职责,或为公司造成损失的人员给予适当的处罚。枣庄矿业集团公司,在这一方面做出了许多有益的探索,不仅建立了营销人员考核体系,而且将考核日常化、微机化,并每月按考核兑现奖惩。既调动了营销人员的积极性,也提高了公司的业绩和管理水平。双轮集团在激励营销人员方面可以说具有创造性,如1998年奖励6名优秀营销人员的奖品就是纯金的大金牌。

第三节　推行优良市场营销规范

一、推行优良市场营销规范的必要性

大力拓展市场是全局性和关键性的大事，也是企业发展的大事。而要拓展市场就要不断提高市场营销人员的素质。通过推行优良市场营销规范，一方面可以规范市场行为，另一方面可保证营销人员的行为规范。开展优良市场营销规范化的必要性，可用市场竞争的严峻性、整顿市场的紧迫性和产品促销的政策性来概括。

1.市场竞争的严峻性

市场竞争的严峻性，主要表现在：

(1)新产品上市难度大。

(2)市场处于供大于求的状态，竞争加剧。

(3)销售主渠道不断发生变革。

(4)存在不健康的促销现象对规范市场的干扰。

(5)销售代表培训素质的适应性和人员流动性。

2.整顿市场的紧迫性

严肃查处营销活动中的回扣问题，即大力整治回扣风是市场整顿的核心。因为大量事实说明回扣带来诸多危害：

(1)违反了《反不正当竞争法》，造成了市场秩序混乱。

(2)给不法商贩造成可乘之机，使国家税收流失。

(3)扰乱市场秩序，助长商品价格上涨。

(4)腐蚀了一批干部及从业人员，滋长营销领域内的腐败风气。

(5)损害了广大消费者的利益。

在产品生产销售领域中,严厉打击违法行为,制止回扣是一项符合市场经济发展的事。打击种种不法行为,对于净化市场,反对不正当竞争,促进产品生产和销售的良性循环,必将起到积极的推动作用。

3.产品促销的政策性

掌握产品促销的政策性对规范产品市场操作,打击假冒伪劣商品,促进优良品牌产品的市场占有率,特别是对一些正规的、有实力和有优质产品品牌的企业,肯定是利大于弊,且有战略意义。

企业领导应该认识到,企图依靠现金回扣来开展产品促销,是急功近利的心理在起作用。至少是一种市场营销的短暂行为,甚至是一种自杀行为。回扣扭曲了业务人员的价值取向,最终受害的是广大消费者,是对业务人员人格的极大不尊重。其危害应引起警觉和坚决抵制。制止回扣要注意区分两个界限:一是严格区分折扣、让利与回扣的界限;先集中打击行贿、索贿,制止回扣风,再逐步解决无端让利、折扣,而造成国家税收流失的问题。二是要区分将让利、折扣用于正常经营的补偿与作为小集体的奖金、福利的界限。

二、推行优良市场营销规范的作用

推行优良市场营销规范能够促进促销活动。产品促销活动应该建立在三个基点上:

1.积极大胆地开展符合国家政策法规的促销活动。

2.在促销活动中大力倡导和推行优良市场营销规范,确保促销形式的守法、规范、文明。

3.要大力实施有效的营销控制。迷失了目标,我们将事倍功半。因此有效的营销控制十分必要。

市场营销渠道策略无外两种形式，即自销和他销（通过商业部门），这里的关键在于立足于"用掉"，以形成销售、服务、消费、制造的良性循环。市场经济的核心是竞争。竞争渗透于市场经济活动的各个方面，是市场竞争机制促进了资料的优化配置。竞争的目标是提高市场占有率。企业可以采取一些切实可行的方法。譬如：

（1）对一年超过一定金额购货额的用户给予一定的批量回扣率。

（2）提前付款的客户按期限给予一定的优惠，以鼓励用户及早付款。

（3）财务每个月都用计算机打出每个客户购货付款的情况，发信给客户进行对账，防止差错，提醒用户及早付款，清理老账。

（4）采用较严密的客户信用控制制度，在计算机内对每个用户都建立档案，对每一用户的购货量、付款情况都有记录。根据用户不同的资信情况，业务大小给予客户信用额度，如果超过一定时间和信用额度，即停止发货。

（5）成立专门收款的队伍，在客户较为密集的省份设有专职收款员，加强应收账款的工作。

（6）各个产品的成品设定最大存货量，超过该存货量就停止生产，调为其它产品。在管理运行了 MPR－II 计算机系统后，将库存、计划、生产、销售、收款、财务各个环节都用计算机系统联成网络。

三、培养一支具有优良市场营销规范的销售队伍

一个企业要走向市场，需要有一套符合商品特点的多功能市场组织体系，包括市场研究、预测、计划、培训、宣传、广告、仓储、运输等，并要有一支经过严格专业培训的专职销售队伍，以真正做到促销计划高水平、促销手段高层次、促销队伍高质量。企业可根据各自的情况，形成一个全国销售网络，在全国各大、中城市设立分销机构；建立一支团结强大的销售队伍，使销售人员进公司后经过严格的培训，如熟悉公司的产品，销售技巧，"用户是上帝"的观念的确立等。培训部门专门编写培训教材，新的销售人员由培训员和销售经理带领访问用户。每个季节营销部门要有正规的培训会议，汇报工作，培训业务，学习公司制定的政策和规章制度，了解公司情况，布置销售任务，使销售人员有扎实的专业根底，使他们在开展促销活动时得心应手，不靠送礼，不搞"回扣"，而是靠质量、靠服务、靠知识赢得用户的信任。作风、举止、技巧和共同的价值观念是一个销售人员成功的四个要素，同时，使营销代表由"产品讲解员→友好访问者→产品指导使用者→用户顾问"这样一个质的转变过程。销售人员的工资报酬与其销售额和回收货款双挂钩。地区之间有竞争，销售代表之间也有竞争，充分调动了销售人员的积极性。每季度还可评比季度销售人员十大明星，年终评比年度销售十佳明星，给予精神和物质奖励。

倡导"优良市场营销规范"，可采用以下的基本做法：

一是进一步强化营销法制宣传的力度，加强营销人员的职业道德教育，增强营销人员依法开展促销活动的自觉性。结合营销培训，将法制教育列为常规内容，结合贯彻国家有关政策法规，定期自我检查营销行为，联系实际开展法制教育，使营销人员增强法制观念，从而做到凡是国家政策规定不能发生的销售行为坚决杜绝，防微杜渐，从严抓起。

二是进一步强化公司内部各项管理力度，特别是强调和重申公司的营销政策和营销纪律,严格财务控制和管理制度。营销部门应制定“销售行政管理的有关规定和公司内部具体操作流程”,下发到每位销售代表并严格执行,有针对性地完善和改进有关营销的财务管理规定,进一步规范各项营销费用的使用范围和支出细则,使营销行为更加规范化。

三是进一步强化营销队伍管理的力度,在继续加强对营销人员业务培训和考核的同时,重申营销人员必须严格按公司营销人员从业的纪律,对任何玷污公司声誉的不正当或违法行为,一经发现,严肃处理,直至除名。

四、不断提高营销人员素质和业务水平

现代市场营销对营销人员素质有较高要求。营销队伍力量的强弱,不仅体现在数量上,而且体现在素质上。

提高营销人员素质应从两方面入手:一是不断地补充素质较高人员进入营销队伍,同时对现有人员中不适应营销工作的人员逐步分流出去。二是加强对营销人员的培训教育,不断提高营销人员的知识水平和业务能力。

1.培训原则

公司营销人员培训应坚持以下原则:

(1)先培训后上岗的原则。新选聘的营销人员必须接受系统的培训,经考试合格,才能上岗。

(2)针对性原则。针对营销人员存在的问题组织培训,以保证培训的实际效果。

(3)系统性原则。根据企业发展的需要,制定系统的培训计划,并使营销人员培训形成制度,保证营销队伍的素质稳步提高。

(4)灵活性原则。培训方式灵活多样,以解决问题,收到实效为准。

(5)激励性原则。营销人员接受培训的情况与聘用、职称评定、分配挂钩,充分调动营销人员的学习积极性。

2.培训方式

公司营销人员培训可分为上岗培训和业务培训两种主要方式。

(1)上岗培训的主要目的一是了解企业生产经营及发展状况,熟悉有关政策规定;二是熟悉将要从事的业务,培养优良的营销心理和业务素质。

(2)业务培训的主要目的一是提高营销人员的业务素质;二是学习推广好的工作经验;三是研究解决工作中存在的问题。

根据上述培训内容,可分别采取以下几种培训形式:

办培训班、举办专题讲座、外出到大专院校进修、发材料个人阅读、开经验交流会、开工作研讨会、日常指导、进行传帮带等方式。

3.注意事项

(1)既要有针对性,解决工作中存在的问题,又要注意基本素质的培养;

(2)要把提高自身业务素质与能力作为一项考核指标,把接受培训的情况作为人员任用的重要参考依据;

(3)要经常举行,把培训作为日常管理的一项重要内容;

(4)每年都应制定营销人员业务培训计划,并由专人负责组织落实;

(5)对培训效果要进行跟踪评价,作为以后确定培训内容,改进培训方法的依据。

第四节　建立健全营销风险责任制

导致营销风险的因素十分复杂，尤其是人为因素所占比例更大。因而建立健全营销风险责任制对营销风险防范具有十分重要的内容。营销风险责任制是为了实现企业营销目标，规范营销行为，保护营销过程的安全，在企业内部明确各部门及工作人员的有关营销风险职责和权限。营销风险责任制作为企业制度系统中的一个子系统，范围涉及企业营销管理的各个方面，影响到企业所有内部组织机构的运作。它包括营销风险管理中的责任主体、责任范围和具体的责任。

一、建立营销风险责任制的意义

1.保证营销目标的实现

建立健全有效的风险责任制度，可以增强企业的营销风险管理功能，能够有效地贯彻营销方针，杜绝发生偏离营销方针和经营目标的行为，针对营销中可能存在的风险环节，加强控制和防范，纠正偏差，防范风险，从而保证营销方针和营销目标的实现。

2.有利于企业提高营销风险管理效率

营销风险责任制度所规定的相互促进、相互制约的关系，明确了企业内部各职能部门及工作人员的职责、权限，这样可减少不必要的请求、汇报，避免相互推诿，促使各部门提高营销风险管理效率。

3.保护企业营销货物、资金安全

货物和资金是企业从事营销的物质基础，必须保护其安全。为此，通过建立起一套完整的风险责任制度，明确分工，落实责任，使各项资金的借出、回收、保管以及从货物的入库、保管、发运、直至客户使用等环节都受到严格的控制,防止贪污、盗窃、挪用公款及其他不法行为,制止损失浪费,提高资金使用效率。

4.保证营销会计及其他资料的真实可靠

企业组织生产和经营活动,需要大量正确的经济信息,以作出决策。随着经济的发展,人们也越来越多地关心企业财务状况和经营成果。通过营销风险责任制度的控制与调整,可以保证和提高会计及营销业务记录的真实性和可靠性,保证数据正确、可靠,有利于企业领导正确决策。

5.保证政策法规和制度被遵守

一个好的企业,首先是能严格遵守有关政策法规的企业。营销风险责任制度能有效地防止企业营销过程中出现违反政府政策法规的情况和营销人员的不法行为,企业要坚决杜绝走私、不依法纳税、违反广告法、实行不正当竞争等行为,同时也使企业制定的有关制度被严格执行,使每个员工都在规定和授权的范围内行使职责。

二、制定营销风险责任制度的原则

制定营销风险责任制度的基本原则有以下五项:

1.适当的职责分离

职责分离简单地说就是不同的人做不同的事。某几种相互有关的职务(如合同的保管与签订、货物的保管与记账、费用的使用与审批),如由同一个人担任,一是容易发生差错或舞弊,二是发生错误难以察觉。职责分离,就是要把这些相互矛盾的职务分开,以便于相互监督。

企业营销人员职责分离,要互相联系,又要互相制约,即对任何一项经济业务的处理,均要由两个或两个以上的人或部门完成,不赋予某一人或某一部门单独执行一项经济业务的权力,以便对每项经济业务进行交叉控制,防止错误和舞弊的发生。这样,一旦出现问题,容易发现并得到纠正。简单地说,就是管账的不管钱和物,管钱、管物的不管账,做到账、财、物三分管,如接受订单的、配货的、送货的、收款的由不同的人员操作。

职责分离着重于环节上的职务分离。主要是贯彻以下几个要点:

(1)环节中的职责分离。

(2)直接管理者和保管者的职责分离。

(3)实际操作者和审批者的职责分离。

(4)实际操作者之间的职责分离。

2.合理的授权制度

授权控制是指企业各级营销人员只能在获得批准的范围内进行有关的营销业务。授权管理是营销风险责任制度的一项核心内容。企业制定的营销授权规定,从一般的营销人员到总经理,都应有很详细、明确的规定。

企业各级营销人员必须获得授权和批准,才能经办有关营销业务。授权有一般授权和专门授权。一般授权是对营销业务人员经办常规业务标准范围的规定。例如,销售人员被授权可按商品价格目录规定的价格出售商品。一般授权一旦下达,其授权效力一般可保持较长时间。专门授权是对营销业务人员经办特殊营销业务标准范围的批准,也就是说经办人员办理超出一般授权规定的业务范围时,必须经过特别的许可。例如,销售人员要高于或低于规定价格出售商品时,必须经过专门授权批准。专门的授权一般是临时性的，即一旦被授权的业务办理结束时，其效力也随之消失。

应该是没有一人能够控制任何一项营销业务的全过程，每个营销人员都有采取必要行动以履行其职责的权力，个人的职责应该始终有明确的规定，使职责不会被推诿，不会被包揽。企业应根据自己的营销计划、政策、目标、规模、性质和市场因素等特点，选用合理的组织结构形式，以达到统一领导、分级管理、机构精简、高效合理的要求。

营销业务处理程序控制下的授权，是指根据企业营销管理的要求，对有关营销业务规定其处理程序，按处理程序给有关人员一定的授权，使业务处理规范化。规范化的业务处理程序可以使各级管理人员按照科学的程序办事，避免工作乱而无序，从而提高工作效率。营销业务处理程序的内容很多，如企业决策程序、产品销售业务程序、货款结算程序等。业务处理程序与不相容职务的分离是密切相联的，不相容职务的分离是业务处理程序控制的基础。

3.及时、准确的营销信息

市场营销是一项依靠信息进行决策，进而参与市场竞争的活动。可以说离开了及时准确的信息，营销活动便限入盲目状态。因而营销风险责任制要充分保障各级营销人员对营销信息的畅通。并保证其全面、及时、准确地反映市场状况。要明确销售人员同时又是信息员、市场部又是市场信息中心的职责，保证上下信息的对称，尤其是对企业外部的信息要能够识别真伪，防止被虚假信息影响了决策，扰乱了市场。

4.可靠的资产安全

资产安全控制是指为确保资产完整而采取的控制措施。例如,营销业务发生后立即入账,禁止无关人员进入成品仓库、收发货区域和营业室,禁止他人翻阅财务记录和有关市场机密信息。对货款应逐笔核算检查,发现拖欠,立即要报告和采取控制等。严禁对其他企业随意作经济担保和放宽信用限制,不准随意借钱给其他企业。

5.健全的营销督查

在日常营销活动中,由于经办人员的行为或环境等因素的干扰,会使营销活动偏离既定的轨道,所以,需要在营销业务活动中设有专人或制定措施对有关处理进行日常监督。例如,支付广告费有财务主管审核,质量退赔有生产质检部门审核处理,货款结算要有营销部门和会计部门双重检查。

企业要组织营销业务督查,保持一个良好的营销内部环境,这也是一个持续不断的过程。因此,必须对内部控制系统进行检查和监督。例如,对某些市场进行突击检查,防止互相冲货等,对客户进行暗访,以获取一手真实信息。通过内部各部门的自查和整改,形成一个督查→整改→提高→再整改→再提高的良性循环,不断地提高内部控制的质量和效果。通过营销督查制度,不断地提高营销人员对内部控制的认识,也通过营销督查提高营销人员的职业道德和业务水平,同时应建立考评制度和奖惩制度,并建立重要岗位职务轮换制度。

市场督查制度是现代营销管理的一项重要内容,而评价市场督查制度是控制的基础。以往一般企业的规模较小,在督查工作中,都用详细询问或走访的方法,对企业的营销业务作全面核对与检查,以判断其财务收支和营销业务的真实性、合法性。这种详细督查所作的评价,虽然比较可靠,但所费的人力与时间是大的。在一些大型企业，营销活动频繁，要进行详细检查，则为人力、时间所不许。因而，只能用抽查法代替详细督查，以减少工作量和人力、时间的耗费。但是，抽查范围与取舍，多凭督查人员的主观判断，容易以偏概全，难以保证其可靠性。随着营销风险责任制的建立，督查人员可以就企业内部制度给以检查、测试和评价，以观察其营销风险责任制度是否健全，以及哪些部分是薄弱环节。如果营销风险责任制度比较健全，只有某些部分是薄弱环节，那么就可以有针对性地审查这些薄弱环节，而对其他部分只作抽样检查，进而收到事半功倍的效果。

三、建立营销风险责任制的主要内容

明确营销风险责任是防范营销风险的前提条件。只有企业市场营销业务流程各环节的工作人员都承担并履行与本人工作相关的风险防范职责，营销风险才能得到有效的防范。如果风险责任不清，赏罚不明，就没有人会自觉地防范风险，就会导致风险责任主体虚化，企业的市场营销风险就会处于不设防的状态，随时都可能发生。因此，建立风险责任制是建立有效的风险防范机制的基础。

建立营销风险责任制主要应明确以下三点：

一是风险责任主体，即哪些人负有风险防范责任；

二是风险责任的范围，即每一位风险防范责任主体对哪些风险负有防范责任；

三是风险责任，即当营销风险发生时，其责任主体应承担怎样的责任，或者说应受到怎样的处罚。

应当说公司所有的营销管理人员和业务人员都是风险责任主体，都负有防范市场营销风险的责任。但是不同工作岗位的人员，由于工作性质不同,对营销风险是否发生的影响程度是不同的,其个人努力对防止营销风险发生的作用也不一样。因此在明确营销管理人员和业务人员的风险责任范围时,应与其岗位工作可能涉及的风险,以及他在避免风险发生方面所具有的权限相一致,并将风险防范责任归入岗位职责。同时,在界定风险责任范围时,必须以主体明确为原则,将风险责任难以明确的业务内容如将销售和货款回收加以合并,由同一个人或同一组人承担;将直接责任和间接责任分开,一般来讲,具体承办业务的人员是该项业务风险的直接责任主体,其上级领导及相关业务人员是间接责任主体。

在确定各责任主体应承担的风险责任时,应当遵循谁是责任主体谁承担责任,直接责任主体承担主要责任,间接责任主体承担次要责任的原则。同时,由于道德风险特别是第二类道德风险发生的原因较为隐蔽,且难以弄清,常以心理风险的形式出现。为了尽可能避免发生道德风险,直接责任主体承担的风险责任应远远大于间接责任主体应承担的风险责任。而在间接责任主体中,上级领导的责任应大于一般人员的责任,直接领导的责任应大于间接领导的责任。

四、营销风险责任制度适用的范围

营销活动是一项复杂的业务活动,包括许多层次、许多环节,涉及企业内外的许多部门和人员。因而应有重点地制定。从营销风险管理的实践来看,应包括:营销管理控制制度、营销费用控制制度、货款回收责任制度和营销业务责任制度。这些责任制度是营销活动的核心,抓住这一核心,可以抓住营销管理的牛鼻子,对营销风险的防范,尤其是对营销人员的道德和心理因素引起的营销风险能起到有效的防范作用。

附　　录

安徽双轮集团公司营销风险责任制

一、总则

1.1　目的

为规范安徽双轮集团公司的营销行为，提高营销效率，保护企业营销资产安全，确保营销信息的及时畅通和可靠，防止企业营销过程中的违法违规行为，杜绝营销人员的营私舞弊，提高营销人员的责任心，在企业内部明确各部门及相关人员的营销风险防范职责和权限。

1.2　本责任制主要包括三方面的内容

1.2.1　营销风险责任主体，即哪些人员有营销风险防范的责任。

双轮集团所有的营销管理人员和业务人员都是营销风险责任的主体，都负有防范市场营销风险的责任。但是不同 工作岗位的人员，由于工作性质不同，对营销风险是否发生的影响程度不同，其个人承担的营销风险责任也不一样，营销风险责任与其明确的业务内容相关，并且将直接责任和间接责任分开，一般来讲，具体承办业务的人是该项业务风险的直接责任主体，承担直接责任；其上级领导及相关业务人员是间接责任主体,承担间接责任。

1.2.2 营销风险责任范围,即每一位营销风险防范责任主体对哪些营销风险负有防范责任。

本责任制仅就营销管理控制、货款回收、营销费用控制、营销业务处理四个方面作出了责任范围的规定,随着今后工作的开展和需要,将再制定其他方面有关的责任制度。

1.2.3 营销风险责任,即当营销风险发生时,其责任主体应承担怎样的责任,或者说应承担怎样的处罚。

本责任制中的营销风险责任主要有三种:

1.2.3.1 工作责任:发生营销道德和心理风险,造成较小损失或影响的,要承担工作责任,按具体规定接受批评、除分、开除等。

1.2.3.2 经济责任:发生营销道德和心理风险,给企业造成较大经济损失和市场影响的,在承担工作责任的同时,还要承担经济责任,按责任大小承担部分或全部经济损失。

1.2.3.3 法律责任:发生营销道德和心理风险,给企业造成重大经济损失或严重市场影响的,除要承担工作责任、经济责任外,还要承担法律责任,按照有关法律法规执行。

二、营销管理控制制度

2.1 战略控制责任

公司营销管理部门必须经常对其整体营销效益作出缜密的回顾与评价,评价战略控制是否能确保公司目标、战略,制度能否最佳地适应公司当前和预测将来的营销环境。要防止各种目标、政策、战略和计划的迅速过时。营销管理部和每个销售分公司应定期(一般一月一次)对其进入市场的总体方式进行重新评价。对企业的营销环境、目标、战略和活动进行全面的、系统的、独立的和定期的检查。通过营销审计找出营销问题,提出正确的短期和长期行动计划,提高总体营销效益。通过营销效益等级评核,从顾客导向、营销组织、营销信息、战略计划和工作效率等方面来评核每个销售分公司的总体营销效益。

2.1.1 营销审计

2.1.1.1 营销环境审计。审计要求分析主要宏观环境因素和公司微观环境(市场、顾客、竞争者、分销商和经销商、供应商及辅助机构)中关键组成部分的趋势。

2.1.1.2 营销战略审计。审计要求检查公司的各种营销目标和营销战略,评价它们对当前的和预测的未来营销环境的适应程度。

2.1.1.3 营销组织审计。审计要求评价营销组织,要实施对预测的未来环境所必要的战略,是否具备应有的能力。

2.1.1.4 营销制度审计。审计包括检查公司的营销分析、计划和控制制度的质量。

2.1.1.5 营销效率审计。审计要求检查各营销实体的盈利率和不同营销支出的成本效益。

2.1.1.6 营销功能审计。审计包括对营销组合的主要构成要素,即产品、价格、分销、销售队伍、广告、促销和公司宣传作深入评价。

2.1.2 营销效益等级评价

2.1.2.1 管理部门是否认识到根据其所选择市场的需要和

欲望设计公司业务的重要性。

2.1.2.2 管理部门有否为不同的细分市场开发不同的新产品和制定不同的营销计划。

2.1.2.3 管理部门在规划其业务活动时是不是着眼于整体营销系统观点，对于重要的营销功能是否有高层次的营销整合和控制。

2.1.2.4 营销管理部门是否有效地与市场研究、制造采购、仓储发运及财务等部门进行合作。

2.1.2.5 是否定期进行对顾客、采购者、销售渠道和竞争者的营销调研。

2.1.2.6 现有营销战略是否明确、富有创新性，且合情合理。

2.1.2.7 在衡量不同营销支出的成本效益方面是否采取了措施。

2.1.2.8 管理部门对不同的细分市场、顾客、地区、产品、渠道和订单的趋势和利润情况是否清楚了解。

通过上述问题的评价，为企业领导提供决策依据，以便及时采取措施。

2.2 年度计划控制责任

2.2.1 年度计划控制的目的在于保证公司实现在年度计划中所制定的销售、利润及其他目标。年度计划控制的中心是目标管理。公司将年度计划分解为月、季度的计划目标，并按各销售分公司和片区分解，对完不成目标的给予不同程度的处罚。对完成目标较好的给予奖励。营销管理部监督执行情况，对发现的偏差及时采取措施以便达成年度目标。

2.2.2 营销管理部要通过销售分析、市场份额分析、营销费用分析、销售额分析、财务分析和顾客态度追踪等多种方法进行年度计划控制。如果发现有不足之处,应及时采取改正措施,包括削减生产、调整价格、对销售人员增加压力,以及削减附加开支等。

2.2.3 各销售部在预算计划过程中根据准确的市场调查,制定并提供销售预算,根据这一销售预算,财务部门和生产制造部门制定和生产出相应的产品来达到预期的需求。特别要注意:销售预测、预算和资源配置的变化所引起销售变化。

2.2.4 当年度计划确立以后,各销售部不能简单地依靠计划等待业绩到来。公司有关部门必须不断地检查计划,确保实现预期的结果,防止有些计划很快变得过时。

2.3 效率控制责任

企业为了提高人员从事推销、广告、促销和分销等营销活动效率的工作。要对工作不理想的营销实体寻找更有效的方法来管理这些营销活动。

2.3.1 销售队伍效率。各级销售经理(地县、省市、大区)都应该掌握自己地区销售队伍效率的几个关键指标。它们是:

① 每个销售员平均每天推销访问的次数。

② 每次推销访问平均所需要的时间。

③ 每次推销访问的平均收入。

④ 每次推销访问的平均成本。

⑤ 每次推销访问的招待费。

⑥ 每一百次推销访问的订货单百分比。

⑦ 每一期新的顾客数。

⑧ 每一期丧失的顾客数。

⑨ 销售队伍成本占总成本的百分比。

根据上述统计分析如下问题:

①推销代表每天的访问是否太少了?

②推销代表在每次访问中所花的时间是否太多了?

③推销代表的招待费是否花的太多了?

④推销代表是否在每一百次访问中都获得足够的订货单?

⑤推销代表是否获得足够的新客户,以及是否留住老顾客。

2.3.2 广告效率。要衡量从广告支出中获得多少好处是很困难的。但是至少要掌握下述统计资料:

①每一种媒体类型,每一个媒介工具触及1000人的广告成本。

②每一个媒介工具,应注意、看到、联想和阅读广告的人在其观众中所占的百分比。

③消费者对于广告内容和有效性的意见。

④对于产品态度的事前事后衡量。

⑤由广告所激发的询问次数。

⑥每次调查的成本。

营销管理部应采取一系列步骤来提高广告效率,包括做好产品定位,明确广告目标,预测广告信息,利用计算机网上查阅,指导选择广告媒体,以及广告事后检验工作。

2.3.3 促销效率。销售促进包括几十种激发买主购买兴趣和使用产品的方法。为了提高促销效率,营销管理部应该坚持记录每一次促销活动及其成本对销售的影响。营销管理部应注意下述统计资料:

①有奖销售所占的百分比。

②每一元的销售额中所包含的商品陈列成本。

③赠券的回收率以及消费者对赠品的重视喜好度。

④一次公关宣传促销所引起的询问次数。

公司委任的促销经理,应观察不同促销活动的结果,然后向产品经理提出最有效的促销措施。

2.4 盈利率控制责任

2.4.1 销售公司要确定公司的各种产品、地区、细分市场和营销渠道的实际盈利率。并通过盈利率分析揭示营销薄弱的环节。各销售部经理要及时对薄弱环节采取措施,对资源的配置、策略的制定及时采取措施,帮助营销管理部决定哪些产品或者营销活动应该扩大、收缩或者取消。

2.4.2 在新开发的地区,要重视市场开发,提高销售量,提高销售效率,以逐步提高其营销盈利率。管理部门要对此有一个清醒的认识,并在综合分析后作出决策。

2.4.3 对新产品上市,有效控制其市场开发、促销、宣传费用,并把新产品当作企业不断增长销售额的主要手段,应通过良好的上市计划,良好的销售人员培训,选择正确的销售渠道来不断提高产品销售量,提高新产品在整个产品销售中的比例,进而提高盈利率。

2.4.4 营销管理部在进行盈利率控制时,采用营销——盈利率分析的方法,在分析时,一要确定功能性费用,二要将功能性费用分配给各个营销实体,三要为每个营销渠道编制一张损益表,四要通过对这些分析表来决定最佳改正行动。

2.5 销售渠道控制责任

2.5.1 销售渠道是企业的生命线,销售渠道不畅或混乱会对企业造成致命的影响。因而对销售渠道要进行严格控制。尤其要确立合适的代理与批发商销售比例。

2.5.2 对批发商要进行控制，目的是为了加强彼此的合作，使批发成为企业与消费者之间的桥梁，并成为本企业稳定的客户，同时要避免批发商倒向竞争对手，以减少对企业的威胁。对批发商的控制，要掌握、培育和选择好的批发商，对批发商供应渠道、库存、其客户情况也要有一定程度的了解，特别要防止本企业产品积压在经销商仓库里而企业还不知道。对批发商的控制还包括对其利益的保护，共同开发市场，达到双赢局面。

2.5.3 执行严格的价格策略。对大批发商、小批发商和代理商的价格折扣率，一定要有利于企业长期发展，予以控制，切忌为了眼前多销一些产品而把价格搞乱，打乱整个市场，造成产品倒流，损害批发商积极性，最后导致企业销售受影响。

2.5.4 要有完善的客户档案资料。客户是公司的客户，客户的情况要在公司里有完善的记录。不能因销售人员的工作变动，或离开公司，而使业务断线，给公司带来损失。

2.6 **退货控制责任**

退货控制要制定必要的和详细规章制度(另行规定)，规定中必须明确以下四点：

2.6.1 销售代表要防止客户退货。退货一般只限于产品质量问题，控制退货是销售员和地区经理的责任。

2.6.2 客户应在退货前用公函书面通知当地的销售代表，说明退货原因。销售代表应填写《退货/拒收登记表》，其内容包括销售员姓名、代码、发票号、合同号、发货期、退货期、产品编号、品名规格、批号、数量、退货原因等。

2.6.3 退货表需经该区销售科长签字后传回公司后勤储运

部，销售总监应对退货进行审查。对5万元以上的退货要有分片区的销售经理签字。

2.6.4 销售代表要在退货得到批准后通知客户，并提醒客户在货物发出时向公司后勤储运部提供提货单。

三、销售收入管理控制制度

3.1 销售收入管理控制的目的

公司必须加强销售收入和应收账款的管理，保证做到：

3.1.1 收到定单必须按有利于公司执行，并能按将职责分割的方式处理。

3.1.2 定单的信用风险必须经恰当批准。

3.1.3 商品发运须经授权才能办理。

3.1.4 所有发运商品必须按授权价格和条件，包括特定的折让在内，开具发票。

3.1.5 必须及时地恰当地记录每一客户开单和收款情况。

3.1.6 对个别顾客账户的调整和贷方项目，必须经过恰当地授权和及时地记录。

3.1.7 记入销售账户上的分录，必须恰当地和正确地累计和分类。

3.1.8 应收账款必须按原有销售条件及时地收回。

3.1.9 商品必须在交货当月开单和记录。

3.1.10 向顾客收取的款项，必须保护安全，并及时地存入银行和入账。

3.1.11 已入账的应收账款必须恰当地进行账龄分析，定期地查证和评价。

3.1.12　已入账的应收账款必须恰当地就提取有关的准备费用后计算净值。

3.2　**基本要求**

3.2.1　应收账款必须由财务主管或其指命人进行月度审核。

3.2.2　应当具备明细的记录和应收账款账龄分析，每月应与总分类账有关账户进行核对调节。

3.2.3　必须就信用授予、账款收取、收受订单、推销业务、发运和开单等职能，以及样品和免费商品的批准，制定正式书面规程。

3.3　**定单处理**

3.3.1　超过顾客信用限度的销售或对新顾客的销售，必须在事前得到按规定标准授予信用的批准，才得发运。

3.3.2　对过去由于欠款未付原因已被注销(报损)过账款的顾客的销售，必须得到财务主管或其指命人书面批准后才得以发运。

3.3.3　呆滞账户必须至少每年度从顾客主文件中清除。

3.3.4　必须具备一本进入定单日记账，以编号或其他方法控制，以保证做到所有订单都已经处理，并进行计算机随时监控管理。

3.4　**授予信用和退货**

3.4.1　信用部应向财务部和市场管理部门负责，而不是向销售部门负责。

3.4.2　应对所有账户就累计余额制定信用限额，每年至少复查2次。

3.4.3 对新客户必须进行信用核查,超过预定量的客户账必须随时能够对其进行复查,这种复查包括审查各种财务报告,以及本公司对该顾客的收款记录史。

3.4.4 所有新顾客必须由信用部经理或其指命人批准,对信用经理授予顾客信用,必须建立合理的权限额度,这些额度必须取得财务主管的批准才能办理。

3.4.5 除非明确断定账款不可能收取,应收账款不能注销。账款注销应得到信用经理和财务主管的批准后,报总经理批准。

3.4.6 应建立规程对已超过一定账龄的账户移交给公司法律顾问室办理依法催讨。

3.4.7 破产账户、催收中账户和其他呆账,应当分别列开,以方便识别、控制和后续催收,并给这些顾客排队,以确定将来信用发货的可能性。

3.4.8 财务主管和其指命人应审批所有的特别折扣、折让和其他非现金项目。

3.4.9 所有退货或折让的贷方通知单,应由信用经理或其指命人和片区销售经理批准后才得发出。退货应有预先编号的收货报告作证。

3.4.10 所有对贷方余额的偿还支付,应由信用经理或其指命人授权才能办理。

3.4.11 应于每月月底检查未办理好手续的退货以确保在恰当期间内入账。

3.4.12 应迅速调查顾客方面的追索和扣除项目,及时予以解决。

3.5 发运控制

3.5.1 所有发运货物应有正规执行的装运命令授权。

3.5.2 发运功能应与验收、仓储和定单收受功能分割。

3.5.3 所有发运命令应有日期。预先编号，注明匹配发票，以保证该发货已开立发票。

3.5.4 应当具备发运日记,按发货号码程序列出每笔发运项目,这些发运日记须结合前面所述的控制以监督所有发运的商品已开发票。

3.5.5 发运单应附同提货单复本一起交开票部门,以与运费发票相比较。

3.5.6 因现货售完,待日后交货的定单,应进行后续审查,以求做到迅速连续发运和开票。

3.5.7 随人携带或当场交货等定单处理方式,应尽量减少,并建立相应的控制制度以监督对这种交易开票的适当性和及时性。

3.5.8 发运货物的双重盘点(即挑选批货和特殊包装)应有书面证明。

3.6 开票控制

3.6.1 发票应具备日期,事先编号,按程序记录以保证恰当的会计处理,如使用一本销售登记簿。

3.6.2 发票应表明付款地点和付款方式,使用条件,如果有折扣,则应表明折扣期,关于价格、放松展期,应按测试方式检查其正确性后再给予批准。

3.6.3 发票应与各个顾客定期比较核对,以保证业务活动的正确性。

3.6.4 销售命令的正面应表明已记账，并予以注销或打上记号，以免重复记账。

3.6.5 凡有可能，发运总量应与发票上总量逐日核对。

3.6.6 发票应在发运货物同月记账，应当建立起规程保证月底销售截止期的恰当性。

3.6.7 应当建立批准授权制度，并严格遵守制定的销售价格、销售折扣和销售折让。

3.6.8 应及时建立、汇总和报告销售增值税和消费税的情况。

3.6.9 各个顾客账户的登记，只能以发票、汇款通知单和其他原始单据为依据。

3.6.10 一旦获悉装运损失和保险物损失，应立即通知会计部门提出追索要求。

3.7 **收取账款**

3.7.1 只要实际可行，应做出安排以保证收取以公司抬头的支票和汇票为准，不鼓励直接收受现金。

3.7.2 出纳员和开启信封人员，不应接近和经管应收账款或其他财务记录。

3.7.3 所有收进的支票或汇票，一旦收到立即进行限制性背书。

3.7.4 所有现金收款应迅速移交出纳员入账。

3.7.5 所有收款应每日完整存入银行。

3.7.6 当支票以上锁箱交银行安排处理时，应要求银行每日列表报告收进的支票。

3.7.7 从现金收款中不得坐支。

3.7.8　存入银行款项的解款单,应具备副本,经银行收讫之后收回,由独立于出纳之外的人员每日与现金记录核对比较。

3.7.9　存入款或托收款项目,经银行又退回者,应直接送交除出纳员以外的人员进行即刻调查。

3.7.10　检查应收账款的贷方总数并与现金账款相核对和调节。

3.7.11　每月编制应收账款的试算表,并与总分类账进行核对调节。该调节由财务主管或其指命人每月审阅并以书面批准。

3.7.12　应收账款余额应按公司会计规程进行账龄分析。

3.7.13　呆账准备应按公司会计规程计算。

3.7.14　呆账准备的计算,应由财务主管或其指命人复阅并书面批准。

3.8　**促销和样品**

3.8.1　促销计划在实施前,必须经由财务、营销管理部门审阅和批准,促销的花费,包括对以后花费的承诺,必须按预算数监控。

3.8.2　申请或领取广告和促销材料,必须按恰当的请购常规办理。

3.8.3　对广告和促销材料存余材料,应建立足够的实物和会计控制。

3.8.4　所有销售折让或豁减部分应经由管理部门恰当审核;应建立规程以监控这种做法是否符合公司有关授权范围。

3.8.5　业绩折让应根据特定业绩的批准和书面规定提供。

3.8.6　促销付款只有在取得确证,即顾客未在事先取得有关金额的扣款时,才能提供。

3.8.7　应建立规程以保证为未记入发票内的业绩折让补开发票。

3.8.8　未记入发票的折让,应结合价格主文件和接收定单系统为准。

3.8.9　消费者优待券推销,应按公司会计规程入账。

3.8.10　应经常视察主要印刷部门和有关设施,以监督:

①优待券印刷张数。

②兑奖券超印部分的处理方法。

③关于印刷板和其他主要工具的销毁和其他处理办法。

④建立足够的安全保护措施。

3.8.11　内部移交包装和储藏部门的图案和兑奖券等应存在限制地区加以隔离。

3.8.12　作为支付促销折扣的(即付支命令)应予以控制,包括监控发行、收回和注销,控制在票面上的金额限度和到期日,和管理部门的复审和审批的标准。

3.8.13　关于提供样品或免费给雇员和顾客的条件,应制定明细的政策。

3.8.14　应建立合理限额以规定管理部门授权审批非销售商品的分配和不收费发票的开出。

3.8.15　未得到恰当授权前,所有非销售商品(免费商品、样品和促销物)不得离开公司地区。

3.8.16　销售员应提出样品分发的明细报告。

3.9　销售佣金控制

3.9.1　销售佣金计划应有全面书面规定,并经由总经理和销售主管或市场主管的审阅和批准。

3.9.2 应按市场的正式程序支付销售佣金。如产生差异,须经总经理批准。

3.9.3 佣金支付应与已记录的销售净额核对相符为准。

3.9.4 应付销售佣金的计算,应由财务主管或其指命人审批,至少每季度一次。

四、销售业务费用控制制度

销售费用的内容,主要有与销货收入成比例的广告宣传费、接待交际费、交通费、通信费、汽车费、运费等,以及有固定性费用的事务用消耗品费、水电费、会议费、及其他费用等。

4.1 销售费用控制的具体对策

4.1.1 广告、宣传费控制。广告、宣传是企业重要的促销活动,不仅要积极推进,还要注意其费用的控制。要进行广告、宣传费用控制,必须要注意以下几点:

4.1.1.1 广告形式能否满足整体的认知与说服的战略。以何种形式作广告,各种形式应占的比率,以及是作企业广告还是作商品广告,都要能满足企业广告策略的需要,并要作出精确的预算,以利于提供费用控制依据。

4.1.1.2 要以强硬的态度拒绝作惯例及其他应酬性广告。

4.1.1.3 要有测定广告效果的手段。如果没有测定广告效果的手段,只知道使用广告经费,不可能促进企业销售。

4.1.1.4 广告经费预算要充分讨论,重点支持有效果的广告支出。没有价值的、毫无意义的广告,一分钱也不准支付。

4.1.2 接待交际费用控制。接待交际费一般有接待费、庆典费及赠答费等(另行规定细则)。但无论是什么样的费用支出,一要制定基本预算开支标准;二要按一定的额度控制;三要讲究合适的形式和实际效果。

4.1.3 旅费、交通费控制。要控制差旅费,严禁乱找理由出差,乱报出差费用,严禁奢侈旅行和游山玩水。

4.1.4 通信费用控制。通信费用控制重点是电话费用控制,尤其是对移动电话费用的控制。要求每个销售人员打电话之前,先要准备好简单说明的内容,然后才拿起听筒,电话费由其业务费包干中自支。

4.1.5 汽车费控制。对于有汽车的销售片区来说,汽车费用是一项沉重的负担。首先要减少汽车辆数,甚至有些片区不购车;如果真正要购车,一定要选择小型车、耗油省的车;实行单车核算燃料及将燃料使用费包干;在固定地方加油等。

4.1.6 运送费用控制。运送费用主要是指仓库的保管费与出入库装卸费及运费等。要对运送费用进行控制,首先,应考虑用自家车来做还是用运输公司的车来做,要认真地进行成本比较。对于装卸来说,要尽量减少劳动时间与劳动强度;要认真地对发送进行工作研究。对于保管来说,要认真地拟订出入库计划,尽可能做到减少库存时间与仓库费用。

4.1.7 事务用消耗品费用控制。随着办公现代化,事务用消耗品费用越来越大,加强对现代化办公用具的管理及压缩这方面的开支十分必要。如加强复印机、电脑的管理。

4.1.8 水电费控制。应采取积极的措施,节约每度电、每吨水。

4.1.9 会议费控制。尽可能减少可开可不开的会议,尽可能缩短会议的时间，尽可能减少参加会议的人数，减少车马费用、文件资料费用，不随便送礼、不办豪华招待等。

4.1.10 杂费控制。首先，就彻底消除杂费这种称号，凡是不属于会计科目应列入的杂费，则说明其开支不是十分必要的，如果是非开支不可的，应设置科目进行预算，使其开支制度化。

4.2 **业务费用控制的基本原则**

业务人员为了拓展业务，势必需要开支许多费用。如果企业管制太严，则业务人员的行动处处受限制，巧妇难为无米之炊；如果管制太松，或审核不严，则会发生乱支乱用、贪污浪费现象，给企业造成过重的负担。因此，加强对业务人员费用的控制，既不能失之太 严，而影响业务部门的效率，也不能失之太宽，而造成损失浪费。

4.2.1 费用是业务人员因开展业务所必需的开支，而不是业务人员收入的一部分。因此既不能使业务人员从业务费用的报销中，获取个人利益，也不能让业务人员因业务开展而掏腰包。

4.2.2 费用的审核，一定要公平合理，不能有所偏袒，也不能随心所欲，更不能当做是主管的施舍。

4.2.3 费用支出的目的是为了业务的，合理的开支并不是浪费，因此，审核人员不能以节省开支为借口而限制业务人员的活动，否则会影响企业工作效率。

4.2.4 费用的管理方法必须简单易行，不要复杂，而且要便于理解，不致于引起误会和曲解。

4.2.5 费用的领取和报销要有完整的流程和处理系统，处理程序要简明，流程中经过的单位要减化，处理要相互协调，避免相互扯皮。

4.3 一般费用控制方法

4.3.1 费用由业务人员自行负担。采取业务费用包干制的业务代表,其业务费用由其自行负担。其具体做法是:业务部门在核定业务费用包干比率时,把营业费用的支出考虑在内,一并归到包干费用项下,业务人员必须在其包干费用项下开支营业费用,不得向企业另行申报。

4.3.2 特殊业务实报制。是就特殊业务允许业务人员就其所支用的业务费用逐项列举,按实际发生额予以报销。其具体做法是:业务人员就特殊业务事前请示批准后填写报销报告,将其所开支的费用,按必要的单据,逐项填写,呈主管审核后,到出纳处领取费用。

营销主管应就特殊业务严格把关,并应谨慎挑选业务人员,如有不正常开支,应严加注意,一旦发现假公济私或慷企业之慨的行为,应立即采取惩戒措施。

4.3.3 限额报销法。限额报销法是就业务人员所可能开支的费用,拟订一个最高限额。使业务主管能够精确地预测其推销费用,本公司只在新市场开发等活动时采用。限额报销法可分为逐项限制法和总额限制法两种,视不同情况而用。

五、酒业销售业务处理制度

5.1 发货、收款问题的规定

5.1.1 各片区在发传真要酒,以及办理月初发货,月底收款的,每次发货必须附有客户要货申请单并写清月底付款(汇票、承兑)等字样,申请单上应有业务经办人和片区负责人签字及客户的单位章和法人代表章。后勤处凭此申请和传真经请求分管经理同意,方可发货。月底片区负责人将购货申请单原件交销售后勤处存档保管(月底如能如期付款申请单可自留)。

5.1.2 各片区传真(汇票或承兑)及月底付款方式由销售后勤列台账逐户核对。

5.1.3 各片区每月1日6点之前没有按照上述要求做到的,给予处罚,处罚办法另行规定。

5.2 **退酒、退票规定**

5.2.1 退酒一定要有原始发票,否则不办。

5.2.2 查看成品库上车之前在外包装上盖的发货日期和发票号码。

5.2.3 质量科凭包装车间退酒手续认真填写退货申请报告单,内容缺一不可;财务科凭质量科所开的申请报告单抵税,不可冲账;销售科凭财务科所开的红字发票开业务用酒,进行等价调换。

5.2.4 对未发出的酒票的退换规定:

5.2.4.1 对已开过增值税发票的,退票时退回增值税发票。

5.2.4.2 对所开发票保存时间较长未发的,须在一定时间内(另行规定)才退换。

5.2.4.3 对丢失的票据:(1)若票主未及时发现票据丢失,导致酒被提走,责任自负。(2)若票主及时发现,并已报失声明作废,须经成品库、财务科、酒库换票处出示证明后,才可冲账。

5.2.5 开出的酒票必须在一定时间内发出,超出此时间外不发的,此后不给办理发货手续。原票据收回退票冲账。

5.2.6 在退酒过程中,外包装上凡没有盖发货日期和发票号码的酒一律不退。

5.2.7 对违反上述规定的处理办法:对退酒、退票不按办理手续的,一律不准退酒、退票。

5.2.8 专利产品不退票、不退酒(因质量问题除外)。

5.3 **人员调动移交账务的规定**

5.3.1 凡经公司研究同意调动的业务员,在进新片区之前,必须将原片区所有新老账对清,经核对无误后交给原片区业务处,移交单交财务科和销售科进行调账,否则不许到新片区报到。由后勤监督实施。

5.3.2 原片区负责人必须安排接收,接收后的账务由接收的销售员负责催要,视同本人经办的欠款;对不接收的负责人,免去科长职务。

5.3.3 接收移交账务的业务员,在催要被移交欠款过程中,若发现存在问题,对方客户不接受,确定责任之后,如是原移交人员的责任,视情节轻重,给予处理;若问题严重者,按渎职论处。

5.3.4 对于老货款(另行规定)收回的业务员可在原奖金基础上增加适当奖励。

5.4 **产品让利结算问题的规定**

5.4.1 凡是确定有让利的产品,一律开临时票据;没有让利的产品,即一步到位价方可开正式票据。

5.4.2 开临时票据的产品,财务科结算让利后不准冲账,由销售后勤以业务用酒开出用户所需产品;开正式票据的产品,财务科结算让利后必须冲账,销售后勤拒开业务让利酒。

5.4.3 片区在开让利业务用酒票据时,结算统计表下面要附有逐笔产品下账证明单,否则销售后勤处不给予兑现。

5.4.4　在产品结算时，财务与销售后勤处要紧密配合，对用户所结算产品认真审查与核实。

5.4.5　在产品结算让利过程中，业务科长、业务员、销售后勤处、财务科均要严格按规定结账，不得弄虚作假。若发现有渎职行为者，除追回损失外，还应承担法律责任。

5.5　**各种营销会议的规定**

5.5.1　各片区要召开营销会议，应先向分管经理申请，经分管经理同意后，具体写出文字促销方案、会议名称、时间、地点及会议参加人数、会议的召集及主持人、会议费用、用酒品种及数量、会议预计可收回的货款数额等。

5.5.2　会议审核报销时，片区报销人须将会议效果附上（会议期间所收款数），否则后勤不予办理。

5.5.3　对于申请的会议必须在所申请的会议时间内召开，否则过期作废，如因特殊情况推迟开会者须向厂领导汇报同意后，方可实施，否则不予报销费用。

5.5.4　当月所开会议必须在当月月底将费用整理好统一交给审核处登记；会议费用不得超过所申请的费用金额，多出费用后勤不审核，公司不报销。

5.5.5　会议人数签到簿，由客户本人亲自签名登记所属单位及电话号码；业务科长、业务员签字的，会议费用不给予报销。

5.5.6　在报销会议费用当中，如发现弄虚作假者，除将发票作废外，还处以会议所有费用的两倍罚款。

5.6　**销售客户管理规定**

5.6.1　凡是与公司有业务往来的用户，片区必须认真填写客户网络表，然后交给后勤处统一入微机；若在销售网络上查不到的客户,不给办理一切业务。

5.6.2 新开发的客户,在与公司发生业务之前,必须先交客户网络表,同时带上客户纳税登记本原件及法人照片两张。并填写客户资信评价表进行客户资信评价。

5.6.3 财务科在每月3日之前,必须将客户逐月核对单转交给销售后勤处。

5.6.4 对于发出去的核对单,经与销售客户对账无误,并加盖购货单位的公章和法人代表的签章后,交后勤处核对,对于核对客户账与财务账不符的要说明原因,无正当理由的必须追究当事人责任。

5.6.5 各片区与客户签订的合同、协议的原件一律交给后勤处评审、入档管理;片区保留复印件。对规定之日内不交者,给予经济处罚,造成损失者应承担相应责任。

5.6.6 公司与客户签订合同应使用公司制定的统一合同,一般一式三份,销售部自留一份,交客户一份,交公司一份存档。如合同公证应一式四份,交公证部门一份。

5.7 片区专利产品的有关问题规定

5.7.1 各片区将所订的专利产品订货合同统一交给后勤处存档。

5.7.2 专利产品开票时,必须先款后货。

5.7.3 所有专利产品一律不许退票、退货。

5.7.4 对于专利产品打不开市场的客户,应从专利押金中扣除公司一切经济损失费。

5.8 制止倒酒的规定

5.8.1 各片区销售员在公司划定的范围内联系客户、开展业务，严禁跨片区营销。

5.8.2 所属片区客户向异地倒酒，片区负责人负直接的责任。

5.8.3 对片区内出现商家对外倒酒现象，倒酒达10万元者，罚片区1万元，其中片区负责人7000元，业务具办人3000元，依次类推。倒酒两次加倍处罚，三次以上者，免去片区负责人职务，业务员给予相应处分。

5.8.4 对参与倒酒的我公司销售员，一经发现，立即调离销售公司，因倒酒给企业造成重大经济损失者，追究其法律责任。

5.8.5 对于倒酒商家，发现查实后警告并停止供货，给公司造成重大损失者，终止其业务关系，并按合同规定追究其有关责任。

5.8.6 各片区销售人员要互相监督，共同维护市场秩序，齐心协力搞好销售工作，公司对举报人给予一定的物质奖励。

主要参考文献

1. 何文炯:《风险管理》,东北财经大学出版社,1999 年。
2. 阎华红:《中国企业风险与防范》,工商出版社,1999 年。
3. 周慧玲:《风险管理学》,武汉测绘科技大学出版社,1999 年。
4. 张善轩:《企业风险管理》,广东经济出版社,1999 年。
5. 张纪康:《企业经营风险管理》,立信会计出版社,1999 年。
6. 周得孚:《管理控制》,上海财经大学出版社,1998 年。
7. 许晓峰:《资信评估实务概览》,中华工商联合出版社,1998 年。
8. 张云起:《销售业务与潜能开发》,中国经济出版社,2000 年。
9. 纪宝成:《市场营销学教程》,中国人民大学出版社,1997 年。
10. 李先国:《销售管理》,企业管理出版社,1996 年。
11. 〔美〕爱迪思著,赵睿等译,《企业生命周期》,中国社会科学出版社,1997 年。
12. 〔日〕亀井利明著,李松操译,《危险管理论》,中国金融出版社,1988 年。
13. 宋明哲(台湾)著,《风险管理》,中华企业管理发展中心,1984 年。
14. 〔英〕拉尔夫·L. 克莱因、欧文·S. 路丁著,唐健译,《减低项目风险》,宇航出版社,科文出版有限公司,1999 年。

后　记

近几年来,企业的营销风险与日俱增,已严重制约着企业的经营活动,也困扰着企业的改革与发展。面对现实营销活动中存在的一系列风险问题,我从1998年初开始进行营销风险预警与防范的研究探索,从具体的专题风险问题研究开始,逐步完善和系统化,到1999年底基本形成了一个粗浅的体系。在此基础上,得到了国家经贸委的大力支持,并给予立项研究。经过一年的研究,形成了《营销风险预警与防范》课题研究成果。2001年4月由国家经贸委组织了国内著名经济、管理专家进行了评审验收。专家教授仔细阅读该研究报告,认为这一研究成果具有很强的系统性和实用性,填补了国内这一研究领域的空白,建议能够将这一研究成果在国内推广。同时提出了许多有价值的意见。

值得说明的是,在课题研究过程中得到了我所在的学校——中国煤炭经济学院的大力支持,并让我率先在本院市场营销专业开设了这门课程,因而能够将众多教师和同学的意见吸收过来。安徽双轮集团公司和枣庄矿业集团公司给我提供了研究成果实验的条件,使得这一成果的大部分内容有了实践的基础,并在实践中得以修正完善。烟台汉邦策划公司给我提供了大量营销策划案例,烟台微纳网络软件有限公司还帮助我将这一成果的部分内容编制成软件在企业推广应用,使得这一管理思想和方法能够转变成企业营销管理的手段，产生一定的经济和社会效益，使科研成果很快转化为生产力，并在企业应用中，不断完善这一成果。尤其是商务印书馆的编辑老师们欣然接受这一书稿，并给予出版上的大力支持。原全国人大副委员长、著名社会经济学家费孝通老人欣然为本书作序。国家经贸委中小企业司卫东司长、狄娜副司长、吴义国博士，国务院企业减负办公室王远枝主任，天津大学齐二石教授、南开大学陈秋霜博士、复旦大学余光胜博士、烟台大学马致山教授、中国煤炭经济学院曲建新院长等在研究过程中给予了具体地指导，中国煤炭经济学院工商管理系以及市场营销教研室的老师也提供了许多研究条件和帮助，许多企业界的朋友也为这一研究提出了一些有益的思想。在此我衷心地感谢众多给予支持、帮助我的人们。

由于营销活动的复杂性，使得这一领域的研究具有很艰难的路程。我的研究可以说只是一个初步的探索，这一知识体系的完善，还有待于众多专家学者的共同努力。由于本人的水平有限，因而营销风险的不少问题还没有涉及，对许多问题的研究还有待于进一步深入，真诚地希望广大的读者能够从不同的角度提出宝贵的意见。

作者　张云起

二〇〇一年四月于山东烟台